普通高等教育“十二五”规划教材
全国高职高专规划教材·财务会计系列

企业全案成本会计

主　编　宋红霞　于广敏
副主编　李　娜　宁　然
　　　　刘　丽　周冬梅

北京大学出版社
PEKING UNIVERSITY PRESS

内 容 简 介

作为高职高专会计与经济管理类专业的专项技能核心教材，本书从企业成本会计岗位核算的实际情况出发，与基础会计的教学内容衔接，以小企业成本核算案例作为切入点，引出具体教学内容。将大中型企业成本核算的主要内容分成八个模块，主要为材料等要素费用的归集与分配、人工费用的核算、辅助生产费用的核算、制造费用的核算、废品损失的核算、成本核算的基本方法、产品成本控制方法、成本报表的编制与分析等内容。

本书借鉴国外先进教学经验，将西方教学理念本土化，实现了“教、学、做”合一、4学时连上的全新课堂教学模式。并将企业横向联合课题（产品定额成本核算）的最新研究成果融入其中，重新构建成本会计课程教学内容，强调理论联系实际，以建材企业全案贯穿全书，相互衔接，环环相扣，内容全面，体系完整。其中，“三种不同的分步成本计算法经同一案例验证，其结果存在差异”这一结论也体现了本书的独到之处。

本书可以作为高等职业院校会计与经济管理类专业成本会计教材，也可作为相关从业人员学习和培训的参考用书。

本书是成本会计项目化教学改革的研究成果，“成本会计项目化教学改革”课题是河北省教育厅高教处教学改革的资金支持项目。

图书在版编目(CIP)数据

企业全案成本会计/宋红霞，于广敏主编. —北京：北京大学出版社，2013.9

(全国高职高专规划教材 • 财务会计系列)

ISBN 978-7-301-23233-0

Ⅰ. ①企… Ⅱ. ①宋… ②于… Ⅲ. ①企业管理－成本会计－高等职业教育－教材 Ⅳ. ①F275.3

中国版本图书馆 CIP 数据核字(2013)第 220578 号

书　　名：企业全案成本会计

著作责任者：宋红霞　于广敏　主　编

责 任 编 辑：吴坤娟

标 准 书 号：ISBN 978-7-301-23233-0/F • 3750

出 版 发 行：北京大学出版社

地　　址：北京市海淀区成府路 205 号　100871

网　　址：http://www.pup.cn　　新浪官方微博：@北京大学出版社

电 子 信 箱：zyjy@pup.cn

电　　话：邮购部 62752015　发行部 62750672　编辑部 62756923　出版部 62754962

印　刷　者：北京富生印刷厂

经　销　者：新华书店

787 毫米×1092 毫米　16 开本　17 印张　403 千字

2013 年 9 月第 1 版　2018 年 6 月第 2 次印刷

定　　价：33.00 元

前言

随着我国高等职业教育教学改革的不断深入，成本会计教学改革已经在一些高职院校陆续展开。“面向企业，立足岗位；优化基础，注重素质；强化应用，突出能力”，培养一线“高端技能型”人才，是高职高专院校的教学模式和培养目标。要实现这一目标，必须坚持以教学改革为中心，以实践教学为重点，不断提高教学质量，突出高等职业教育特色的指导思想。

本书是根据《教育部关于全面提高高等职业教育教学质量的若干意见》《教育部关于加强高职高专教育教材建设的若干意见》《教育部高职高专规划教材编写的指导思想、原则和特色》的文件精神及要求，由河北建材职业技术学院长期从事成本会计教学及一线实践工作的双师型教师编写。

由于河北建材职业技术学院是全国唯一一所以建材命名的高职院校，因而本书以培养建材行业企业成本会计及管理人才为主，兼顾社会其他行业，打破原有以学科为主的教材体系，重新构建成本会计课程教学内容，强调理论联系实际，以建材企业全案贯穿全书，相互衔接，能够使学生的学习过程环环相扣。

本书实现了“教、学、做”合一、“4学时连上”的全新课堂教学模式，使学生在教、学、做一体化的过程中，逐步进入成本会计角色，如身处企业实际工作环境中，对成本会计工作有一个总体的认识和体验，从而理解和掌握成本会计的理论和岗位技能，分析问题和解决问题的综合职业能力也能得到极大的提升。同时，本书还附有课后习题，以帮助学生巩固各个知识点，突出了对学生实际工作能力的培养。

本书以项目为导向，任务为驱动，工学结合，以学生为主体，能够充分调动学生自主学习的积极性，强化职业能力培养，达到良好的教学效果。

本书由河北建材职业技术学院财经管理系主任宋红霞教授担任主编并主审，负责全书的大纲拟定，前言及主要课堂技能训练的编写；由于广敏担任第二主编，协助第一主编进行工作，并负责模块六的编写；李娜负责模块一和模块二的编写；宁然负责模块三和模块四的编写；刘丽负责模块五和模块七的编写；周冬梅负责模块八的编写；李铮负责全书图表的编制。

本书可以作为高等职业院校会计专业和经济管理类专业成本会计教材，也可作为相关从业人员学习和培训的参考用书。

在编写本书的过程中，编者吸取了企业横向联合课题(产品定额成本核算)的最新研究成果，还得到了相关企业的鼎力支持，在此表示深深的感谢和敬意。

由于编者水平有限，加上编写时间紧迫，书中的不足之处在所难免，恳请读者批评指正。

编　者

2013年5月

目　录

课 程 导 入

一、课程说明

成本会计课程，是高职院校会计与审计专业的一门必修课，是自基础会计与财务会计后的又一门职业专项技能课。通过该课程的教学，学生能较全面地了解和掌握成本会计的基本理论、基本方法和基本技能，提高学生成本会计实践操作能力，能够解决企业存在的实际问题，同时为后续专业课程的教学打下良好的基础。

成本会计在会计学科体系中的作用如图 0-1 所示。

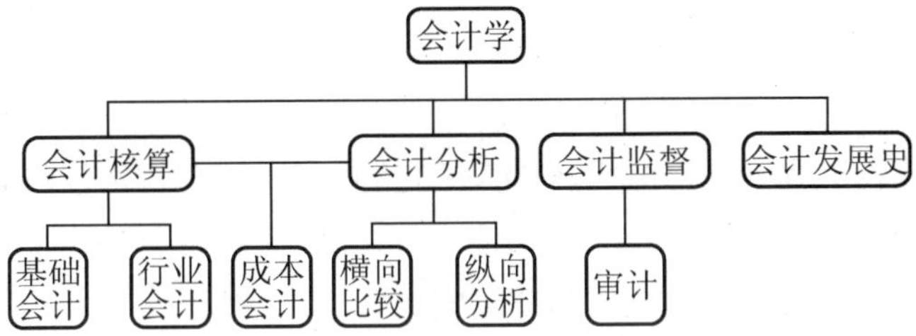

图 0-1　成本会计在会计学科体系中的作用

本书内容概述如下。

课程导入：对成本会计的基本概念、理论问题进行初步了解，为全书内容的讲解奠定基础。

模块一：通过对本模块的学习，应该掌握材料费用的内容、领用，以及材料费用的归集和分配。

模块二：重点介绍工资总额的组成及工资费用核算的原始记录，以及工资的计算、结算与分配。

模块三：辅助生产费用的性质及其核算特点，掌握辅助生产费用归集与分配的方法。

模块四：介绍制造费用的性质和内容，理解制造费用核算的特点，掌握制造费用归集和分配的方法。

模块五：废品损失的概念及其核算方法。

模块六：重点介绍在产品成本的核算及产品成本计算的 5 种常用方法，属于全书重点掌握章节。

模块七：理解定额成本、计划成本和标准成本的含义，并掌握相关控制方法。

模块八：了解企业成本报表的作用、种类，熟悉成本报表的编制要求，掌握商品产品成本报表及制造费用明细表等主要成本报表的编制方法。

二、引导案例

由基础会计的学习，同学们已经知道了产品的成本主要是由直接材料、直接人工和制造费用三部分组成。小企业基本是按此方法进行产品成本核算的，如下面案例所示：

某小企业 2012 年 12 月发生经济业务如下：

(1) 该厂生产甲、乙两种产品。甲产品投产 1 000 件，月末完工 800 件；乙产品投产 200 件，月末全部完工。

(2) 甲产品领用直接材料 40 000 元，乙产品领用直接材料 16 000 元。

(3) 甲、乙两种产品共耗用生产工人工资 8 000 元，职工福利费 1 120 元。

(4) 甲、乙两种产品共耗用制造费用 5 000 元。

(5) 月末甲产品完工 800 件已入库，乙产品完工 200 件已入库。

(6) 甲产品月末未完工的 200 件产品只负担材料费用 8 000 元，其余费用全部由完工产品负担。

【要求】

(1) 试以工时为标准列式计算分配直接人工与制造费用(甲产品的工时为 2 000，乙产品的工时为 3 000)。

(2) 计算甲、乙两种产品的总成本和单位成本。

案例分析

(1) 分配直接人工。

直接人工总额＝8 000＋1 120＝9 120(元)

甲产品应分摊的直接人工＝9 120÷(2 000＋3 000×2 000＝3 648(元)

乙产品应分摊的直接人工＝9 120÷(2 000＋3 000)×3 000＝5 472(元)

(2) 分配制造费用。

甲产品应分摊的制造费用＝5 000÷(2 000＋3 000)×2 000＝2 000(元)

乙产品应分摊的制造费用＝5 000÷(2 000＋3 000)×3 000＝3 000(元)

甲产品总成本＝40 000－8 000＋3 648＋2 000＝37 648(元)

单位产品成本＝37 648÷800＝47.06(元)

乙产品总成本＝16 000＋5 472＋3 000＝24 472(元)

单位产品成本＝24 472÷200＝122.36(元)

三、成本会计的认知

(一) 成本会计概述

1. 成本的概念

(1) 成本是商品价值的重要组成部分。

(2) 成本是企业为生产产品、提供劳务等发生的各种耗费。

成本的经济实质可概括为生产经营过程中所耗费的生产资料的转移价值和劳动者为自己劳动所创造的价值的货币表现，即企业在生产经营过程中所耗费的资金的总和。

2. 成本会计的概念

成本会计是运用会计的基本原理和一般原则，采用一定的技术方法，对企业生产经营过程中发生的各项耗费和产品(劳务)成本进行连续、系统、全面、综合的核算和监督的一种管理活动。

(1) 成本会计是现代会计的一个重要分支，必须遵循会计的基本原理和一般原则。

(2) 成本会计的对象是企业日常活动中发生的各项费用和生产产品、提供劳务等的成本。

(3) 成本会计是一种专业会计，既具有会计的基本职能，又有广义的会计职能。

3. 成本会计的内容及产品成本的构成

(1) 现代成本会计的主要职能有成本预测、成本决策、成本计划、成本控制、成本核算、成本分析、成本考核等。其中，成本核算是成本管理最基本的职能，也是成本会计的核心和基础。

(2) 产品成本的构成有直接材料费用、直接人工费用和制造费用。

（二）生产成本与生产费用之间的关系

1. 费用及费用的相关概念

(1) 费用是指企业在日常活动中发生的，会导致所有者权益减少、与向所有者分配利润无关的经济利益的总流出。

(2) 生产费用是指企业一定时期内在生产产品和提供劳务过程中发生的各种耗费，不包括期间费用。

(3) 期间费用是指企业本期为经营管理活动而发生的、与产品的制造过程没有直接关系，属于直接从当期销售收入中扣除的费用。

2. 产品成本

产品成本是指企业为生产一定种类、一定数量的产品而发生的各项生产费用的总和，也称产品生产成本或产品制造成本。

3. 学生课堂讨论的问题

(1) 生产费用和期间费用的联系与区别。

(2) 生产费用和产品(劳务)成本的联系与区别。

(三) 成本核算程序

成本计算基本程序如图 0-2 所示。

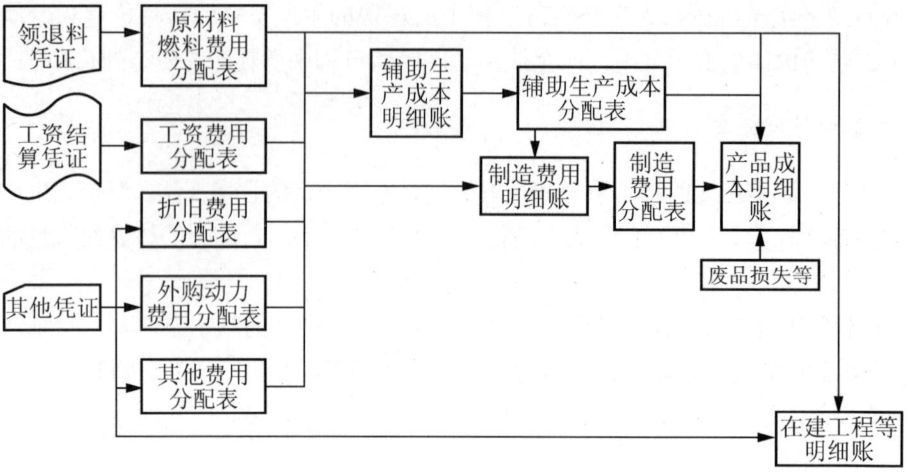

图 0-2　成本计算基本程序

四、成本会计工作的组织

成本会计工作的组织主要包括设置成本会计机构、配备成本会计人员、建立成本会计法规和制度等内容。

(一) 成本会计的机构设置

企业的成本会计机构，是在企业中直接从事成本会计工作的机构。

成本会计机构的设置原则：在保证工作质量的前提下，按照节约工作时间和费用的原则，设置成本会计工作机构。

大中型企业应在会计机构中单独设立成本会计机构，专门从事成本核算工作。小型企业只需要在会计机构中分派专人负责成本会计工作。生产车间应根据工作需要设置专职或兼职的成本会计核算人员。

(二) 成本会计人员的职责与分工

1. 成本会计人员的职责

(1) 根据国家有关规定，结合企业特点和需要拟定成本管理办法，并根据实际情况及时进行修订。

(2) 根据企业成本支出的特点和成本管理的规定，负责各项直接成本、间接成本的核算，成本对象和成本中心的确定，费用的归集、分配等拟定详细的核算程序。

(3) 会同有关部门建立定额、原始记录、内部结算价格制度，做好内部成本管理的基础工作，为正确计算企业成本提供可靠依据。

(4) 按成本核算的内容、程序、方法，进行费用的归集和分配，定期分析成本费用计划执行情况和成本升降原因，对照本单位历史资料和同行业的先进水平，提出改进生产经营管理、降低成本费用的办法，当好企业领导的参谋，及时提供成本信息。

(5) 在成本核算的基础上，开展企业经济核算，对企业的经济活动进行分析、考核。

2. 成本会计人员的分工

(1) 成本会计机构内部的组织分工：可以按照成本会计的职能来分，也可以按照成本会计的对象划分。

(2) 企业内部各级成本会计机构的分工：企业内部各级成本会计机构之间的组织分工，有集中工作和分散工作两种方式。

(3) 按成本项目，分为材料核算员、工资核算员、成本核算员等。

(三) 成本会计制度

成本会计的法规和制度是组织和从事成本会计工作必须遵守的规范，是会计法规和制度的重要组成部分。制定成本会计法规和制度的原则是按统一领导、分级管理的原则制定。成本会计法规和制度有《中华人民共和国会计法》(以下简称《会计法》)、《企业会计准则》、企业内部的会计制度和成本核算方法。

(四) 成本核算的原则

1. 实际成本计价原则

生产所耗用的原材料、燃料、动力要按实际耗用数量的实际单位成本计算，完工产品成本按实际发生的成本核算。原材料、燃料、产成品的账户也可按计划成本(或定额成本、标准成本)核算，通过加减成本差异，最终调整为实际成本。

2. 权责发生制原则

凡是应由本期负担的费用，不论款项是否已经支付，都要计入本期成本；凡是不应由本期负担的费用，虽然款项在本期支付，也不应计入本期成本，以便正确提供各项成本信息。

3. 重要性原则

对成本有重大影响的项目应重点核算，力求精确。而对于那些不太重要的项目，则可以简化核算。

4. 可比性原则

成本核算所采用的方法，前后各期必须一致，以使各期的成本资料有统一的口径，前后连贯，互相可比。

5. 成本分期原则

企业为了取得一定期间所生产产品的成本，必须将持续的生产活动按一定阶段(如月、季、年)划分为各个期间，分别计算各期产品的成本。成本核算的分期，必须与会计期间一致，以便于利润的计算。

6. 合法性原则

计入成本的费用都必须符合法律、法令、制度等规定。不符合规定的费用不能计入成本。

7. 可靠性原则

可靠性包括真实性和可核实性。真实性是指所提供的成本信息与客观的经济事项相一致，不应掺假，或人为地提高、降低成本；可核实性指成本核算资料按一定的原则由不同的会计人员加以核算，都能得到相同的结果。真实性和可核实性是为了保证成本核算信息的正确可靠。

8. 相关性原则

相关性包括成本信息的有用性和及时性。有用性是指成本核算要为管理当局提供有用的信息，为成本管理、预测、决策服务。及时性是强调信息取得的时间性，根据及时反馈的信息，可以及时地采取措施，改进方法，降低产品成本，提高经济效益。

(五) 成本会计的基础工作及要求

成本会计的基础工作及要求主要包括以下 6 个方面。

1. 建立健全各项原始记录制度

原始记录是指按照规定的格式，对企业的生产、技术经济活动的具体事实所做的最初书面记载。它是进行各项核算的前提条件，是编制费用预算、严格控制成本费用支出的重要依据。成本会计有关的原始记录主要包括以下内容。

(1) 反映生产经营过程中物化劳动消耗的原始记录。

(2) 反映活劳动消耗的原始记录。

(3) 反映在生产经营过程中发生的各种费用支出的原始记录。

(4) 其他原始记录。

原始记录是一切核算的基础，成本核算更是如此。因此，原始记录必须真实正确，内容完整，手续齐全，要素完备，以便为成本计算、控制、预测和决策提供客观的依据。

2. 建立健全存货的计量、验收、领退和盘点制度

为了保证入库材料物资的数量与质量，必须搞好计量与验收工作，准确的计量和严格的质量检测是保证原始记录可靠性的前提；为了保证领、退的材料物资准确无误，还必须及时办好领料和退料凭证手续，使成本中的材料费用相对准确。由于材料物资等存货品种、规格较多，进出频繁，尽管严格管理，但由于种种原因，经常出现账实不符的情况，所以对材料物资必须进行定期或不定期的清查盘点，做到账实相符，以保证库存材料物资的真实性，确保成本核算中的材料等费用更加准确。

3. 建立健全定额管理制度

定额是指在一定生产技术组织条件下，对人力、财力、物力的消耗及占用所规定的数量标准。科学先进的定额，是对产品成本进行预测、核算、控制和考核的依据。与成本核算有关的定额主要包括工时定额、产量定额，材料、燃料等消耗定额，费用的定额(如制造费用的预算)等。定额的制定是作为企业产品生产发生耗费应该掌握的标准。定额制定后，为了

保持它的科学性和先进性，还必须根据生产的发展、技术的进步、劳动生产率的提高，进行不断的修订，使之成为成本管理与核算的客观依据。

4. 建立健全内部结算价格制度

在生产经营过程中，企业内部各单位之间往往会相互提供半成品、材料、劳务等，为了分清企业内部各单位的经济责任，明确各单位工作业绩及总体评价与考核的需要，应制定企业内部结算价格。

制定结算价格的主要依据如下。

(1) 内部转移的材料物资等，应以当时的市场价格作为内部结算价格。

(2) 材料物资、劳务等也可以以市场价格为基础，双方协商定价，即通常所说的“议价”，作为内部的结算价格。

(3) 企业生产的零部件、半成品等在内部转移时，可以用标准成本或计划成本作为内部结算价格。

(4) 在原有成本的基础上，加上合理的利润(一定利润率计算)作为内部的价格。

除上述计价方法外，企业也可以根据生产特点和管理要求及结算的具体情况来确定其合理的结算价格进行结算。

5. 加强对费用的审核和控制

加强对费用的审核和控制是指企业在生产经营过程中，按照既定的成本费用目标，对构成成本费用的诸要素进行的规划、限制和调节，加强内部审核，严格按定额进行成本费用的支出，将实际成本和成本定额进行比较，及时纠正偏差，把实际耗费控制在成本费用计划范围之内。

6. 正确划分各种费用支出的界限

(1) 划清收益性支出与资本性支出的界限

企业进行产品成本核算必须划清收益性支出和资本性支出的界限，如构建固定资产、无形资产的支出和对外投资的支出不能计入或不能直接计入产品成本。对于罚款、税收滞纳金、捐赠、赞助费等与生产经营无直接关系的支出，也不能计入产品成本。混淆收益性支出与资本性支出的界限，会影响企业本期及以后期间产品成本和损益的正确计算，也会影响企业利润构成的客观性。

(2) 划清生产费用与期间费用的界限

生产费用计入产品成本，期间费用不计入产品成本而直接计入当期损益。由于这两种费用与收入配比的时间不同，混淆两者也会影响成本和利润的真实性。

(3) 划清本期生产费用与非本期生产费用的界限

企业的成本核算与损益计算是建立在权责发生制基础之上的，应正确划清本期生产费用与非本期生产费用的界限，以责任的发生或形成对金额较大的跨期费用进行合理摊配，不能利用待摊或预提的办法调节各月的成本、费用，来调节各月利润。

(4) 划清完工产品与期末在产品的费用界限

企业应采取合理而简便的方法，在需要时将累计发生的生产费用在完工产品与在产品之间进行分配。若不能正确划分完工产品与在产品的费用界限，会使企业的损益计算与资产计价失真，也不利于对各期产品成本水平的分析、考核。

(5) 划清不同产品的费用界限

为了考核各种产品的成本计划完成情况或成本定额的执行情况，企业还应分别正确计算各种产品的成本。对于几种产品共同发生的费用，应根据受益原则分配：谁受益谁承担，多受益多承担，少受益少承担。只有正确计算各种产品的成本，才能为成本分析、考核、预测、决策提供有用的信息。

课后思考题

1．什么是成本会计？

2．成本会计的对象是什么？

3．成本会计的内容有哪些？

4．大型企业是如何进行成本核算的？

模块一　材料等要素费用的归集与分配

第一次课(4 学时)　材料费用的核算

【知识目标】

1. 材料费用核算的基本原理。
2. 材料费用的计量。
3. 材料费用的归集与分配方法。
4. 账务处理方法。

【能力目标】

1. 填制领料凭证(单)。
2. 编制发出材料汇总表。
3. 编制材料费用分配表及填制记账凭证。

【问题提示】

1. 材料按在生产中的用途可划分为几类?
2. 应设置哪些相应账户?
3. 材料费用的分配方法有哪几种?
4. 如何进行材料费用的账务处理?

【基础知识】

一、材料发出的原始凭证

材料发出必须办理一定的手续和填制有关的原始凭证，以加强对材料费用的控制，明确有关经济责任。

(一) 领料单

领料单(表 1-1)是一种一次性使用的领用材料的凭证，它适用于不经常领用或未制定消耗定额的材料领发。

表 1-1　材料领料单

领料单位：　　　　　用 途：　　　　　　年　　月　　日　　发料仓库：　　　　凭证编号：

材料类别	材料编号	材料名称	材料规格	计量单位	数 量		单 价	金额(元)
					请 领	实 发		
备 注		合 计						

主 管(签章)　　　　　记 账(签章)　　　　　发料人(签章)　　　　　领料人(签章)

领料单一般一式三联，其中第一联留领料部门备查；第二联转财务部或月末经汇总后转会计部门，据以进行材料收发和材料费用的核算；第三联留存发料仓库，据以登记材料物资明细账和材料卡片。

(二) 限额领料单

限额领料单(表 1-2)是一种在规定时间和规定限额内可以多次使用的领发料累计凭证。它适用于经常使用并已制定消耗定额的材料领发。

表 1-2　限额领料单

领料部门：　　　　　　　　　　　　　　　　　　　　　　凭证编号：

用　　途：　　　　　　　　　年　　月　　日　　　　　　发料仓库：

材料类别	材料编号	材料名称及规格	计量单位	领用限额	实际领用	单 价	金 额	备 注
供应部门负责人：						生产计划部门负责人：		

日 期	数量		领料人签章	发料人签章	扣除代用数量	退料			限额结余
	请 领	实 发				数 量	收料人	退料人	

采用限额领料单是为了有效控制材料领用。对于超过限额或变更规定材料的领料，应区别情况进行处理。如果是增加产量而超额领料，须经有关部门审核批准后，办理追加限额手续；如果是生产操作不当超过限额的领料，应另填领料单，说明原因和责任，经有关部门审核批准后才能据以领料；如果是用另一种材料代替原规定材料，也须经有关部门审核批准后另填领料单据以领料，并填明代用材料的数量，相应减少限额余额。

(三) 退料单

退料单(表 1-3)是一种已领用材料多余退库的凭证。

表 1-3　退料单　　　　NO.

日期：　年　月　日

退料部门：________			生产通知单：________ 退料原因：________				
序 号	原料名称	批 号	单 位	数 量	单 价	金 额	备 注

主 管：　　退料人：　　复 核：　　制 单：

退料单一般一式三联，其中第一联由退料部门留存；第二联交由发料仓库；第三联转交会计部门，据以进行材料收发和材料费用的核算。

月末生产车间多余材料退回有两种情况。

(1) 当月末多余材料下月不再使用时，办理退料手续，即填制本月的退料单或红字领料单，以冲减本月领料数量，同时将实物退回仓库。

(2) 当月末多余材料在下月还需继续使用时，办理“假退料”手续，即同时填制本月的退料单或红字领料单和下月的领料单，以冲减本月领料数量，并转作下月领料数量，但实物并不退回仓库。

二、材料发出的核算

(一) 按实际成本计价的材料发出的核算

在按实际成本计价进行材料的日常核算时，不管是材料的总账还是明细账，都要按实际成本计价。发出材料的金额可按先进先出法、个别计价法、加权平均法等方法计算登记。为了简化总账的登记工作，一般都是在月末根据全部发料凭证汇总编制发料凭证汇总表(表 1-4)，然后根据发料凭证汇总表登记总账。其会计分录如下。

借：基本生产成本——X 产品
　　辅助生产成本——Y 车间
　　制造费用——基本车间(材料费)
　　管理费用——材料费
　　销售费用——材料费
　　贷：原材料——主要材料——A 材料

表 1-4　发料凭证汇总表

年　　月

领料部门及用途			原料及主要材料		燃料		辅助材料		其他		合计	
			计划	成本差异	计划	成本差异	计划	成本差异	计划	成本差异	计划	成本差异
基本生产成本	A基本生产车间	甲产品										
		乙产品										
	B基本生产车间	丙产品										
		丁产品										
制造费用	A基本生产车间											
	B基本生产车间											
辅助生产成本	机修车间											
	动力车间											
管理费用	行政部门											

(二) 按计划成本计价的材料发出的核算

按计划成本进行的材料核算的特点是材料的总账及明细账必须是根据收、发料凭证或收、发料凭证汇总表按计划成本登账。

为了核算材料采购的实际成本、计划成本，调整发出材料的成本差异，计算发出和结存材料的实际成本，除设置“原材料”账户外，还应设立“材料采购”和“材料成本差异”两个总账账户，并应按照材料类别设立材料采购明细账和材料成本差异明细账。

月末为了调整发出材料的成本差异，计算发出材料的实际成本，还必须根据“原材料”和“材料成本差异”账户计算材料成本差异率。其计算公式为

$$材料成本差异率=\frac{月初结存材料成本差异+本月收入材料成本差异}{月初结存材料计划成本+本月收入材料计划成本}\times 100\%$$

根据材料成本差异率和发出材料的计划成本，可计算发出材料的成本差异，其计算公式为

$$发出材料成本差异=发出材料计划成本\times 材料成本差异率$$

注：如果库存材料比较多，本月发出的材料全部或者大部分是以前月份购入的材料，也可以根据上月末、本月初结存材料的成本差异率计算本月发出材料的成本差异。这种材料成本差异率的计算公式为

$$材料成本差异率=\frac{月初结存材料成本差异}{月初结存材料计划成本}\times 100\%$$

材料成本差异率的计算方法一经确定，不应随意改变。

由于“材料成本差异”总账账户应按原材料、周转材料等材料类别设立明细账，因而材料成本差异率也应按照材料类别计算。

为了汇总反映发出材料的计划成本和成本差异，并据以计算发出材料的实际成本，发料凭证汇总表中的材料成本应按计划成本和成本差异分列。其格式见表 1-4，会计分录如下。

发出材料时，按计划成本进行如下处理。

借：基本生产成本——X 产品

辅助生产成本——Y 车间

制造费用——基本车间(材料费)

管理费用——材料费

销售费用——材料费

贷：原材料——主要材料——A 材料

调整发出材料的成本差异(超支差)时，进行如下处理。

借：基本生产成本——X 产品

辅助生产成本——Y 车间

制造费用——基本车间(材料费)

管理费用——材料费

销售费用——材料费

贷：材料成本差异——主要材料——A 材料

若为节约差异，则做反向分录。

三、材料费用分配的核算

材料费用的分配，就是以一定方法将企业一定时期耗用的材料费用按其用途分别计入产品成本及相关成本费用。

(一) 原材料费用的分配方法

构成产品实体并能直接确定归属对象的材料费，应直接记入各产品成本明细账的“直接材料”成本项目。

对于几种产品共同耗费的间接材料费，应选择适当的分配标准分配记入各产品成本明细账的“直接材料”成本项目。具体分配标准有定额消耗量比例、定额费用比例、系数比例、产品产量比例、重量比例、体积比例等。根据分配标准，一般分配方法为

$$分配率=\frac{材料费用的总金额}{各产品的分配标准之和}$$

$$某种产品应分配的材料费用=该种产品的分配标准\times分配率$$

1. 定额消耗量比例分配法

定额消耗量比例分配法是按照产品材料定额消耗量比例分配材料费用的方法。它适用于

各种材料消耗定额较为健全而且相对准确的材料费用的分配。其计算公式如下。

某种产品材料定额消耗量＝该种产品实际产量×单位产品材料消耗定额

材料消耗量分配率＝材料实际消耗总量÷各产品材料定额消耗量之和

某种产品应分配的材料数量＝该种产品的材料定额消耗量×材料消耗量分配率

某种产品应分配的材料费用＝该种产品应分配的材料数量×材料单价

【例 1-1】东方企业生产甲、乙两种产品，共同耗用 A 材料 1 200 千克，每千克 4 元。甲产品的实际产量为 140 件，单位产品材料消耗定额为 4 千克；乙产品的实际产量为 80 件，单位产品材料消耗定额为 5.5 千克。试计算分配甲、乙产品各自应负担的材料费用。

(1) 甲产品材料定额消耗量＝140×4＝560(千克)

乙产品材料定额消耗量＝80×5.5＝440(千克)

(2) 材料消耗量分配率＝1 200÷(560＋440)＝1.2

(3) 甲产品应分配的材料数量＝560×1.2＝672(千克)

乙产品应分配的材料数量＝440×1.2＝528(千克)

(4) 甲产品应分配的材料费用＝672×4＝2 688(元)

乙产品应分配的材料费用＝528×4＝2 112(元)

上述计算分配可以考核原材料消耗定额的执行情况，有利于加强原材料消耗的实物管理，但分配计算的工作量较大。为简化计算，也可以按原材料定额消耗量的比例直接分配原材料的费用。其计算公式如下。

某种产品材料定额消耗量＝该种产品实际产量×单位产品材料消耗定额

材料费用分配率＝材料实际总消耗量×材料单价÷各产品材料定额消耗量之和

某种产品应分配的材料费用＝该种产品的材料定额消耗量×材料费用分配率

(1) 甲产品材料定额消耗量＝140×4＝560(千克)

乙产品材料定额消耗量＝80×5.5＝440(千克)

(2) 材料费用分配率＝(1 200×4)÷(560＋440)＝4.8(元/千克)

(3) 甲产品应分配的材料费＝560×4.8＝2 688(元)

乙产品应分配的材料费＝440×4.8＝2 112(元)

上述两种计算方法结果相同。但后一种方法不能提供各种产品实际消耗的材料数量，不利于加强材料消耗的实物管理。

根据领、退料凭证或发料凭证汇总表编制“原材料费用分配汇总表”，见表 1-5。

表 1-5 原材料费用分配汇总表

201×年×月

应借科目		产量(件)	共同耗用 A 材料费用				直接材料费用(元)	合计(元)
			单位消耗定额(千克/件)	定额消耗量(千克)	分配率(元/千克)	分配额(元)		
基本生产成本	甲产品	140	4	560		2 688	15 000	17 688
	乙产品	80	5.5	440		2 112	9 000	11 112
	小 计			1 000	4.80	4 800	24 000	28 800

续表

应借科目		产量(件)	共同耗用 A 材料费用				直接材料费用(元)	合计(元)
			单位消耗定额(千克/件)	定额消耗量(千克)	分配率(元/千克)	分配额(元)		
辅助生产成本	机修车间						7 000	7 000
	动力车间						6 500	6 500
	小计						13 500	13 500
制造费用	一车间						5 000	5 000
	二车间						3 000	3 000
	小计						8 000	8 000
管理费用	行政部门						2 000	2 000
合　计							47 500	52 300

根据表 1-5 编制会计分录如下。

借：基本生产成本——甲产品　　17 688
　　　　　　　　——乙产品　　11 112
　　辅助生产成本——机修车间　　7 000
　　　　　　　　——动力车间　　6 500
　　制造费用——一车间(材料费用)　　5 000
　　　　　　——二车间(材料费用)　　3 000
　　管理费用——材料费　　2 000
　　贷：原材料——主要材料——A 材料　　52 300

2. 材料定额费用比例法

某产品某材料定额费用＝该产品实际产量×单位产品该材料费用定额
＝该产品实际产量×单位产品该材料消耗定额×该材料单价

材料费用分配率＝各种材料实际总费用÷各产品各材料费用定额之和

某产品应分配的材料费用＝该种产品的各种材料费用定额之和×材料费用分配率

【例 1-2】东方企业生产甲、乙两种产品，共同领用 A、B 两种材料，合计 25 000 元，本月生产甲产品 100 件，乙产品 50 件。甲产品材料消耗定额为 A 材料 2.5 千克，B 材料 2 千克；乙产品材料消耗定额为 A 材料 1 千克，B 材料 4 千克。A 材料单价 10 元，B 材料单价 5 元。试计算分配甲、乙产品各自应负担的材料费用。计算分配如下。

甲产品两种材料定额费用分别为

A 材料定额费用＝100×2.5×10＝2 500(元)

B 材料定额费用＝100×2×5＝1 000(元)

乙产品两种材料定额费用分别为

A 材料定额费用＝50×1×10＝500(元)

B 材料定额费用＝50×4×5＝1 000(元)

材料费用分配率＝25 000/(2 500＋1 000＋500＋1 000)＝5

甲产品应分配的材料费用＝(2 500＋1 000)×5＝17 500(元)

乙产品应分配的材料费用＝(500＋1 000)×5＝7 500(元)

(二) 燃料费用的分配方法

燃料实际上也是材料，如果燃料费用在产品成本中的比重较大，可以与动力费用一起专设“燃料与动力”成本项目，同时应单独设置“燃料”总账账户，用以核算燃料的增减变动和结存情况，以及燃料费用的分配情况。燃料费用分配与原材料费用的分配方法相同，有关分录如下。

借：基本生产成本——X 产品

　　辅助生产成本——Y 车间

　　制造费用——基本车间(材料费)

　　管理费用——材料费

　　销售费用——材料费

　　贷：燃料

【例 1-3】东方企业本月直接用于生产甲、乙两种产品的燃料费用为 10 629 元，按燃料的定额费用比例分配。根据耗用燃料的产品数量和单位产品的燃料费用定额计算出的燃料定额费用为，甲产品 7 123 元，乙产品 4 687 元。采用定额费用比例法计算如下。

燃料费用分配率＝10 629/(7 123＋4 687)＝0.9

甲产品应分配的燃料费用＝7 123×0.9＝6 410.70(元)

乙产品应分配的燃料费用＝4 687×0.9＝4 218.30(元)

根据有关凭证和例 1-3 费用分配结果，编制“燃料费用分配表”，见表 1-6。

表 1-6 燃料费用分配表

2012 年 12 月

应借科目		成本或费用项目	直接计入(元)	分配计入		合计(元)
				定额燃料费用(元)	分配金额(元)(分配率 0.9)	
基本生产成本	甲产品	燃料及动力		7 123	6 410.70	6 410.70
	乙产品	燃料及动力		4 687	4 218.30	4 218.30
	小 计			11 810	10 629	10 629

续表

应借科目		成本或费用项目	直接计入(元)	分配计入		合计(元)
				定额燃料费用(元)	分配金额(元)(分配率 0.9)	
辅助生产成本	机修车间	燃料及动力	6 521			6 521
	动力车间	燃料及动力	32 542			32 542
	小计		39 063			39 063
制造费用	一车间	其他	5 204			5 204
	二车间	其他	3 231			3 231
	小 计		8 435			8 435
管理费用	行部门	其他	2 453			2 453
合 计			49 951			60 580

根据表 1-6 编制会计分录如下。

借：基本生产成本——甲产品　　6 410.70
　　　　　　　　——乙产品　　4 218.30
　　辅助生产成本——机修车间　　6 521.00
　　　　　　　　——动力车间　　32 542.00
　　制造费用——一车间(材料费)　　5 204.00
　　　　　　——二车间(材料费)　　3 231.00
　　管理费用——材料费　　2 453.00
　　贷：燃料　　60 580.00

有关周转材料发出和摊销的核算在财务会计教材中已经述及，此处不再重述。

【课堂技能训练】A 项目

东方玻璃企业生产平板普通白玻和镀膜玻璃两种产品，玻璃产品成本构成中，直接材料的消耗主要包括原材料、辅助材料和燃料动力 3 项。原材料主要包括硅砂、砂岩、苦灰石、石灰石、芒硝、纯碱等；辅助材料主要包括氮气、氧化铜、精锡等；燃料动力主要包括煤焦油、重油和电。

资料 1

已知该厂 2012 年 12 月材料情况如下：发出材料资料见表 1-7。(材料采用加权平均法进行核算)

表 1-7　领用材料相关资料

单位：　　　　2012 年 12 月　　　　数量：吨　　　　金额：元

领料部门	用途	主要材料												辅助材料		燃料	
		硅砂		砂岩		苦灰石		石灰石		芒硝		纯碱		数量	金额	数量	金额
		数量	金额	数量	金额	数量	金额	数量	金额	数量	金额	数量	金额				
基本生产车间	普通白玻	857	120 000	2 632	300 000	981	60 000	188	11 000	31	18 000	2 200	4 293 000	276	8 000	1 132	3 000 000
	镀膜玻璃	643	90 000	2 368	270 000	819	50 000	162	9 500	29	17 000			224	6 500	868	2 300 000
辅助生产车间	供电车间															11	30 000
	气保车间													550	10 000	4.5	12 000
	造箱车间													8 030	1 460 000	1.8	5 000
基本生产车间	一般耗用													4 400	8 000	1.8	15 000
管理部门	一般耗用													550	1 000	0.75	2 000

注：请领数量与实领数量相同；1 号库存放的材料为硅砂和砂岩；2 号库是苦灰石和石灰石；3 号库是芒硝和纯碱。

要求：

(1) 根据上述领料资料填制表 1-8～表 1-12。

表 1-8　领　料　单

编号　011002

领料单位：生产车间　　2012 年 12 月 2 日　　发料库：1 号库

材料编号	材料名称及规格	计量单位	数量		单　价	金　额	用　途
			请　领	实　发			
101	硅砂						
101	硅砂						
合计							

②财务记账联

领料人：　　发料人：　　记账：

表 1-9　领　料　单

编号 011003

领料单位：生产车间　　2012 年 12 月 10 日　　发料库：1 号库

材料编号	材料名称及规格	计量单位	数量		单　价	金　额	用　途
			请　领	实　发			
102	砂岩						
102	砂岩						
合计							

②财务记账联

领料人：　　发料人：　　记账：

表 1-10　领　料　单

编号 011004

领料单位：生产车间　　2012 年 12 月 19 日　　发料库：2 号库

材料编号	材料名称及规格	计量单位	数量		单　价	金　额	用　途
			请　领	实　发			
103	苦灰石						
103	苦灰石						
104	石灰石						
104	石灰石						
合　计							

②财务记账联

领料人：　　发料人：　　记账：

表 1-11 领 料 单

编号 011005

领料单位：生产车间　　2012 年 12 月 20 日　　发料库：3 号库

材料编号	材料名称及规格	计量单位	数量		单价	金额	用途
			请领	实发			
105	芒硝						
105	芒硝						
	纯碱						
合计							

②财务记账联

领料人：　　发料人：　　记账：

表 1-12 领 料 单

编号 011006

领料单位：生产车间　　2012 年 12 月 20 日　　发料库：4 号库

材料编号	材料名称及规格	计量单位	数量		单价	金额	用途
			请领	实发			
106	辅助材料——C 材料						
106	辅助材料——C 材料						
合计							

②财务记账联

领料人：　　发料人：　　记账：

其他车间、部门领用材料的领料单填写与上相同(略)。

(2) 据上述领料单和前面的领料资料编制发料凭证汇总表，见表 1-13。

表 1-13 发料凭证汇总表

2012 年 12 月 31 日　　单位：元

领料部门	用 途	主要材料						辅助材料	燃 料
		硅 砂	砂 岩	苦灰石	石灰石	芒 硝	纯 碱		

资料 2

生产普通白玻和镀膜玻璃两种玻璃产品按照产品定额消耗量比例分配共同耗用的纯碱材料费用。原始凭证见表 1-14。

表 1-14　单位产品 B 材料消耗定额表

定额 产品	产量/万重箱	单位产品消耗定额/(千克/重箱)
普通白玻	12	0.011
镀膜玻璃	9	0.011

要求：

(1) 根据材料定额消耗量，分配纯碱材料费用，根据已知资料编制材料费用分配表，见表 1-15。(分配率保留四位小数，结果保留两位小数)

表 1-15　材料费用分配表

2012 年 12 月　　　　单 位：元

应借科目		原材料				燃料	合计
		间接计入(分配率：　　)		直接计入	小计	直接计入	
		定额消耗量/千克	分配金额				
基本生产成本	普通白玻						
	镀膜玻璃						
	小　计						
辅助生产成本	供电车间						
	气保车间						
	造箱车间						
	小　计						
制造费用	基本生产车间						
管理费用							
合　计							

(2) 根据上述资料编制会计分录，填制会计凭证(表 1-16 和表 1-17)。

表 1-16　转账记账凭证

年　　月　　日　　　　凭证编号________

摘　要	科目		借方金额											贷方金额											记账符号
	总账科目	明细科目	亿	千	百	十	万	千	百	十	元	角	分	亿	千	百	十	万	千	百	十	元	角	分	
附单据　张	合计																								

会计主管人员　　　　记账　　　　稽核　　　　制单

表 1-17 转账记账凭证

年 月 日 凭证编号________

摘要	科目		借方金额											贷方金额											记账符号
	总账科目	明细科目	亿	千	百	十	万	千	百	十	元	角	分	亿	千	百	十	万	千	百	十	元	角	分	
附单据 张	合计																								

会计主管人员 记账 稽核 制单

【课后训练】

一、单项选择题

1. 下列各项属于产品成本项目的有( )。

   A. 外购燃料和动力　B. 直接人工费用　C. 折旧费用　D. 期间费用

2. 下列各项中，属于费用要素的有( )。

   A. 直接材料　B. 外购燃料　C. 废品损失　D. 直接人工

3. 一般情况下，费用是按照所耗资产的( )计量的。

   A. 直接成本　B. 历史成本　C. 固定成本　D. 重置成本

4. 直接用于产品生产，并构成该产品实体的原材料费用应记入的会计科目是( )。

   A. 生产成本　B. 制造费用　C. 管理费用　D. 营业费用

5. 按产品材料定额成本比例分配法分配材料费用时，其适用的条件是( )。

   A. 产品的产量与所耗用的材料有密切的联系
   B. 产品的重量与所耗用的材料有密切的联系
   C. 几种产品共同耗用几种材料
   D. 各项材料消耗定额比较准确稳定

6. 当几种产品共同耗用几种材料的情况下，材料费用的分配可采用( )。

   A. 定额耗用量比例分配法　B. 产品产量比例分配法
   C. 产品重量比例分配法　D. 产品材料定额成本比例分配法

7. 材料成本差异科目的借方反映( )。

   A. 材料的实际成本　B. 材料的计划成本
   C. 材料成本的节约差　D. 材料成本的超支差

8. 直接计入费用是指( )。

   A. 直接列作当期损益的费用
   B. 产品生产过程中的直接费用
   C. 可以直接计入某种产品(成本核算对象)成本费用
   D. 由于产品生产工艺本身发生的费用

9．在企业未设置“燃料及动力”成本项目的情况下，生产车间发生的直接用于产品生产的动力费用，应借记的账户是(　　)。

A．“管理费用”　B．“基本生产成本”　C．“生产费用”　D．“制造费用”

10．不属于工业企业费用要素的有(　　)。

A．原材料　B．计提的生产工人福利费

C．制造费用　D．利息费用

二、多项选择题

1．某企业用同一种原材料，同时生产几种产品，其原材料费用都是(　　)。

A．直接计入费用　B．直接生产费用

C．间接计入费用　D．间接生产费用

2．在按计划成本进行材料核算时，材料明细账平时需要登记(　　)。

A．收入材料的数量　B．发出材料的数量

C．结存材料的数量　D．计划单位成本

3．下列(　　)等，都可以在“原材料”总账账户中核算。

A．原料及主要材料　B．自制半成品

C．外购半成品　D．包装材料

4．下列各项中，属于工业企业成本项目的有(　　)。

A．外购材料　B．直接材料　C．燃料及动力　D．废品损失

5．计入产品成本的各种材料费用，按其用途分配，应记入(　　)账户的借方。

A．“基本生产成本”　B．“管理费用”

C．“制造费用”　D．“销售费用”

6．按实际成本计价，发出材料成本的确定方法有(　　)。

A．先进先出法　B．个别计价

C．移动加权平均法　D．全月一次加权平均法

7．“材料成本差异”科目期末(　　)。

A．可能有借方余额　B．一定有借方余额

C．可能有贷方余额　D．可能没有余额

8．企业产品成本，是通过设置(　　)等账户来组织核算的。

A．“生产成本”　B．“财务费用”　C．“制造费用”　D．“营业费用”

9．计入产品成本的各种材料费用，按照用途分配应记入(　　)借方账户。

A．“管理费用”　B．“制造费用”　C．“其他应付款”　D．“生产成本”

10．工业企业的生产耗费包括(　　)等的耗费。

A．机器设备　B．原材料　C．工资　D．税费

三、判断题

1．对于产品生产过程中耗用的原材料、燃料和动力等费用，可直接记入产品成本明细账的“原材料”或“燃料和动力”成本项目。　(　　)

2．为了正确计算产品成本，对生产所剩余料，都应编制退料单，据以退回材料仓库。（　）

3．对于直接用于产品生产的燃料费用和动力费用，既可以单独记入产品成本的“燃料和动力”成本项目，也可以分别记入“原材料”成本项目和“制造费用”成本项目。（　）

4．直接材料是直接成本，而制造费用是间接成本。（　）

5．生产费用按经济内容和经济用途划分的要素费用和成本项目所包括的内容相同。（　）

6．在一般情况下，企业在本期投产的产品往往能在本期完工，本期完工的产品一定全部都是由本期投产的。（　）

7．在几种产品共同耗用几种材料的情况下，材料费用的分配应采用产品材料定额成本比例分配法进行分配。（　）

8．当燃料费用在产品成本中所占比重较大时，应与动力费用合并，设立“燃料及动力”成本项目。（　）

9．材料费用的分配一般是通过编制材料费用分配表进行的。（　）

10．产品成本项目中的“直接材料”包括生产用的包装物和低值易耗品。（　）

四、计算分析题

某企业本月生产 A 产品 25 台，B 产品 40 台，C 产品 50 台。共同耗用甲材料 3 672 千克，甲材料单价 5 元。3 种产品单位材料消耗量分别是 60 千克、40 千克和 10 千克。

要求：根据以上材料，采用“材料定额消耗量比例法”分配甲材料费用，并编制相应的会计分录。

第二次课(4 学时)　外购动力费用及其他费用要素的归集与分配

【知识目标】

1．外购动力费用及其他费用要素核算的基本原理。
2．外购动力费用及其他费用要素的计量。
3．外购动力费用及其他费用要素的归集与分配。
4．账务处理方法。

【能力目标】

1．了解外购动力费用及其他费用要素的内容。
2．填制相关单据。

【问题提示】

1．外购动力费用的内容有哪些？
2．外购动力费用的分配标准是什么？

3．外购动力费用的分配方法有哪些？

4．外购动力费用的账务处理。

(1) 如何进行由银行直接代企业支付的账务处理？

(2) 如何进行月末结转本月电费的账务处理？

(3) 如何进行企业自己直接支付的账务处理？

5．月末“应付账款” 借方会有余额吗？为什么？

6．折旧费用的计提范围是什么？

7．折旧费用的计算方法有哪些？

【基础知识】

一、外购动力费用的归集与分配

外购动力费用是指向外单位购买电力、蒸汽、煤气等动力所支付的费用。进行外购动力费用核算，一是动力费用支出核算，二是动力费用分配核算。

(一) 外购动力费用支出的核算

在实际工作中，由于外购动力费用一般不是在每月月末支付，而是在每月下旬的某日支付。因此，支付时一般是借记“应付账款”账户，贷记“银行存款”账户，到月末时再借记各成本、费用类账户，贷记“应付账款”账户。这是因为支付日计入的动力费用并不完全是当月动力费用，而是上月付款日到本月付款日的动力费用。所以，为了正确地计算当月动力费用，不仅要计算扣除上月付款日到上月末的已付动力费用，而且还要分配、补记当月付款日到当月末的应付未付动力费用，核算工作量太大。因此，支付动力费用时一般都通过“应付账款”账户，只在每月的月末分配登记一次动力费用。这样核算“应付账款”账户时，借方所记本月已付动力费用与贷方所记本月应付动力费用，往往不相等，从而会出现月末余额。如果月末余额在借方，表示本月实际支付款大于应付款，多付了动力费用，可以抵冲下月应付费用；如果月末余额在贷方，表示本月应付款大于实际支付款，形成应付动力费用，可以在下月支付。

如果每月支付动力费用的日期基本固定，而且每月付款日到月末的应付动力费用相差不多时，各月付款日到月末的应付动力费用可以互相抵销。如果不影响各月动力费用核算的正确性，也可以不通过“应付账款”账户，而直接借记有关成本、费用类账户，贷记“银行存款”账户。

(二) 外购动力费用分配的核算

1. 外购动力费用分配的基本方法

外购动力有的直接用于产品生产，如生产工艺用电力；有的间接用于产品生产，如生产车间照明用电力；有的用于经营管理，如行政管理部门照明用电力、销售门市部照明用电力等。企业应根据外购动力的不同用途及其发生地点进行分配。

基本生产车间生产产品的动力费用，应直接或分配记入“生产成本”明细账“燃料与动力”成本项目中。

基本生产车间组织、管理生产的动力费用及用于产品生产但未专设成本项目的动力费用，应记入“制造费用”明细账“水电费”费用项目中。

辅助生产车间的动力费用，原则上应比照基本生产车间进行处理。但用简化办法，可全部记入“生产成本——辅助生产成本”明细账“燃料及动力”费用项目中。

行政管理部门管理和组织生产经营活动的动力费用，应记入“管理费用”明细账“水电费”费用项目中。

产品销售的动力费用，应记入“销售费用”明细账“水电费”费用项目中。

2. 间接计入的外购动力费用的分配方法

外购动力费用在各车间、部门之间的分配，由于各车间、部门一般都分别装有记录动力耗用量的仪表，因此可以根据计量仪表记录的实际耗用数和外购动力的计价标准计算分配；而对于生产车间为生产产品耗用的外购动力，由于一般不能按产品分别安装计量仪表，因此，生产车间的外购动力费用在各产品之间的分配应选择适当的标准，采用一定的方法分别记入各种产品成本。

(1) 分配标准。分配间接记入的外购动力费，常用的分配标准有生产工时、机器工时、机器功率时数(机器标牌功率×机器开动时数)、定额耗用量等。

(2) 计算公式为

$$分配率=\frac{共同耗用外购动力费用总额}{各种产品的分配标准数额之和}$$

$$某种产品应分配的外购动力费用=分配率\times 该种产品分配标准数额$$

(三) 外购动力费用分配的账务处理

实际工作中，外购动力费用的分配是通过编制外购动力费用分配汇总表进行的。现举例说明如下。

【例 1-4】新光工厂本月共用电 80 000 千瓦时，每千瓦时电费为 1 元，共发生电费 80 000 元。该企业各部门均安装有电表，电表显示各部门的用电情况如下。基本生产车间生产产品用电 65 000 千瓦时，照明用电 4 000 千瓦时，辅助生产车间用电 6 000 千瓦时，企业管理部门用电 5 000 千瓦时。基本生产车间生产甲、乙两种产品，本月甲产品的生产工时 8 000 小时，乙产品生产工时 4 000 小时。该企业采用生产工时比例分配法分配动力费用，现编制“外购动力费用分配表”，见表 1-18。

表 1-18　外购动力费用分配表

2012 年 12 月 31 日

应借科目		成本或费用项目	动力费分配		电费分配	
			生产工时(小时)	分配金额(分配率 5.4167)	用电量(千瓦时)	分配金额(分配率 1)
基本生产成本	甲产品	燃料及动力	8 000	43 333.60		
	乙产品	燃料及动力	4 000	21 666.40		
	小计		12 000	65 000	65 000	65 000

续表

应借科目		成本或费用项目	动力费分配		电费分配	
			生产工时(小时)	分配金额(分配率 5.4167)	用电量(千瓦时)	分配金额(分配率 1)
辅助生产成本	修理车间	燃料及动力			6 000	6 000
制造费用	基本生产一车间	水电费			1 800	1 800
	基本生产二车间	水电费			2 200	2 200
管理费用		水电费			5 000	5 000
合计					80 000	80 000

生产产品发生的 65 000 元电费在甲、乙两种产品之间的分配如下。

$$电费分配率=\frac{65\,000}{8\,000+4\,000}\approx 5.416\,7(元/小时)$$

甲产品负担电费：8 000×5.416 7＝43 333.60(元)

乙产品负担电费：4 000×5.416 7＝21 666.40(元)

根据表编制会计分录如下。

借：基本生产成本——甲产品	43 333.60	
——乙产品	21 666.40	
辅助生产成本——修理车间	6 000.00	
制造费用——一车间	1 800.00	
——二车间	2 200.00	
管理费用	5 000.00	
贷：应付账款		80 000.00

如果实际的生产成本明细账未设“燃料及动力”成本项目，则直接用于产品生产的燃料及动力费用，可以分别记入“直接材料”和“制造费用”成本项目。

二、折旧费用的归集与分配

1. 影响折旧的因素

折旧费用是指固定资产在生产经营过程中，由于发生损耗而逐渐地、部分地转移到产品成本中去的那一部分价值。影响折旧计提的因素有固定资产原价、固定资产的预计净残值、固定资产减值准备(固定资产已计提的固定资产减值准备累计金额)、固定资产的使用寿命。

企业应当根据固定资产的性质和使用情况，合理确定固定资产的使用寿命和预计残值。固定资产的使用寿命、预计净残值一经确定，不得随意变更。

2. 固定资产折旧的计提范围

企业应当对所有的固定资产计提折旧。但是，已提足折旧仍继续使用的固定资产和单独计价入账的土地除外。因进行大修理而停用的固定资产，应当计提折旧，计提的折旧记入相关资产成本或当期损益。

(1) 固定资产应当按月计提折旧。当月增加的固定资产，当月不计提折旧，从下月起计提折旧；当月减少的固定资产，当月仍计提折旧，从下月起不计提折旧。

(2) 固定资产提足折旧后，无论能否继续使用，均不再计提折旧，提前报废的固定资产不再补提折旧。

(3) 已达到预定可使用状态但尚未办理竣工决算的固定资产，应当按照估计价值确定其成本，并计提折旧，待办理竣工决算后，再按实际成本调整原来的暂估价值，但不需要调整已计提的折旧额。

3. 固定资产折旧的方法

企业应当根据与固定资产有关的经济利益的预期实现方式，合理地选择固定资产折旧方法。可选用的折旧方法包括年限平均法、工作量法、双倍余额递减法和年数总和法等。固定资产的折旧方法一经确定，不得随意变更。

4. 折旧费用归集与分配的具体方法

企业对于按规定计提的折旧费用，应当根据固定资产的使用地点和用途进行归集与分配，分别记入相关资产的成本或者当期损益。

(1) 企业基本生产车间所使用的固定资产，其计提的折旧应记入“制造费用”账户的借方。

(2) 管理部门所使用的固定资产，其计提的折旧应记入“管理费用”账户的借方。

(3) 销售部门所使用的固定资产，其计提的折旧应记入“销售费用”账户的借方。

(4) 自行建造固定资产过程中使用的固定资产，其计提的折旧应记入“在建工程”账户的借方。

(5) 经营租出的固定资产，其计提的折旧应记入“其他业务成本”账户的借方。

(6) 未使用的固定资产，其计提的折旧应记入“管理费用”账户的借方。

计提的折旧总额记入“累计折旧”账户的贷方。

三、利息费用的归集与分配

利息费用属于经营管理费用中的财务费用，一般按季支付季末结算或到期还本时付息。企业一般采用预提利息费用的办法分月按计划预提，实际支付时冲减应付利息。

每月预提利息时，应借记“财务费用”总账账户及所属明细账的“利息支出”费用项目，贷记“应付利息”账户；季末实际支付利息费用时，应借记“应付利息”账户，贷记“银行存款”账户。会计处理如下。

(1) 每月预提利息费用时，

借：财务费用

　　贷：应付利息

(2) 季末实际支付全季利息费用时，

借：应付利息

　　贷：银行存款

四、税费的归集与分配

要素费用中的各税费包括印花税和房产税、车船使用税、土地使用税。

1. 印花税

对于印花税，购买时可以直接借记“管理费用”账户，贷记“银行存款”账户；印花税的核算不通过“应交税费”账户。

2. 房产税、车船使用税、土地使用税

这些税费应通过“应交税费”账户核算。计算应交税费时借记“管理费用”账户，贷记“应交税费”账户；在交纳税金时，借记“应交税费”账户，贷记“银行存款”账户。

五、其他费用的归集与分配

其他费用，是指除前面所述各要素以外的费用，企业应在发生时，按照发生的车间、部门和用途分配。

(1) 属于基本生产车间发生的，如基本生产车间订阅的报刊费、机器设备的修理费、差旅费等，应记入“制造费用”总账及所属明细账的有关项目。

(2) 属于辅助生产车间发生的，应记入“辅助生产成本”总账及所属明细账的有关项目。

(3) 属于行政管理部门发生的，应记入“管理费用”总账及所属明细账的有关项目。

(4) 属于销售机构发生的，应记入“销售费用”总账及所属明细账的有关项目。

【课堂技能训练】B 项目

红光水泥厂建有一条 4 500 吨水泥熟料生产线，年产 42.5R、52.5 两种高标水泥共计 138 万吨。该生产线有 3 道工序，分别是生料工序、熟料(烧成)工序、水泥(制成)工序。水泥产品成本构成中，直接材料是水泥产品成本构成的第一要素，比重在 80%以上。直接材料的消耗主要包括原材料、辅助材料和燃料动力 3 项。原材料主要包括石灰石、砂岩、铁矿石、石膏、矿渣、粉煤灰等；辅助材料包括钢球、钢渣等；燃料动力主要包括煤和电。该厂 12 月的生产情况见表 1-19。

表 1-19　红光水泥厂产量记录表

2012 年 12 月　　　　单位：万吨

项　目	生料工序	熟料(烧成)工序	水泥(制成)工序
完工	10.075	10	11.5(其中 42.5R 水泥 50 000 吨、52.5 水泥 65 000 吨)
在产品	0.5	0.75	

其 12 月材料耗用情况如下。

(1) 原始凭证，发料凭证汇总表见表 1-20。

表 1-20　发料凭证汇总表

2012 年 12 月 1～31 日　　单位：元

领料部门		用途	主要材料			燃料	辅助材料
			石灰石	砂岩	石膏	烟煤	
基本生产车间		生料	2 429 910	159 600			503 239
		熟料				500 000	3 590 655
		水泥			760 000		1 030 474
辅助生产车间		运输车队					61 000
		供电车间					2 000 000
基本生产车间	生料	配件					461 968
	熟料	一般耗用					23 660
	水泥	一般耗用					100 000
辅助生产车间	机修	一般耗用					25 000
	供电	一般耗用					5 000
	运输	一般耗用					1 000
管理部门		一般耗用					20 000
合计			2 429 910	159 600	760 000	500 000	7 821 996

(2) 生产 42.5R 和 52.5 两种水泥产品按照产品重量比例分配共同耗用的石膏材料及其他辅助材料的费用。原始凭证见表 1-21。

表 1-21　单位产品 B 材料消耗定额表

定额 / 产品	产量(吨)	单位产品重量比例	
		石膏	辅助材料
42.5R 水泥	50 000	5.40	16.60
52.5 水泥	65 000	3.82	2.33

要求：

(1) 根据单位产品重量比例，分配石膏材料及其他辅助材料的费用，编制材料费用分配汇总表，见表 1-22。

(2) 编制会计分录 (材料单价保留两位小数，结果保留两位小数)。

(3) 填制转账记账凭证，见表 1-23～表 1-25。

表 1-22 材料费用分配汇总表

2012 年 12 月

应借科目			产量/吨	共同耗用材料费用				直接材料费用(元)	燃料	辅助材料	合计(元)
				总消耗量(吨)		分配额(元)					
				石 膏	辅 料	石 膏	辅 料				
基本生产成本	生料	石灰石									
		砂岩									
		辅料									
	熟料	烟煤									
		辅料									
	42.5R 水泥										
	52.5 水泥										
	小计										
辅助生产成本	机修车间										
	动力车间										
	运输车队										
	小计										
制造费用	生料车间(配件)										
	熟料车间										
	水泥车间										
	小计										
管理费用	行政部门										
合计											

表 1-23 转账记账凭证

年 月 日 凭证编号__________

摘 要	科 目		借方金额											贷方金额											记账符号
	总账科目	明细科目	亿	千	百	十	万	千	百	十	元	角	分	亿	千	百	十	万	千	百	十	元	角	分	
附单据 张	合计																								

会计主管人员 记账 稽核 制单

表 1-24　转账记账凭证

年　　月　　日　　　　　　　　　　　　凭证编号________

摘　要	科　目		借方金额											贷方金额											记账符号
	总账科目	明细科目	亿	千	百	十	万	千	百	十	元	角	分	亿	千	百	十	万	千	百	十	元	角	分	
附单据　张	合计																								

会计主管人员　　　　　　　　记账　　　　　　　　稽核　　　　　　　　制单

表 1-25　转账记账凭证

年　　月　　日　　　　　　　　　　　　凭证编号________

摘　要	科　目		借方金额											贷方金额											记账符号
	总账科目	明细科目	亿	千	百	十	万	千	百	十	元	角	分	亿	千	百	十	万	千	百	十	元	角	分	
附单据　张	合计																								

会计主管人员　　　　　　　　记账　　　　　　　　稽核　　　　　　　　制单

注意：动力费用的核算，一般在辅助生产成本归集外购动力费用，然后按照各收益对象按照一定的分配方法进行分配，该部分内容见辅助生产费用的核算资料。

【课后训练】

一、单项选择题

1．下列各项属于生产费用要素的有(　　)。

A．工资　　B．直接材料　　C．燃料及动力　　D．制造费用

2．下列不得计入产品成本的费用是(　　)。

A．车间厂房折旧费　　B．车间机物料消耗

C．房产税、车船使用税　　D．有助于产品形成的辅助材料

3．用银行存款直接交纳的印花税，作会计分录时，贷记“银行存款”账户，借记(　　)账户。

A．“预提费用”　　B．“销售费用”　　C．“管理费用”　　D．“应交税费”

4．生产费用按其经济内容分类，可以分为若干个(　　)。

A．费用要素　　B．成本项目　　C．要素费用　　D．基本费用

5．在企业未设置“燃料及动力”成本项目的情况下，生产车间发生的直接用于产品生产的动力费用，应借记的账户是(　　)。

A．“管理费用”　　B．“基本生产成本”　　C．“生产费用”　　D．“制造费用”

6．企业支付外购动力费用时，一般应借记(　　)账户，贷记“银行存款”账户。

A．“应付账款”　　B．“生产成本”、“制造费用”等

C．“预付账款”　　D．“应收账款”

7．可以记入“直接材料”成本项目的材料费用是(　　)。

A．为组织管理生产用的机物料　　B．为组织管理生产用的低值易耗品

C．生产过程中间接耗用的材料　　D．直接用于生产过程中的原材料

8．不通过“应交税费”账户核算的有(　　)。

A．房产税　　B．车船使用税　　C．土地使用税　　D．印花税

9．应无月末余额的账户是(　　)。

A．“生产成本”　　B．“制造费用”　　C．“应付账款”　　D．“财务费用”

10．月末，各项期间费用应直接记入(　　)。

A．制造成本　　B．销售成本　　C．管理费用　　D．当期损益

二、多项选择题

1．记入产品成本的其他费用支出有(　　)。

A．劳动保护费　　B．利息支出　　C．邮电费　　D．水电费

2．经过要素费用的分配，记入“基本生产成本”账户借方的费用，已经分别记入各产品成本明细账的(　　)。

A．“原材料”成本项目　　B．“工资及福利费”成本项目

C．“制造费用”成本项目　　D．“燃料及动力”成本项目

3．按照费用与产品产量的关系分类，生产费用可分为(　　)。

A．直接费用　　B．间接费用　　C．固定费用　　D．变动费用

4．企业产品成本，是通过设置(　　)等账户来组织核算的。

A．“生产成本”　　B．“财务费用”　　C．“制造费用”　　D．“销售费用”

5．在按实际成本进行材料日常核算的会计中，计算发出材料单位成本的方法有(　　)。

A．个别计价法　　B．历史成本法　　C．后进先出法　　D．加权平均法

6．要素费用的分配原则是(　　)。

A．所有的费用均应采用一定的方法在各种产品当中进行分配

B．直接费用直接计入产品成本

C．直接费用分配计入产品成本

D．间接费用分配计入产品成本

7．费用应当按照权责发生制原则加以确认，可以采用(　　)方式。

A．联系收入关系加以确认　　B．按照历史成本原则加以确认

C．按系统合理的分摊方式加以确认　　D．在发生时直接作为当期费用

8．下列各项中不属于产品成本项目的有(　　)。

A．工资和福利费　B．税费　C．外购燃料　D．外购动力

9．属于工业企业费用要素的有(　　)。

A．原材料　B．计提的生产工人福利费

C．利息费用　D．制造费用

10．生产领用的材料被多种产品耗用且不能分清每种产品的消耗数量时，将材料费用在各种产品当中进行分配可采用的分配方法有(　　)。

A．约当产量法　B．定额耗用量比例分配法

C．产品产量比例分配法　D．产品重量比例分配法

三、判断题

1．材料费用分配方法的简便是指计算过程简单。(　　)

2．对于产品生产过程中耗用的原材料、燃料和动力等费用，可以全部直接记入产品成本明细账的“直接材料”或“燃料及动力”成本项目。(　　)

3．成本项目是指构成产品生产成本的项目，它是生产费用按经济用途的分类。(　　)

4．变动费用是指其总额随着产品产量(或业务量)的变动而成正比例变动的费用。(　　)

5．季节性生产企业的“管理费用”、“财务费用”和“销售费用”账户，期末结转以后可能有余额。(　　)

6．基本生产车间生产产品领用的材料，应直接记入各成本计算对象的产品成本明细账。(　　)

7．用于产品生产、照明、取暖的动力费用，可以记入各种产品成本明细账的“燃料及动力”成本项目。(　　)

8．直接记入费用时只由于产品生产工艺本身引起的各项费用。(　　)

9．原材料费用的归集分配一般采用原材料费用分配表进行。(　　)

10．成本项目是工业企业费用按其经济内容分类的项目。(　　)

四、计算分析题

某工业企业某月发生动力费用 7 600 元，通过银行支付，月末查明各车间、部门耗电度数为，基本生产车间耗电 5 000 千瓦时，其中车间照明用电 500 千瓦时；辅助生产车间耗电 2 000 千瓦时，其中车间照明用电 300 千瓦时；企业管理部门耗电 600 千瓦时。

要求：

(1) 按所耗电度数分配电力费用，A、B 产品按生产工时分配电费。A 产品生产工时为 3 000 小时，B 产品生产工时为 2 000 小时。

(2) 编制该月支付与分配外购电费的会计分录。

(注：该企业基本车间明细账不设“燃料及动力”成本项目；辅助车间不设“制造费用”明细账；所编分录列示到成本项目)。

模块二　人工费用的核算

【知识目标】

1．了解职工薪酬的内容。
2．了解人工费用的原始记录。
3．掌握人工费用的计算方法。
4．掌握职工薪酬的归集与分配方法。

【能力目标】

1．了解人工费用的核算内容。
2．掌握人工费用的核算方法。

【问题提示】

1．职工薪酬包含哪些内容？
2．工资总额由哪些内容组成？
3．工资费用的原始记录有哪些？
4．计时工资制度：日工资率(日工资)的计算方法有哪些？
5．个人计件工资的计算方法是什么？
6．集体计件工资的计算方法是什么？
7．如何确定实发工资金额？
8．工资结算凭证有哪些？
9．“工资结算汇总表”的编制依据是什么？
10．工资费用分配的依据是什么？
11．工资费用的分配方法有哪些？
12．如何进行工资费用分配的账务处理？

【基础知识】

一、工资总额的组成及工资费用核算的原始记录

(一) 职工薪酬的概念及内容

1．职工薪酬的概念

职工薪酬指企业为获得职工提供的服务而给予的各种形式的报酬及其他相关支出。

2．职工薪酬的内容

具体来说，职工薪酬主要包括以下内容。

(1) 职工工资、奖金、津贴和补贴

职工工资、奖金、津贴和补贴是指按照国家统计局的规定构成工资总额的计时工资、计件工资、支付给职工的超额劳动报酬和增收节支的劳动报酬，为了补偿职工特殊或额外的劳动消耗和因其他特殊原因支付给职工的津贴，以及为了保证职工工资水平不受物价影响支付给职工的物价补贴等。

(2) 职工福利费

职工福利费是指企业为职工提供的福利，如为补助职工食堂、生活困难等从成本费用中提取的金额。

(3) 社会保险费

社会保险费是指企业按照国家规定的基准和比例所计算的向社会保险经办机构缴纳的医疗保险费、养老保险费、失业保险费、工伤保险费和生育保险费。

(4) 住房公积金

住房公积金是指企业按照国家《住房公积金管理条例》规定的基准和比例所计算的向住房公积金管理机构缴存的住房公积金。

(5) 工会经费和职工教育经费

工会经费和职工教育经费是指企业为了改善职工文化生活、提高职工业务素质，用于开展工会活动和职工教育及职业技能培训，根据国家规定的基准和比例计算的从成本费用中提取的金额。

(6) 非货币性福利

非货币性福利是指企业以自产产品或外购商品发放给职工作为福利，或将自己拥有的资产无偿提供给职工使用，如为职工无偿提供医疗保健服务等。

(7) 解除职工劳动关系补偿

解除职工劳动关系补偿是指企业由于实施主辅业分离、辅业改制、分流安置富余人员、重组或改组计划、职工不能胜任等原因，在职工劳动合同到期之前解除与职工的劳动关系，或者为鼓励职工自愿接受裁减而提出补偿建议的计划中给予职工的经济补偿。

(8) 其他相关支出

其他相关支出是指其他与获得职工提供的服务相关的支出。

(二) 工资总额的组成

工资总额是各单位在一定时期内直接支付给本单位全部职工的劳动报酬总额。

根据国家统计局规定，工资总额由下列 6 个部分组成。

1. 计时工资

计时工资是指按计时工资标准(包括地区生活费补贴)和工作时间支付给个人的劳动报酬，包括对已做工作按计时工资标准支付的工资，实行结构工资制的单位支付给职工的基础工资和职务(岗位)工资，新参加工作职工的见习工资，运动员体育津贴。

2. 计件工资

计件工资是指对已做工作按计件单价支付的劳动报酬，包括实行超额累进计件、直接无限计件、限额计件、超定额计件等工资制。同时，其可分为按劳动部门或主管部门批准的定额和计件单价支付给个人的工资；按工作任务包干方法支付给个人的工资；按营业额提成或利润提成办法支付给个人的工资。

3. 奖金

奖金是指支付给职工的超额劳动报酬和增收节支的劳动报酬，包括生产奖、节约奖、劳动竞赛奖、其他奖金。

4. 津贴和补贴

津贴和补贴是指为了补偿职工特殊或额外的劳动消耗和因其他特殊原因支付给职工的津贴，以及为了保证职工工资水平不受物价上涨的影响支付给职工的物价补贴。

5. 加班加点工资

加班加点工资是指按规定支付的加班工资和加点工资。

6. 特殊情况下支付的工资

特殊情况下支付的工资包括根据国家法律、法规和政策规定，因病、工伤、产假、计划生育假、婚丧假、事假、探亲假、定期休假、停工学习、执行国家或社会义务等原因按计时工资标准或计时工资标准的一定比例支付的工资、附加工资、保留工资。

工资总额不包括的项目如下。

根据国务院发布的有关规定颁发的发明创造奖、自然科学奖、科学技术进步奖和支付的合理化建议和技术改进奖及支付给运动员、教练员的奖金；有关劳动保险和职工福利方面的各项费用；有关离休、退休、退职人员待遇的各项支出；劳动保护的各项支出；出差伙食补助费、误餐补助、调动工作的差旅费和安家费；劳动合同制职工解除劳动合同时由企业支付的医疗补助、生活补助费等；因录用临时工而在工资以外向提供劳动力单位支付的手续费或管理费等。

工资费用核算应用的会计账户为“应付职工薪酬”账户，该账户属于负债类性质，用来核算企业根据有关规定应付给职工的各种薪酬。本账户应当按照“工资”、“职工福利费”、“社会保险费”、“住房公积金”、“工会经费”、“职工教育经费”、“解除职工劳动关系补偿”等应付职工薪酬项目进行明细核算。

“应付职工薪酬”账户的贷方登记应发放给职工的薪酬金额、因解除与职工的劳动关系给予的补偿等；“应付职工薪酬”账户的借方登记企业按照有关规定向职工支付的工资、奖金、津贴，以及从应付职工薪酬中扣还的各种款项等。另外，企业向职工支付福利费，支付工会经费和职工教育经费用于工会运作和职工培训，按照国家有关规定缴纳社会保险费和住房公积金，因解除与职工的劳动关系向职工给予的补偿也记入该账户的借方。本账户期末贷方余额，反映企业应付职工薪酬的结余。

(三) 工资费用的原始记录

进行工资费用核算，必须有一定的原始记录作为依据。不同的工资制度所依据的原始记录不同。计算计时工资费用，应以考勤记录中的工作时间记录为依据；计算计件工资费用，应以产量记录中的产品数量和质量为依据。因此，考勤记录和产量记录是工资费用核算的主要原始记录。有关考勤簿和产量记录分别见表 2-1 和表 2-2。

表 2-1　考勤簿

2012 年 12 月　　日

车间或部门______工段______生产小组______　　　　考勤员：

编号	姓名	工资等级	出勤和缺勤记录						出勤分类							缺勤分类							备注
			1	2	3	…	合计 出勤天数	合计 缺勤天数	计时工作	计件工作	中班次数	夜班次数	加班加点	停工	迟到早退	公假	工伤	探亲假	产假	病假	事假	其他	

表 2-2　工作班产量记录

工人			工作任务						交验结果										工资			
工号	姓名	等级	工序进程单编号	产品型号	零件编号	工序名称	交发加工数量	工时定额	交验数量	合格数量	返工数量	工废数量	料废数量	短缺数量	专加工数	定额总工时	实际工时	检验员	计件单价	合格品工资	废品工资	合计
01																						
02																						

二、工资的计算与结算

(一) 工资的计算

工资的计算是企业向职工支付工资和按用途分配工资费用的依据。工业企业可以根据具体情况采用各种不同的工资制度，其中最基本的工资制度是计时工资制度和计件工资制度。

1. 计时工资的计算

职工的计时工资，是根据考勤记录登记的每一位职工出勤或缺勤天数，按照规定的工资标准计算的。计时工资的计算方法有两种：月薪制和日薪制。

(1) 月薪制

月薪制不论各月日历天数多少，每月的标准工资相同，只要职工当月出满勤，就可以得到固定的月标准工资。企业固定职工的计时工资一般按月薪制计算。为了按照职工出勤或缺勤日数计算应付月工资，还应根据月工资标准计算日工资率。日工资率也称日工资，是指每位职工每日应得的平均工资额。

按照国家法定工作时间的规定，职工每月工作时间为

$$(365-104-11)\div 12\approx 20.83(天)$$

按照《中华人民共和国劳动法》的规定，法定节假日用人单位应当依法支付工资，即折算日工资、小时工资时不剔除国家规定的11天法定节假日。据此，月计薪天数为

$$月计薪天数=(365-104)\div 12=21.75(天)$$

因此，日工资率的计算公式为

$$日工资率=月标准工资\div 21.75$$

按照这种方法计算的日工资率不论大小月一律按21.75天计算，月内的休息日不付工资，缺勤期间的休息日，当然也不扣工资。

此外，应付月工资可以按月标准工资扣除缺勤工资计算，其计算公式为

$$应付计时工资=月标准工资-(事假天数\times 日工资率+病假天数\times 日工资率\times 病假扣款率)$$

也可以直接根据职工的出勤天数计算，其计算公式为

$$应付计时工资=本月出勤天数\times 日工资率+病假天数\times 日工资率\times(1-病假扣款率)$$

病假扣款率应按国家劳动保险条例规定计算。病假在6个月以内的应按工龄长短分别计算，其支付标准见表2-3。

表2-3　病假工资支付标准

工龄	小于2年	2～4年	4～6年	6～8年	8年以上
病假工资占本人标准工资百分比	60%	70%	80%	90%	100%

计算缺勤扣款时，应区别不同情况，按照国家有关规定执行。对事假和旷工缺勤的，按100%的比例扣发工资；因工负伤、探亲假、婚丧假、女工产假等缺勤期间应按100%的比例全部照发工资；对病假或非因工负伤缺勤，应根据劳动保护条例的规定，按病假期限和工龄长短扣发一定比例的工资。

(2) 日薪制

日薪制是按职工出勤天数和日标准工资计算应付计时工资的方法。一般企业的临时职工的计时工资大多按日薪制计算。按日薪制计算计时工资的企业里，职工每月的全勤月工资不是固定的，而是随着当月月份大小而发生变化。对于非工作时间的工资，也应按前述有关规定计算。现举例说明前述计时工资的计算方法。

【例2-1】假定某企业某工人的月工资标准为1 740元，10月共31天，其中病假3天，事假2天，休假11天(含3天节日休假)，出勤15天。根据该工人的工龄，其病假工资按工资标准的90%计算。该工人的病假和事假期间没有节假日。采用月薪制计算该工人10月的标准工资如下。

按21.75天计算日工资率为

$$日工资率=1\,740\div 21.75=80(元)$$

① 按缺勤天数扣除缺勤工资计算的月工资为

$$应付工资=1\,740-80\times 3\times 10\%-80\times 2=1\,556(元)$$

② 按出勤天数计算的月工资为

$$应付工资=80\times(15+3)+80\times3\times90\%=1\ 656(元)$$

2. 计件工资的计算

计件工资是根据每人(或班组)当月生产的实际合格品数量和规定的计件单价计算的工资。由于材料不合格造成的废品，应照付工资；由于加工人员的过失造成的废品，则不支付工资。有关计算公式为

$$应付计件工资=\sum[(合格品数量+料废品数量)\times计件单价]$$

计件工资通常有个人计件和集体计件两种形式。

(1) 个人计件工资的计算

【例 2-2】某工人本月加工甲零件 800 个，计件单价 0.90 元；加工乙零件 300 个，计件单价 1.50 元。经检验，甲零件料废 3 个，工废 4 个；乙零件工废 4 个，其余均为合格品。该工人本月应得计件工资为

$$应付计件工资=(800-10)\times0.90+(300-4)\times1.50=1\ 155(元)$$

(2) 集体计件工资的计算

集体计件工资是以班组为对象计算的计件工资，常用的分配方法有以下两种。

① 以计时工资为分配标准，在集体各成员之间进行分配。其计算公式为

$$工资分配率=\frac{小组计件工资总额}{小组计时工资总额}$$

$$个人应得计件工资=个人应得计时工资\times工资分配率$$

【例 2-3】某生产小组 3 个人共同完成某项加工任务，共得计件工资 3 280 元，有关资料及个人应得工资见表 2-4。

表 2-4　小组计件工资分配表

姓名	小时工资率	实际工作小时(小时)	计时工资(元)	计件工资分配率	应得计件工资(元)
赵强	8	100	800		1 159.04
李伟	7	120	840		1 216.99
张山	6.24	100	624		903.97
合计	—	320	2 264	1.448 8	3 280

② 以实际工作小时为分配标准，在集体各成员之间进行分配。其计算公式为

$$工资分配率=\frac{小组计件工资总额}{小组实际工作小时合计}$$

$$个人应得计件工资=个人实际工作小时\times工资分配率$$

仍以例 2-3 为例，采用按实际工作小时为分配标准，计算个人应得计件工资。编制“小组计件工资分配表”见表 2-5。

表 2-5　小组计件工资分配表

姓名	实际工作小时(小时)	计件工资分配率	应得计件工资(元)
赵强	100		1 025

续表

姓名	实际工作小时/小时	计件工资分配率	应得计件工资/元
李伟	120		1 230
张山	100		1 025
合计	320	10.25	3 280

从以上两种分配方法能明显看出，以计时工资作为分配标准进行分配，能够体现技术因素，在生产人员技术等级相差悬殊，以及计件工作本身科技含量水平比较高的情况下，这种分配比较合理；而按实际工作小时作为分配标准进行分配，技术因素不能体现，在生产人员技术等级差别不大，或者计件工作本身技术不强的情况下，可以采用此方法。

在实际工作中，为了减少现金收付工作，便于职工收付有关款项，企业向职工支付工资时，一般可同时支付某些福利费用和交通补贴等代发款项，并且扣除职工应付的房租费、托儿费、个人所得税等代扣款项。实发工资计算公式为

实发工资＝应付工资＋代发款项－代扣款项

有关工资结算和支付的内容及账务处理，在财务会计教材中已经述及，故不再重述。

(二) 工资的结算

会计部门应根据算出的职工工资，编制工资结算凭证，凭证按职工姓名、部门和类别填列应付工资、代扣款项和实发金额，作为与职工进行工资结算的依据。凭证中的应付工资金额也是计算工资费用的依据。工资结算凭证的形式有以下两种。

1. 工资结算单

工资结算单(或称工资单)是分别以车间、部门编制的，用以反映企业与每一职工的工资结算情况。一般一式三份，一份按职工姓名裁成“工资条”，连同工资一起发给职工，以便查对；一份作为劳动工资部门进行劳动工资统计的依据；一份经过职工签收后作为工资结算和付款的原始凭证，会计部门据以进行工资结算的汇总核算。其一般格式见表 2-6。

表 2-6　工资结算单

基本生产车间　　　　2012 年 12 月　　　　单位：元

组别	姓名	级别	月标准工资	日工资率	应付工资												代扣款项				非工资性补贴款项		实发金额	签字盖章
					计时工资	计件工资	生产奖	津贴和补贴			缺勤扣款					应付工资合计	养老保险金	住房公积金	工会会费	个人所得税	车贴	独生子女补贴		
								中夜班津贴	副食品补贴	房贴	病假			事假										
											天数	%	金额	天数	金额									
2	李倩	3	420	14	420		140	80	70	2	1	10	1.4	2	28	682.60	30	45	2.20		25	2.5	632.90	

2. 工资结算汇总表

工资结算汇总表是根据工资结算单汇总编制的，用以反映全厂工资结算的总括情况，并据以进行工资结算总分类核算。由于它按车间、部门和工资的不同用途汇总了全厂的工资费用，因此它又是进行工资费用分配的依据。其一般格式见表 2-7。

表 2-7 工资结算汇总表

2012 年 12 月 单位：元

车间或部门	工作人员类别	应付工资							代扣款项					非工资性补贴款项			实发金额
		标准工资	生产奖	中夜班津贴	副食品补贴	房贴	缺勤扣款	合计	养老保险金	住房公积金	工会会费	个人所得税	合计	车贴	独生子女补贴	合计	
基本生产车间	生产人员																
	管理人员																
供电车间	全体职工																
供水车间	全体职工																
行政管理部门	管理人员																
销售门市部	销售人员																
医务部门	医务人员																
合计																	

三、职工薪酬分配的核算

(一) 工资费用分配的核算

1. 工资费用分配的依据

工资费用分配的依据是工资结算单和工资结算汇总表。表中含应付工资总额、代发款项、代扣项、实发金额等资料。月末，工资费用的分配以本月应付工资总额为准。若企业各月工资相差不多，为简化核算工作，也可按当月实际支付的工资额进行分配。

2. 工资费用分配的账务处理

工资费用应按工资的用途分别记入有关成本、费用账户的借方。生产工人的工资应记入“基本生产成本”账户的“直接人工”成本项目；车间管理人员工资记入“制造费用”账户；辅助生产部门的工资记入“辅助生产成本”账户；行政管理部门人员工资记入“管理费用”

账户；销售部门人员工资记入“销售费用”账户：医务及福利部门人员工资应记入“应付职工薪酬——福利费”账户。贷记“应付职工薪酬”账户。

3. 工资费用分配方法

生产工人工资中的计件工资，属直接记入费用，应直接记入产品成本明细账；计时工资及其他工资一般属间接记入费用，应在各受益产品之间进行分配。分配标准是产品的生产工时(实际工时或定额工时)。其分配公式如下。

$$生产工人工资分配率=生产工人工资总额\div\sum各产品实际(定额)工时$$

$$各种产品应分配的工资额=各产品实际(定额)工时\times分配率$$

【例 2-4】某企业基本生产车间生产甲、乙、丙共 3 种产品，本月发生的生产工人的计时工资共计 58 000 元，甲产品完工 1 000 件，乙产品完工 400 件，丙产品完工 450 件。单件产品工时定额为甲产品 1 小时，乙产品 2.5 小时，丙产品 2 小时。试计算分配甲、乙、丙 3 种产品各自应负担的工资费用。

甲产品定额总工时＝1 000×1＝1 000(小时)

乙产品定额总工时＝400×2.5＝1 000(小时)

丙产品定额总工时＝450×2＝900(小时)

生产工人工资分配率＝58 000÷2 900＝20

甲产品应负担的工资费用＝20×1 000＝20 000(元)

乙产品应负担的工资费用＝20×1 000＝20 000(元)

丙产品应负担的工资费用＝20×900＝18 000(元)

4. 工资费用分配表

工资费用分配表应根据工资结算单和工资结算汇总表等有关资料编制。根据例 2-4 的资料编制的工资费用分配表，见表 2-8。

表 2-8　工资费用分配表

2012 年 12 月　　　　金额单位：元

应借账户		成本或费用项目	直接计入	分配计入		工资费用合计
				生产工时(小时)	分配金额	
基本生产成本	甲产品	直接人工	9 600	1 000	20 000	29 600
	乙产品	直接人工	6 400	1 000	20 000	26 400
	丙产品	直接人工	3 600	900	18 000	21 600
	小计	—	19 600	2 900	58 000	77 600
辅助生产成本	供水	直接人工	4 000	—	—	4 000
	供电	直接人工	2 000	—	—	2 000
	小计	—	6 000	—	—	6 000
制造费用		工资薪酬	4 000	—	—	4 000
管理费用(含福利人员工资 2 000 元)		工资薪酬	8 000	—	—	10 000
销售费用		工资薪酬	6 000	—	—	6 000
合计		—	45 600	—	—	103 600

借：基本生产成本——甲产品　29 600
　　　　　　　　——乙产品　26 400
　　　　　　　　——丙产品　21 600
　　辅助生产成本——供水　4 000
　　　　　　　　——供电　2 000
　　制造费用　4 000
　　管理费用　10 000
　　销售费用　6 000
　　贷：应付职工薪酬——工资　101 600
　　　　　　　　　　——福利费　2 000

(二) 社会保险费的核算

对养老保险费、医疗保险费、失业保险费、工伤保险费和生育保险费等社会保险费，企业应当按照国家的有关规定计提并进行财务处理。

(三) 住房公积金、工会经费、职工教育经费的核算

对于住房公积金、工会经费、职工教育经费等，企业应当按照国家的规定标准计提并进行财务处理。

【课堂技能训练】A 项目

东方玻璃企业建有一个基本生产车间，大量生产白色和镀膜平板玻璃产品，其生产工艺过程属于多步骤连续式生产。根据生产特点和管理要求，采用品种法计算产品成本。另外，该厂还设有气保、动力和造箱 3 个辅助生产车间。该厂现有职工 510 人，其中基本生产车间职工 240 人，辅助生产车间分别为 50 人、65 人、90 人，管理部门 65 人。该企业按计时工资核算职工工资。该厂 12 月生产白玻 12 万重箱，镀膜玻璃 9 万重箱。

(1) 以财务部门为例，该部门有 5 人，假设本月出勤情况见表 2-9，要求学生采用月薪制计算每人 12 月的标准工资。

表 2-9　本月职工出勤情况表

工人姓名	工资总额	出勤天数	应付计时工资(按 21.75 天)
赵军	2 500	17(病假 3 天，事假 1 天)	
韩娜	2 000	19(病假 1 天，事假 1 天)	
张琳	1 800	18(病假 2 天，事假 1 天)	
王楠	1 500	16(病假 3 天，事假 2 天)	
侯静	1 500	18(病假 1 天，事假 2 天)	
合计	9 300	88	

注：事假工资扣除率为 100%；病假工资扣除率为 10%。表中病事假均不含周六和周日，本月没有法定假日。

① “出勤法”——正算法，按出勤天数直接计算(加法)。

日工资率每月按 21.75 天计算，法定节假日照发工资。

② “扣缺勤法”——倒扣法。

按月标准工资扣除缺勤天数应扣工资额计算(减法)，每月按 21.75 天计算，法定假日照发工资。本月职工出勤情况见表 2-10。

表 2-10　本月职工出勤情况表

工人姓名	工资总额/元	出勤天数/天	应付计时工资/元 (按 21.75 天)
赵军	2 500	17(病假 3 天，事假 1 天)	
韩娜	2 000	19(病假 1 天，事假 1 天)	
张琳	1 800	18(病假 2 天，事假 1 天)	
王楠	1 500	16(病假 3 天，事假 2 天)	
侯静	1 500	18(病假 1 天，事假 2 天)	
合计	9 300	88	

注：事假工资扣除率为 100%；病假工资扣除率为 10%扣除。表中病事假均不含周六和周日。

(2) 要求学生将“工资结算汇总表”(表 2-11)填制完，其中养老保险按应付工资总额的 8%比例计提，工会经费按应付工资总额的 2%比例计提。

表 2-11　工资结算汇总表

东方玻璃厂　　　　2012 年 12 月　　　　单位：元

车间或部门			应付工资					代扣款项					实发金额
			标准工资	生产奖	加班费	缺勤扣款	合计	养老保险金	住房公积金	工会经费	个人所得税	合计	
基本生产车间		生产工人	396 000				396 000						
		管理人员	46 000				46 000						
辅助生产车间	气保	生产工人	79 200				79 200						
		管理人员	13 800				13 800						
	动力	生产工人	102 600				102 600						
		管理人员	18 400				18 400						
	造箱	生产工人	151 200				151 200						
		管理人员	13 800				13 800						
行政管理部门			149 500				149 500						
合计			970 500				970 500						

(3) 根据给出的“工资结算汇总表”，要求学生按车间、部门编制“工资费用分配汇总表”(表 2-12)(基本生产车间工人工资的分配，以两种产品的产量作为分配标准，分配率保留 3 位小数)。

表 2-12 工资费用分配汇总表

东方玻璃厂　　　　20 年　月　　　　单位：元

应借科目		成本或费用项目	基本生产车间			气保车间	动力车间	造箱车间	管理部门	合计
			直接计入	分配计入						
				产量重箱	分配金额					
生产成本——基本生产成本	白玻	直接人工								
	镀膜	直接人工								
	小计									
生产成本——辅助生产成本		直接人工								
制造费用		工资								
管理费用		工资								
合计										

(4) 根据车间、部门编制的“工资费用分配汇总表”，要求学生编制会计分录，填制转账记账凭证(表 2-13 和表 2-14)。

表 2-13 转账记账凭证

年　月　日　　　　凭证编号＿＿＿＿

摘　要	借方科目		贷方科目		金　额											记账符号
	总账科目	明细科目	总账科目	明细科目	亿	千	百	十	万	千	百	十	元	角	分	
附单据　张	合计															

会计主管人员　　　　记账　　　　稽核　　　　制单

表 2-14 转账记账凭证

年　月　日　　　　凭证编号＿＿＿＿

摘　要	借方科目		贷方科目		金　额											记账符号
	总账科目	明细科目	总账科目	明细科目	亿	千	百	十	万	千	百	十	元	角	分	
附单据　张	合计															

会计主管人员　　　　记账　　　　稽核　　　　制单

【课后训练】

一、单项选择题

1.“工资”这一费用要素的内容是( )。

A．全体职工的工资 B．生产工人的工资

C．管理人员的工资 D．福利人员的工资

2.“直接工资”这一成本项目的内容是( )。

A．全体职工的工资 B．生产工人的工资

C．管理人员的工资 D．福利人员的工资

3．( )属于工资费用，但不计入产品成本或管理费用。

A．退休人员退休金 B．专设销售机构人员工资

C．管理部门人员工资 D．长病假人员工资

4．为了提高产品成本计算的正确性，生产工人的工资应( )。

A．在整个企业内统一分配 B．按车间分别进行分配

C．按计划进行分配 D．按实际进行分配

5．某职工 6 月生产合格产品 20 件，材料不合格产生废品 5 件，加工失误产生废品 5 件，计件单价为 4 元，应付职工计件工资为( )元。

A．100 B．120 C．80 D．110

6．企业行政管理人员工资应记入的会计科目是( )。

A．“营业外支出” B．“应付职工薪酬”

C．“其他业务支出” D．“管理费用”

7．按企业医务人员工资总额计提职工福利费时，应借记的会计科目是( )。

A．“应付职工薪酬” B．“管理费用”

C．“制造费用” D．“营业外支出”

8．用月标准工资除以全年平均每月工作日数计算日工资时，全年平均每月的工作日数为( )天。

A．30 B．25.5 C．21.17 D．20.83

9. 在实际工作中，按生活福利部门人员工资和规定比例计提的职工福利费，应记入( )账户。

A．“管理费用” B．“制造费用”

C．“营业外支出” D．“应付职工薪酬”

10．企业辅助生产车间工人的劳动保险费，应当记入( )。

A．管理费用 B．制造费用 C．营业外支出 D．应付职工薪酬

二、多项选择题

1．进行工资费用核算的原始记录有( )。

A．考勤簿 B．考勤卡 C．产量记录 D．工资结算单

2．计提的职工福利费主要用于( )。

A．医务经费 B．医疗卫生费 C．劳动保护费 D．职工困难补助

3. 下列应包括在工资总额中的项目是(　　)。

A. 计时工资　　B. 计件工资　　C. 津贴和补贴　　D. 病假工资

4. 计算应付工资的原始凭证主要有(　　)。

A. 考勤簿　　B. 产量记录　　C. 工作班产量记录　　D. 工作通知单

5. 计算日工资时可用月标准工资除以(　　)。

A. 21.75 天　　B. 20.83 天　　C. 31 天　　D. 当月满勤日数

6. 下列属于特殊情况下支付的工资有(　　)。

A. 病假支付的工资　　B. 工伤支付的工资

C. 探亲支付的工资　　D. 婚假支付的工资

7. 下列可以计算计件工资的产量是(　　)。

A. 合格品产量　　B. 料废数量　　C. 工废数量　　D. 在产品数量

8. 计提的应付福利费主要用于(　　)。

A. 医务经费　　B. 医疗卫生费　　C. 劳动保护费　　D. 职工困难补助

9. 月薪制计时工资取决于(　　)。

A. 月标准工资　　B. 产品数量　　C. 日工资率　　D. 缺勤天数

10. 以下工资费用中应分配计入各产品成本的费用有(　　)。

A. 生产工人计时工资　　B. 生产工人津贴和补贴

C. 个人计件工资　　D. 集体计时工资

三、判断题

1. 在按 30 天计算日工资率的企业，缺勤期间的节假日按缺勤日计算。(　　)

2. 生产车间所有职工的工资费均记入“直接人工”成本项目。(　　)

3. 费用要素中的“工资”项目与成本项目中的“直接工资”项目，虽然名称有一点区别，但金额却是相等的。(　　)

4. 要素费用中的工资项目是指应计入产品成本中的生产工人的工资。(　　)

5. 如果是因为料废原因而导致的废品，应照付计件工资。(　　)

6. 采用月薪制计算计时工资时，不论是大月还是小月，只要职工出满勤，就可以得到固定的月标准工资。(　　)

7. 采用月标准工资除以 30 天计算日工资的方法时，缺勤期间的节假日照发工资。(　　)

8. 不论采用什么方法计算日工资，只要月标准工资不变，各月的日工资都是相等的。(　　)

9. 根据福利部门人员的工资总额计提的福利费所作的会计分录借方是“应付职工薪酬——福利费”账户。(　　)

10. 工资总分类核算是根据“工资结算汇总表”进行的。(　　)

四、综合实务题：B 项目

红光水泥厂建有一条 4 500 吨水泥熟料生产线，年产两种高标水泥 42.5R、52.5 共计 138

万吨。该生产线有 3 道工序，分别是生料工序、熟料(烧成)工序、水泥(制成)工序，外加包装车间。另有石灰石和砂岩两座矿山，辅助生产车间有机修车间、供电车间和运输车队。该厂现有职工 500 人，其中石灰石矿山职工 120 人，砂岩矿山职工 80 人，生产线 3 道工序职工人数分别为 40 人、30 人、30 人，包装车间 10 人，厂部 40 人，辅助生产车间分别为 50 人、50 人、50 人。该厂按计时工资核算职工工资。

(1) 某生产小组有 4 名工人，2012 年 12 月加工水泥包装袋共 420 套，每套单价 1.9 元，4 人月工资及出勤情况见表 2-15，按 20.83 天计算日工资率，保留 3 位小数。要求：以计时工资为分配标准，计算个人应得的计件工资。

表 2-15　某生产小组出勤情况

姓 名	李 杨	杨 明	张 晓	孟 云
月标准工资(元)	2 000	1 800	1 600	1 500
出勤(天)	19	20	17	18

(2) 要求学生填制“工资结算汇总表”(表 2-16)，其中养老保险按应付工资总额的 8%比例计提，工会经费按应付工资总额的 2%比例计提。

表 2-16　工资结算汇总表

红光水泥厂　　　　　　　　年　　月　　　　　　　　单位：元

车间或部门			应付工资					代扣款项					实发金额
			标准工资	生产奖	加班费	缺勤扣款	合 计	养老保险金	住房公积金	工会会费	个人所得税	合 计	
基本生产车间	生料		136 800				136 800						
	熟料		85 500				85 500						
	水泥		159 600				159 600						
	管理		17 100				17 100						
包装车间			20 000				20 000						
辅助生产车间	机修	工人	115 000				115 000						
		管理	25 000				25 000						
	供电	工人	650 000				650 000						
		管理	120 000				120 000						
	运输	工人	20 000				20 000						
		管理	8 000				8 000						
行政部门			100 000				100 000						
合计			1 457 000				1 457 000						

(3) 根据给出的“工资结算汇总表”，要求学生按车间、部门编制“工资费用分配汇总表(表 2-17)”。

表 2-17　工资费用分配汇总表

年　　月　　日　　　　单位：元

应借科目		成本或费用项目	基本生产车间	机修车间	供电车间	运输车队	包装车间	管理部门	合计
基本生产成本	生料	直接人工							
	熟料	直接人工							
	水泥	直接人工							
	小计								
辅助生产成本		直接人工							
制造费用		工资							
管理费用		工资							
销售费用		工资							
合计									

(4) 根据编制的车间、部门“工资费用分配汇总表”，要求学生编制会计分录，填制转账记账凭证，见表 2-18 和表 2-19。

表 2-18　转账记账凭证

年　　月　　日　　　　凭证编号＿＿＿＿

摘　要	借方科目		贷方科目		金　额											记账符号
	总账科目	明细科目	总账科目	明细科目	亿	千	百	十	万	千	百	十	元	角	分	
附单据　　张	合计															

会计主管人员　　　　记账　　　　稽核　　　　制单

表 2-19　转账记账凭证

年　　月　　日　　　　凭证编号＿＿＿＿

摘　要	借方科目		贷方科目		金　额											记账符号
	总账科目	明细科目	总账科目	明细科目	亿	千	百	十	万	千	百	十	元	角	分	
附单据　　张	合计															

会计主管人员　　　　记账　　　　稽核　　　　制单

模块三　辅助生产费用的核算

第一次课(4 学时)　辅助生产费用的基本核算方法

【知识目标】

1. 熟悉辅助生产的特点。
2. 掌握辅助生产费用的归集方法。
3. 掌握辅助生产费用的分配方法——直接分配法、交互分配法。
4. 理解直接分配法、交互分配法的优缺点及适用情况。

【能力目标】

1. 运用直接分配法、交互分配法分配企业辅助生产费用。
2. 编制直接分配法、交互分配法下“辅助生产费用分配表”。
3. 编制记账凭证、登记明细账。

【问题提示】

1. 辅助生产费用的归集。

(1) 应该设置什么账户?

(2) 账户内应设置哪些专栏?

(3) 如何归集发生的辅助生产费用?

2. 辅助生产费用的分配方法主要有哪几种?

3. 辅助生产费用的核算特点是什么?

4. 直接分配法、交互分配法的特点各是什么?

【基础知识】

一、辅助生产费用的归集

1. 辅助生产的含义

辅助生产是指主要为基本生产车间、企业行政管理部门等单位提供服务而进行的产品生产和劳务供应。辅助生产车间提供的产品主要包括工具、模具、修理用备件等；提供的劳务主要包括供电、供气、供风、运输、修理等服务。进行辅助生产的车间有只生产一种产品或只提供一种劳务如供电、供水、供气、供风的辅助生产车间；有生产多种产品或提供多种劳务如从事工具、模具、修理用备件的制造及机器设备修理的辅助生产车间。

2. 辅助生产费用及辅助生产成本

(1) 辅助生产费用

辅助生产部门在进行产品生产和劳务供应时所发生的各种费用就是辅助生产费用，包括辅助生产车间自身发生的各种耗费，即辅助生产车间为生产产品或提供劳务而发生的原材料费用、动力费用、工资及福利费用及辅助生产车间的制造费用，还包括从其他辅助生产车间分配进来的费用。

(2) 辅助生产成本

为生产和提供一定种类和一定数量的产品或劳务所耗费的辅助生产费用之和，构成该种产品或劳务的辅助生产成本。

3. 辅助生产费用核算的特点

(1) 辅助生产费用的核算包括辅助生产费用的归集和分配的核算。

(2) 辅助生产费用按车间及产品和劳务类别归集的过程，也是辅助生产的产品和劳务成本的计算过程。

(3) 辅助生产费用的分配，是指按照一定的标准和方法，将辅助生产费用分配到各受益单位或产品上的过程。

(4) 辅助生产费用的核算顺序是先归集、后分配，归集是为分配做准备。

二、辅助生产费用归集的核算

为了归集所发生的辅助生产费用，应设置“辅助生产成本”总账账户，按辅助生产车间及其生产的产品、劳务的种类进行明细核算。“辅助生产成本”明细账的设置与“基本生产成本”明细账相似，一般应分车间、按产品或劳务设置，明细账内再按规定的成本项目设置专栏。日常发生的各种辅助生产费用，在“辅助生产成本”账户的借方进行归集。

(1) 既设置“辅助生产成本”，也设置“制造费用——辅助生产车间”明细账户。

对于辅助生产对外销售产品或劳务，且制造费用发生数额较大的辅助生产车间，其制造费用应先通过“制造费用——辅助生产车间”账户单独进行归集，月末再将其结转至相应的“辅助生产成本”账户及其明细账户，从而计入辅助生产产品或劳务的成本中去。这时“辅助生产成本”明细账按成本项目设置专栏。

(2) 只设置“辅助生产成本”，不设置“制造费用——辅助生产车间”明细账户。

对于辅助生产不对外销售产品或劳务，且规模较小，制造费用发生数额不多的车间，为简化核算，辅助生产车间的制造费用可以不通过“制造费用——辅助生产车间”账户单独归集，而是直接记入“辅助生产成本”账户及其明细账户。这时“辅助生产成本”明细账按成本项目与费用项目相结合的方式设置专栏。

辅助生产成本明细账根据“材料费用分配表”、“工资福利费用分配表”及“折旧费用分配表”等记账凭证及其他有关原始凭证进行登记。

只为一种产品提供服务的辅助生产车间，发生的辅助生产费用直接计入该产品成本；为多种产品提供服务的辅助生产车间，发生的辅助生产费用分配计入各受益产品成本。

三、辅助生产费用的分配

(一) 辅助生产费用结转、分配的程序

辅助生产车间既可能生产产品，又可能提供劳务。辅助生产车间所生产的产品，如工具、模具、修理用备件等，应在产品完工时，从“辅助生产成本”账户的贷方，分别转入“原材料”、“周转材料——低值易耗品”账户的借方。其账务处理如下。

投产时，

借：辅助生产成本

　　贷：原材料(等)

完工时，

借：周转材料——低值易耗品(等)

　　贷：辅助生产成本

对于提供供水、供电、修理和运输等劳务发生的辅助生产费用，通常于月末按受益单位的耗用量，采用一定的方法在受益单位之间进行分配，再从“辅助生产成本”账户的贷方转入“基本生产成本”、“制造费用”、“管理费用”、“销售费用”和“在建工程”等账户的借方。其账务处理如下。

投产时，

借：辅助生产成本

　　贷：原材料(等)

月末完工转出时，

借：基本生产成本——甲产品(等)

　　制造费用

　　管理费用(或销售费用)

　　在建工程

　　贷：辅助生产成本

辅助生产提供的产品和劳务，主要是为基本生产车间和企业管理部门使用和服务的。但在某些辅助生产车间之间，也有相互提供产品和劳务的情况。因此，为了正确计算辅助生产产品和劳务的成本，并将辅助生产费用正确地分配给各受益单位，在分配辅助生产费用时，需要考虑各辅助生产车间之间的费用分配。辅助生产费用的分配是通过编制辅助生产费用分配表进行的。

(二) 辅助生产费用的常用分配方法

1. 直接分配法

直接分配法是指不计算辅助生产车间相互提供产品和劳务的费用，直接将辅助生产车间发生的实际费用分配给辅助生产车间以外各受益对象的计算方法。其计算公式为

$$\text{某辅助生产车间费用分配率}=\frac{\text{某辅助生产车间待分配费用总额}}{\text{辅助生产车间对外提供劳务数量之和}}$$

某受益对象应负担的劳务费用＝某受益对象耗用的劳务数量×辅助生产费用分配率

【例 3-1】新华工厂有供水和供电两个辅助生产车间，主要为本厂基本生产车间和行政管理部门服务。供水车间本月直接发生的待分配费用为 8 500 元，每吨水计划成本为 0.80 元，供电车间本月直接发生的待分配费用为 17 400 元，用电的计划单位成本为 0.70 元。两个车间本月提供劳务数量见表 3-1。

表 3-1　新华工厂供水、供电车间本月提供劳务量表

受益单位	供电数量/千瓦时	供水数量/吨
基本生产车间——甲产品	10 000	5 000
基本生产车间一般消耗	10 000	4 000
辅助生产车间——供电		2 500
辅助生产车间——供水	4 000	
行政管理部门	5 000	1 000
合计	29 000	12 500

根据例 3-1 的资料，编制直接分配法的“辅助生产费用分配表”，见表 3-2。

表 3-2　辅助生产费用分配表

(直接分配法)　　金额单位：元

辅助生产车间名称		供 水	供 电	合 计
待分配的费用		8 500	17 400	25 900
对外提供劳务数量		10 000	25 000	
单位成本(分配率)		0.85	0.696	
基本生产车间——甲产品	耗用量	5 000	10 000	
	分配金额	4 250	6 960	11 210
基本生产车间一般消耗	耗用量	4 000	10 000	
	分配金额	3 400	6 960	10 360
行政管理部门	耗用量	1 000	5 000	
	分配金额	850	3 480	4 330
合计		8 500	17 400	25 900

其中，

$$\text{水单位成本(分配率)}=\frac{8\,500}{12\,500-2\,500}=0.85(\text{元/吨})$$

$$\text{电单位成本(分配率)}=\frac{17\,400}{29\,000-4\,000}=0.696(\text{元/千瓦时})$$

根据表 3-2，编制以下会计分录。

借：基本生产成本——甲产品　　11 210

　　制造费用　　10 360

　　管理费用　　4 330

　　贷：辅助生产成本——供水车间　　8 500

　　　　　　　　　　——供电车间　　17 400

采用直接分配法，各辅助生产车间的待分配费用只对其以外的单位分配一次，计算工作简便。但由于不考虑各辅助生产车间相互提供劳务或产品的情况，而是将各种辅助生产费用全部直接分配给辅助生产以外的各受益单位，因此分配结果含有较大的误差。直接分配法适用于辅助生产车间内部相互提供劳务不多、不进行费用的交互分配对辅助生产成本和企业产品影响不大的情形。

2. 交互分配法

采用交互分配法分配辅助生产费用，应先根据各辅助生产车间、部门相互提供劳务的数量和交互分配前的费用分配率(单位成本)，进行一次交互分配；然后将各辅助生产车间、部门交互分配后的实际费用(交互分配前的费用加上交互分配转入的费用，减去交互分配转出的费用)，按对外提供劳务的数量，在辅助生产车间、部门以外的各受益单位或产品之间进行分配。其计算过程及公式如下。

(1) 对内分配(交互分配)以各辅助生产车间分配前的费用和提供的劳务总量计算费用分配率，在辅助生产车间内部进行一次交互分配。

$$\text{辅助生产车间交互分配率}=\frac{\text{待分配费用总额}}{\text{辅助生产提供劳务总量}}$$

某辅助生产车间应负担的其他辅助生产费用＝该辅助生产车间耗用其他辅助生产车间劳务量×交互分配率

借：辅助生产成本(分进车间)

　　贷：辅助生产成本(分出车间)

(2) 对外分配以各辅助生产车间交互分配后的实际费用，按对外提供的劳务数量，在辅助生产车间以外的各受益单位之间进行分配。

交互分配后的实际费用＝交互分配前待分配费用＋交互分进费用－交互分出费用

$$\text{辅助生产车间对外分配率}=\frac{\text{交互分配后的实际费用}}{\text{对外提供劳务总量}}$$

借：有关受益对象相应成本费用账户

　　贷：辅助生产成本

【例 3-2】接例 3-1，编制交互分配法的“辅助生产费用分配表”，见表 3-3。

表 3-3　辅助生产费用分配表

(交互分配法)　　金额单位：元

项目		供水			供电			合计
		数量	分配率	分配额	数量	分配率	分配额	
待分配费用		12 500	0.68	8 500	29 000	0.60	17 400	25 900
交互分配	供水			2 400	4 000		−2 400	
	供电	2 500		−1 700			1 700	
对外分配的生产费用		10 000	0.92	9 200	25 000	0.668	16 700	25 900
对外分配	甲产品	5 000		4 600	10 000		6 680	11 280
	基本车间	4 000		3 680	1 000		6 680	10 360
	行政管理	1 000		920	5 000		3 340	4 260
	合计			9 200			16 700	25 900

第一次交互分配，

$$\text{水单位成本(分配率)}=\frac{8\,500}{12\,500}=0.68(\text{元/吨})$$

$$电单位成本(分配率)=\frac{17\,400}{29\,000}=0.60(元/千瓦时)$$

第二次对外分配，

$$水单位成本(分配率)=\frac{8\,500+2\,400-1\,700}{12\,500-2\,500}=0.92(元/吨)$$

$$电单位成本(分配率)=\frac{17\,400+1\,700-2\,400}{29\,000-4\,000}=0.668(元/千瓦时)$$

交互分配编制会计分录如下。

借：辅助生产成本——供电车间　　1 700

　　　　　　　　——供水车间　　2 400

　贷：辅助生产成本——供水车间　　1 700

　　　　　　　　　——供电车间　　2 400

对外分配编制会计分录如下。

借：基本生产成本——甲产品　　11 280

　　制造费用　　10 360

　　管理费用　　4 260

　贷：辅助生产成本——供水车间　　9 200

　　　　　　　　　——供电车间　　16 700

这种方法的特点是需要进行两次分配，先对内分配，再对外分配。“内”指辅助生产车间内部，“外”指辅助生产车间以外。采用交互分配法，由于辅助生产内部相互提供劳务全部进行了交互分配，因而提高了分配结果的正确性；但由于各种辅助生产费用都要计算两个费用分配率，进行两次分配，特别是在辅助生产车间较多的情况下，加大了分配的工作量。因此，这种方法适用于辅助生产部门相互提供产品和劳务数量较多的情况。

【课堂技能训练】A 项目

东方玻璃企业有气保车间、动力车间、造箱车间 3 个辅助生产部门，分别对其他部门提供服务。2012 年 12 月，该厂各部门接受辅助生产部门的服务及辅助生产明细账见表 3-4～表 3-7。

表 3-4　辅助生产部门提供服务的情况表

受益部门		提供氮气量/立方米	耗电量/千瓦时	造箱车间/套
基本生产车间	普通白玻	24 000	600 000	2 400
	镀膜玻璃	18 000	500 000	1 800
辅助生产部门	气保车间		200 000	
	动力车间			
	造箱车间		50 000	
基本生产车间	一般耗用		2 000	
行政管理部门			48 000	
合计		42 000	1 400 000	4 200

表 3-5 辅助生产成本明细账

产品名称：氮气　　　　2012 年 12 月 31 日　　　　部门：气保车间

年		凭证号数	摘要	项目			合计	转出	余额
月	日			直接材料	直接人工	制造费用			
			据原材料分配表	22 000					
			据工资分配表		79 200				
			据辅助车间制造费用分配表			20 000			
			待分配费用小计	22 000	79 200	20 000	121 200		
			其他辅助部门分配转入						
			分配转出至其他辅助部门						
			分配转出						

注：20 000 元的构成情况为管理人员工资 13 800 元，折旧费 4 200 元，其他需用现金支付的间接费用 2 000 元。

表 3-6 辅助生产成本明细账

产品名称：供电　　　　2012 年 12 月　　日　　　　部门：动力车间

年		凭证号数	摘要	项目			合计	转出	余额
月	日			直接材料	直接人工	制造费用			
			据原材料分配表						
			据工资分配表						
			据辅助车间制造费用分配表			24 000			
			待分配费用小计			24 000			
			其他辅助部门分配转入						
			分配转出至其他辅助部门						
			分配转出						

注：24 000 元的构成情况为管理人员工资 18 400 元，折旧费 3 600 元，其他需用现金支付的费用 2 000 元。

表 3-7 辅助生产成本明细账

产品名称：木箱　　　　2012 年 12 月　　日　　　　部门：造箱车间

年		凭证号数	摘要	项目			合计	转出	余额
月	日			直接材料	直接人工	制造费用			
			据工资分配表						
			据辅助车间制造费用分配表			18 000			
			待分配费用小计			18 000			
			其他辅助部门分配转入						
			分配转出至其他辅助部门						
			分配转出						

注：18 000 元的构成情况为管理人员工资 13 800 元，折旧费 2 200 元，其他需用现金支付的间接费用 2 000 元。

要求：

(1) 编制直接分配法下辅助生产费用分配表(表 3-8)，编制会计分录并填制转账记账凭证(表 3-9～表 3-12)。

注：该项业务要求学生同时填制两种不同格式的凭证。

表 3-8　东方玻璃厂辅助生产费用分配表

20　年　　月　　日　　　　　　　　　　　　　　　单位：元

项目			气保	动力	造箱	合计
待分配的费用						
供应辅助生产以外的劳务数量						
单位成本(分配率)						
基本生产车间	普通白玻	耗用量				
		分配金额				
	镀膜玻璃	耗用量				
		分配金额				
基本生产车间	一般耗用	耗用量				
		分配金额				
行政管理部门		耗用量				
		分配金额				
合计						

表 3-9　转账记账凭证

20　年　　月　　日　　　　　　　　　凭证编号______

摘　要	借方科目		贷方科目		金　额											记账符号
	总账科目	明细科目	总账科目	明细科目	亿	千	百	十	万	千	百	十	元	角	分	
附单据　张	合计															

会计主管人员　　　　　　记账　　　　　　稽核　　　　　　制单

表 3-10　转账记账凭证

20　年　　月　　日　　　　　　　　　凭证编号______

摘　要	借方科目		贷方科目		金　额											记账符号
	总账科目	明细科目	总账科目	明细科目	亿	千	百	十	万	千	百	十	元	角	分	
附单据　张	合计															

会计主管人员　　　　　　记账　　　　　　稽核　　　　　　制单

表 3-11　转账记账凭证

20　年　　月　　日　　　　　　　　　　　　凭证编号________

摘　要	科　目		借方金额											贷方金额											记账符号
	总账科目	明细科目	亿	千	百	十	万	千	百	十	元	角	分	亿	千	百	十	万	千	百	十	元	角	分	
附单据　张	合计																								

会计主管人员　　　　　　　　记账　　　　　　　　稽核　　　　　　　　制单

表 3-12　转账记账凭证

20　年　　月　　日　　　　　　　　　　　　凭证编号________

摘　要	科　目		借方金额											贷方金额											记账符号
	总账科目	明细科目	亿	千	百	十	万	千	百	十	元	角	分	亿	千	百	十	万	千	百	十	元	角	分	
附单据　张	合计																								

会计主管人员　　　　　　　　记账　　　　　　　　稽核　　　　　　　　制单

(2) 编制交互分配法下辅助生产费用分配表(表 3-13)，分别编制对内、对外分配的会计分录并填制转账记账凭证(表 3-14～表 3-16)。

表 3-13　东方玻璃厂辅助生产费用分配表

20　年　　月　　日　　　　　　　　　　　　单位：元

项目		气保车间			动力车间			造箱车间			合计
		数量	分配率	分配额	数量	分配率	分配额	数量	分配率	分配额	
待分配费用											
交互分配	气保										
	动力										
	造箱										
对外分配的费用											

续表

项目			气保车间			动力车间			造箱车间			合计
			数量	分配率	分配额	数量	分配率	分配额	数量	分配率	分配额	
对外分配	基本车间	普通白玻										
		镀膜玻璃										
	基本车间一般耗用											
	行政管理部门											
合计												

表 3-14　转账记账凭证

20　年　　月　　日　　　　　　　　凭证编号________

摘　要	借方科目		贷方科目		金　额											记账符号
	总账科目	明细科目	总账科目	明细科目	亿	千	百	十	万	千	百	十	元	角	分	
附单据　张	合计															

会计主管人员　　　　记账　　　　稽核　　　　制单

第二次分配(对辅助车间以外的受益单位分配)。

表 3-15　转账记账凭证

20　年　　月　　日　　　　　　　　凭证编号________

摘　要	借方科目		贷方科目		金　额											记账符号
	总账科目	明细科目	总账科目	明细科目	亿	千	百	十	万	千	百	十	元	角	分	
附单　张	合计															

会计主管人员　　　　记账　　　　稽核　　　　制单

表 3-16 转账记账凭证

20 年 月 日 凭证编号________

摘要	借方科目		贷方科目		金额											记账符号
	总账科目	明细科目	总账科目	明细科目	亿	千	百	十	万	千	百	十	元	角	分	
附单据 张	合计															

会计主管人员 记账 稽核 制单

【课后训练】

一、单项选择题

1．辅助生产车间完工入库的工具模具应借记(　　)账户，贷记“辅助生产成本”账户。

A．“低值易耗品” B．“修理用配件”

C．“原材料” D．“自制半成品”

2．提供水电气的辅助生产单位，在各受益对象之间分配的辅助生产费用，是指该生产单位(　　)。

A．本期发生的费用 B．期初在产品成本

C．期末在产品成本 D．生产费用合计数

3．在下列各种分配方法中，属于辅助生产费用分配方法的是(　　)。

A．约当产量法 B．按计划成本分配法

C．按定额成本分配法 D．生产工时比例分配法

4．采用直接分配法分配辅助生产费用时，各辅助生产车间费用分配率计算公式中的分母应该是(　　)。

A．该辅助生产车间向基本生产车间提供的劳务总量

B．该辅助生产车间向行政管理部门提供的劳务总量

C．该辅助生产车间提供的劳务总量

D．该辅助生产车间向基本生产车间和行政管理部门提供的劳务总量

5．采用交互分配法分配辅助生产费用时，计算第二阶段直接分配率的分子应该是(　　)。

A．该辅助生产车间直接发生的费用

B．该辅助生产车间直接发生的费用加上分配转入的费用

C．该辅助生产车间直接发生的费用加上分配转入减去分配转出的费用

D．该辅助生产车间直接发生的费用减去分配转出的费用

6．采用交互分配法分配辅助生产费用时，第二阶段的对外分配应(　　)。

A．在辅助生产车间以外的各受益单位之间进行分配

B．在辅助生产车间以内的各受益单位之间进行分配

C．在辅助生产车间、部门之间进行分配

D．只分配给基本生产车间

7．辅助生产的直接分配法一般是将辅助生产车间发生的费用(　　)。

A．直接记入辅助生产车间明细账　　B．直接记入辅助生产成本明细账

C．直接分配给所有受益单位　　D．直接分配给辅助生产以外的各受益单位

8．下列辅助生产成本明细账中，可能有期末余额的是(　　)。

A．自制材料、自制工具和模具成本明细账

B．供水、供电车间成本明细账

C．运输车间成本明细账

D．修理车间成本明细账

9．某工业企业下设供水、供电两个辅助生产车间，采用交互分配法进行辅助生产费用的分配。2006 年 4 月，供水车间交互分配前实际发生的生产费用为 90 000 元，应负担供电车间的电费为 27 000 元；供水总量为 500 000 吨(其中，供电车间耗用 50 000 吨，基本生产车间耗用 35 0000 吨，行政管理部门耗用 100 000 吨)。供水车间 2006 年 4 月对辅助生产车间以外的受益单位分配水费的总成本为(　　)元。

A．81 000　　B．105 300　　C．108 000　　D．117 000

10．下列各项中，(　　)不属于辅助生产费用的分配方法。

A．定额比例法　　B．交互分配法　　C．代数分配法　　D．顺序分配法

二、多项选择题

1．辅助生产车间费用的分配方法有(　　)。

A．直接分配法　　B．顺序分配法

C．代数分配法和交互分配法　　D．计划成本分配法

2．直接分配法适用于(　　)。

A．辅助生产车间相互提供劳务不多

B．交互分配的辅助生产车间受益程度有明显顺序

C．交互分配费用相差不大

D．计划成本基础较好

3．计入产品成本的各种材料费用，按其用途分配，应记入(　　)账户的借方。

A．“基本生产成本”　　B．“管理费用”

C．“制造费用”　　D．“辅助生产成本”

4．在进行辅助生产费用分配时，应将分配出去的辅助生产费用从“辅助生产成本”账户和所属的明细账中转入(　　)。

A．基本生产成本　　B．管理费用

C．制造费用　　D．在建工程

5．采用交互分配法分配辅助生产车间的费用时，应该(　　)。

A．先在企业内部各受益单位之间进行一次交互分配

B．先在辅助生产内部各受益单位之间进行一次交互分配

C．算出交互分配后的实际费用

D．向企业以外的各受益单位进行一次对外分配

6．辅助生产车间分配转出的成本，可以(　　)。

A．借记“管理费用”账户　　B．借记“原材料”账户

C．借记“辅助生产成本”账户　　D．借记“制造费用”账户

7．“生产成本”账户应设置的明细账户是(　　)。

A．“生产成本——基本生产成本”

B．“生产成本——基本生产车间制造费用”

C．“生产成本——辅助生产成本”

D．“生产成本——辅助生产车间制造费用”

8．下列有关表述正确的有(　　)。

A．辅助生产是指为基本生产和行政管理部门服务而进行的产品生产和劳务供应

B. 辅助生产部门在进行产品生产和劳务供应时所发生的各种费用就是辅助生产费用

C．为了归集所发生的辅助生产费用，应设置“辅助生产成本”总账账户。

D．日常发生的各种辅助生产费用，在“辅助生产成本”账户的借方进行归集

9．能够使各受益部门都分配到辅助生产费用的分配方法有(　　)。

A．直接分配法　　B．交互分配法

C．代数分配法　　D．计划成本分配法

10．与计划成本分配法分配辅助生产费用相关的成本内容有(　　)。

A．计划单位成本　　B．辅助生产费用实际发生额

C．辅助生产费用分配转入额　　D．成本差异

三、判断题

1．辅助生产费用的归集与分配是通过“辅助生产成本”账户进行的。　(　　)

2．辅助生产车间提供的产品劳务，都是为基本生产车间和行政管理部门服务的。
(　　)

3．采用交互分配法，交互分配以后各项辅助生产单位的待分配费用，应分配给全部受益对象。　(　　)

4．对于辅助生产车间发生的费用，都应在“辅助生产成本”账户中进行核算。(　　)

5．采用直接分配法分配辅助生产费用时，辅助生产车间相互提供产品或劳务也计算其应负担的金额。　(　　)

6．辅助生产费用归集的程序有两种，它们的区别在于辅助生产的制造费用归集程序不同。
(　　)

7．直接分配法适用于辅助生产部门之间不相互提供劳务或产品的企业。　(　　)

8．直接分配法是指把辅助生产车间所发生的实际费用，仅在各基本生产车间和行政管理等部门之间按其受益数量进行分配，对于各辅助生产车间之间相互提供产品或劳务则不进行分配的一种方法。　(　　)

9．辅助生产费用分配的特点是要在辅助生产车间以外的单位进行费用的分配。(　　)

10．辅助生产车间完工入库的修理用备件，应借记“基本生产成本”账户，贷记“辅助生产成本”账户。（　）

四、综合实务题

1．某企业设有修理和运输两个辅助生产车间。修理车间本月发生费用 4 510 元，提供修理劳务量 2 600 小时，其中，为运输部门修理 400 小时，为基本生产车间修理 2 000 小时，为行政管理部门修理 200 小时，修理费用按修理工时比例分配。运输部门本月发生费用 7 920 元，运输材料物资等 7 500 吨公里，其中，为修理车间提供劳务 300 吨公里，为基本生产车间提供运输劳务 5 200 公里，为企业行政管理部门提供运输劳务 2 000 吨公里。

要求：采用直接分配法计算分配修理、运输费用，编制对外分配的会计分录。

2．某企业设置修理和运输两个辅助生产车间。修理车间本月发生的费用 19 000 元，提供劳务 20 000 小时，其中，为运输部门修理 1 000 小时，为基本生产车间修理 16 000 小时，为行政管理部门修理 3 000 小时。运输部门本月发生的费用 20 000 元，提供运输 40 000 公里，其中，为修理车间提供的运输劳务 1 500 公里，为基本生产车间提供运输劳务 30 000 公里，为行政管理部门提供运输劳务 8 500 公里。

要求：采用交互分配法计算分配修理、运输费用，编制会计分录(辅助生产车间不设“制造费用”账户)。

第二次课(4 学时)　辅助生产费用的其他核算方法

【知识目标】

1．掌握辅助生产费用的分配方法——代数分配法、计划成本分配法、顺序分配法。
2．理解代数分配法、计划成本分配法、顺序分配法的优缺点及适用情况。

【能力目标】

1．运用代数分配法、计划成本分配法、顺序分配法分配企业辅助生产费用。
2．编制代数分配法、计划成本分配法、顺序分配法下“辅助生产费用分配表”。
3．编制记账凭证、登记明细账。

【问题提示】

1．代数分配法、计划成本分配法、顺序分配法的特点各是什么？
2．生产的产品、提供的劳务如何进行账务处理？
3．如何通过编制“辅助生产费用分配表”进行费用分配？

【基础知识】

一、代数分配法

代数分配法是根据代数中建立多元一次方程组的方法，计算出各辅助生产车间提供产品或劳务的单位成本(作为分配率)，然后再按车间、部门(包括辅助生产内部和外部单位)耗用量计算应分配的辅助生产费用的一种方法。这种方法不分内外部门，只要受益，均负担相应费用。

【例 3-3】仍以案例 3-1 资料为例。

假设每度电的成本为 x，每吨水的成本为 y，应设立联立方程式为

$$17\,400+2\,500y=29\,000x$$

$$8\,500+4\,000x=12\,500y$$

方程左边为各辅助生产明细账借方发生额，右边为贷方分配额。

解得，$x\approx0.667\,304\,96$(元)，$y\approx0.896\,737\,59$(元)

这样，计算出每度电的成本为 0.667 304 96 元，每吨水的成本为 0.896 737 59 元。根据计算结果，编制代数分配法的“辅助生产费用分配表”，见表 3-17。

表 3-17 辅助生产费用分配表

(交互分配法) 金额单位：元

辅助生产车间		供水	供电	合计
待分配的费用		8 500	17 400	25 900
算出的实际单位成本		0.896 737 59	0.677 304 96	
供水车间	耗用量		4 000	
	分配金额		2 709.22	2 709.22
供电车间	耗用量	2 500		
	分配金额	2 241.84		2 241.84
基本生产——甲产品	耗用量	5 000	10 000	
	分配金额	4 483.69	6 773.05	11 256.74
基本生产车间	耗用量	4 000	10 000	
	分配金额	3 586.95	6 773.05	10 360
行政管理部门	耗用量	1 000	5 000	
	分配金额	896.74	3 386.52	4 283.26
合计		11 209.22	19 641.84	30 851.06

供水车间辅助生产成本明细账借方合计数 11 209.22=8 500+2 709.22(所承担的电费)；供电车间辅助生产成本明细账借方合计数 19 641.84=17 400+2 241.84(所承担的水费)。

根据表 3-12，应编制如下会计分录。

借：辅助生产成本——供电车间 2 241.84
　　　　　　　　——供水车间 2 709.22
　　基本生产成本——甲产品 11 256.74
　　制造费用 10 360
　　管理费用 4 283.26
　　贷：辅助生产成本——供水车间 11 209.22
　　　　　　　　　　——供电车间 19 641.84

采用代数分配法分配辅助生产费用，分配结果最准确。但在分配前要先解联立方程，如果辅助生产车间、部门较多，未知数也就多，则计算工作量就会大大增加，因而一般适宜在辅助生产车间、部门不多或已经实现会计电算化的企业中采用。

二、计划成本分配法

计划成本分配法是指按照计划成本将费用在各辅助生产车间进行分配和调整的一种方法，又称“内部结算价格分配法”。其内容是根据各辅助生产车间为各受益车间和部门提供服务的数量，按照计划单位成本分配给各受益车间和部门，然后将各辅助生产车间发生的实际费用，加上其他辅助生产车间分配来的费用同按计划单位成本计算的分配数之间的差额，对辅助生产车间以外的受益单位进行追加分配，或将其差额全部计入企业管理费用。

计划成本分配法的具体计算步骤如下。

第一，按预先制定的辅助生产劳务的计划单位成本计算各受益对象(包括受益的其他辅助生产车间、部门)应分担的辅助生产费用。

第二，计算各辅助生产车间实际发生的费用(辅助生产车间直接发生的费用＋分配转入的费用)。

第三，计算各辅助生产车间的成本差异(实际发生的费用－按计划成本分配的费用)，并进行处理。

这种差异从理论上讲应追加分配给辅助生产车间以外的各受益单位，但为简化核算工作，一般可直接记入“管理费用”账户。如果是超支差异，应增加管理费用，如果是节约差异，则冲减管理费用。

【例 3-4】仍以例 3-1 资料为例，编制计划成本分配法的“辅助生产费用分配表”，见表 3-18。

表 3-18　辅助生产费用分配表

(计划成本分配法)　　　　单位：元

项目		供水		供电		费用合计
		数量	金额	数量	金额	25 900
待分配的费用			8 500		17 400	
供应的劳务数量		12 500		29 000		
计划单位成本			0.8		0.7	
按计划成本分配	供水车间			4 000	2 800	2 800
	供电车间	2 500	2 000			2 000
	基本生产—甲产品	5 000	4 000	10 000	7 000	11 000
	基本生产车间	4 000	3 200	10 000	7 000	10 200
	行政管理部门	1 000	800	5 000	3 500	4 300
	合计	12 500	10 000	29 000	20 300	30 300
辅助生产实际成本			11 300		19 400	30 700
辅助生产成本差异			1 300		−900	400

在上述费用分配表中，

供水车间实际成本＝8 500＋2 800＝11 300(元)

供电车间实际成本＝17 400＋2 000＝19 400(元)

供水车间成本差异＝11 300－10 000＝1 300(元)

供电车间成本差异＝19 400－20 300＝－900(元)

根据表 3-13，编制如下会计分录。

按计划成本分配，

借：辅助生产成本——供电车间　　2 000
　　　　　　　　——供水车间　　2 800
　　基本生产成本——甲产品　　11 000
　　制造费用　　10 200
　　管理费用　　4 300
　　贷：辅助生产成本——供水车间　　10 000
　　　　　　　　　　——供电车间　　20 300

将辅助生产成本差异计入管理费用，

借：管理费用　　400
　　辅助生产成本——供电车间　　900
　　贷：辅助生产成本——供水车间　　1 300

计划成本分配法简化和加速了分配的计算工作，排除了辅助生产费用的高低对受益单位成本的影响，不仅能反映和考核辅助生产成本计划执行情况，而且还便于考核和分析各受益单位的成本，分清各单位经济责任。但使用这种方法误差不能太大，否则会影响分配结果的准确性。

计划成本分配法适用于企业中有比较准确的计划成本资料，且各辅助生产车间服务单位实际成本比较稳定的情况。

三、顺序分配法

顺序分配法是在各辅助生产车间分配费用时，按照辅助生产车间受益多少的顺序排列，并逐一将其费用分配给其他车间、部门的分配方法。受益少的辅助生产车间排在前面，受益多的排在后面，并依次向后面的辅助生产车间和其他受益单位分配，后面的辅助生产车间费用不再对前面的辅助生产车间进行分配。该方法的分配要点如下。

(1) 排列在前的车间将费用分配给排列在后的车间，不再承担后面车间的费用。

(2) 后面车间应分配的费用，要在原费用的基础上加上前面车间的分配转入数。其计算公式为

$$某辅助生产车间费用分配率=\frac{直接发生费用额+耗用前序辅助生产费用额}{提供劳务总量-前序辅助生产耗用量}$$

$$某受益部门应负担费用额=该部门受益劳务量\times辅助生产费用分配率$$

采用顺序分配法分配辅助生产费用的优点是计算简便，各辅助生产费用只计算一次，由于这种方法既分配给辅助生产以外的受益单位，也分配给排列在后的其他辅助车间，使得排列在后的辅助车间费用归集较全，因而分配结果正确性较直接分配法有所提高。但由于排列在先的辅助生产车间不负担排列在后辅助生产车间的费用，分配结果的准确性受到一定的影响。所以，这种方法仅适用于各辅助生产车间相互受益程序有明显顺序的企业。

【例 3-5】仍以例 3-1 的资料为例，编制顺序分配法的“辅助生产费用分配表”，见表 3-19。

表 3-19　辅助生产费用分配表

(顺序分配法)　　单位：元

项目	劳务数量	待分配费用			分配率	分配额							
		直接发生费用	分配转入费用	小计		供水车间		甲产品耗用		车间一般消耗		管理部门	
						数量	金额	数量	金额	数量	金额	数量	金额
供电车间	29 000	17 400	—	17 400	0.6	4 000	2 400	10 000	6 000	10 000	6 000	5 000	3 000
供水车间	10 000	8 500	2 400	10 900	1.09	—	—	5 000	5 450	4 000	4 360	1 000	1 090
合计	—	25 900	2 400	28 300	—	—	2 400	—	11 450	—	10 360	—	4 090

在上述费用分配表中，

供电车间的受益金额＝2 500×0.8＝2 000(元)

供水车间的受益金额＝4 000×0.7＝2 800(元)

供电车间受益少排在前，先分配；供水车间排在后，后分配。

第一步：先分配供电车间费用。

$$分配率=\frac{17\,400}{29\,000}=0.6(元/吨)$$

供水车间承担的电费＝4 000×0.6＝2 400(元)

甲产品承担的电费＝10 000×0.6＝6 000(元)

基本生产车间承担的电费＝10 000×0.6＝6 000(元)

行政管理部门承担的电费＝5 000×0.6＝3 000(元)

2 400＋6 000＋6 000＋3 000＝17 400(元)

第二步：分配供水车间费用。

待分配费用＝8 500＋2 400＝10 900(元)

待分配的劳务数量＝12 500－2 500＝10 000(吨)

$$分配率=\frac{10\,900}{10\,000}=1.09(元/吨)$$

甲产品承担的水费＝5 000×1.09＝5 450(元)

基本生产车间承担的水费＝4 000×1.09＝4 360(元)

行政管理部门承担的水费＝1 000×1.09＝1 090(元)

5 450＋4 360＋1 090＝10 900(元)

根据计算结果，应编制会计分录如下。

借：辅助生产成本——供水车间　　2 400

　　基本生产成本——甲产品　　6 000

　　制造费用　　6 000

　　管理费用　　3 000

贷：辅助生产成本——供电车间 17 400

借：基本生产成本——甲产品 5 450

制造费用 4 360

管理费用 1 090

贷：辅助生产成本——供水车间 10 900

【课堂技能训练】B 项目

红光水泥厂有机修、供电、运输车队 3 个辅助生产部门，分别对其他部门提供维修服务、供电服务和运输服务。2012 年 12 月，该厂各部门接受维修服务、电力服务和运输服务的情况及辅助生产成本明细账，见表 3-20～表 3-23。

表 3-20 辅助生产部门提供服务情况

受益部门		维修服务数量/工时	耗电量/千瓦时	运输服务/吨公里
基本生产车间	生料	1 650	1 436 400	2 000
	熟料	1 600	1 663 200	1 000
	水泥	1 750	3 096 000	1 000
基本生产车间	一般耗用	4 200	62 420	12 521
辅助生产车间	机修		10 000	1 000
	供电	400		500
	运输	600	2 000	
包装车间		700	2 000	1 479
行政管理部门		100	1 200	500
合计		11 000	6 273 220	20 000

表 3-21 辅助生产成本明细账

产品名称：维修　　　　2012 年 12 月 31 日　　　　部门：机修车间

单位：元

年		凭证号数	摘要	项目			合计	转出	余额
月	日			直接材料	直接人工	制造费用			
			据原材料分配表	25 000					
			据工资分配表		115 000				
			据辅助车间制造费用分配表			54 491			
			待分配费用小计	25 000	115 000	54 491	194 491		
			其他辅助部门分配转入						
			分配转出至其他辅助部门						
			分配转出						

注：54 491 元的构成情况为管理人员工资 25 000 元，折旧费 24 000 元，其他需用现金支付的间接费用 5 491 元。

表 3-22 辅助生产成本明细账

产品名称：供电　　2012 年 12 月 31 日　　部门：供电车间

单位：元

年		凭证号数	摘要	项目			合计	转出	余额
月	日			直接材料	直接人工	制造费用			
			据原材料分配表						
			据工资分配表						
			据辅助车间制造费用分配表			475 610			
			待分配费用小计			475 610			
			其他辅助部门分配转入						
			分配转出至其他辅助部门						
			分配转出						

注：475 610 元的构成情况为管理人员工资 120 000 元，折旧费 300 000 元，其他需用现金支付的间接费用 55 610 元。

表 3-23 辅助生产成本明细账

产品名称：运输　　2012 年 12 月　　日　　部门：运输部门

单位：元

年		凭证号数	摘要	项目			合计	转出	余额
月	日			直接材料	直接人工	制造费用			
			据原材料分配表						
			据工资分配表						
			据辅助车间制造费用分配表			38 000			
			待分配费用小计			38 000			
			其他辅助部门分配转入						
			分配转出至其他辅助部门						
			分配转出						

注：38 000 元的构成情况为管理人员工资 8 000 元，折旧费 25 000 元，其他需用现金支付的间接费用 5 000 元。

要求：

(1) 编制直接分配法下辅助生产费用分配表(表 3-24)，编制会计分录并填制转账记账凭证(表 3-25 和表 3-26)。

表 3-24 辅助生产费用分配表

(直接分配法)

20　年　月　日　　单位：元

项目	机修	供电	运输	合计
待分配的费用				
供应辅助生产以外的劳务数量				

续表

项目			机修	供电	运输	合计
单位成本(分配率)						
基本生产车间	生料	耗用量				
		分配金额				
	熟料	耗用量				
		分配金额				
	水泥	耗用量				
		分配金额				
基本生产车间	一般耗用	耗用量				
		分配金额				
包装车间		耗用量				
		分配金额				
行政管理部门		耗用量				
		分配金额				
合计						

表 3-25　转账记账凭证

20　年　　月　　日　　　　凭证编号________

摘　要	科　目		借方金额											贷方金额											记账符号
	总账科目	明细科目	亿	千	百	十	万	千	百	十	元	角	分	亿	千	百	十	万	千	百	十	元	角	分	
附单据　张	合计																								

会计主管人员　　　　记账　　　　稽核　　　　制单

表 3-26　转账记账凭证

20　年　　月　　日　　　　凭证编号________

摘　要	科　目		借方金额											贷方金额											记账符号
	总账科目	明细科目	亿	千	百	十	万	千	百	十	元	角	分	亿	千	百	十	万	千	百	十	元	角	分	
附单据　张	合计																								

会计主管人员　　　　记账　　　　稽核　　　　制单

(2) 编制交互分配法下辅助生产费用分配表(表 3-27)，分别作对内、对外分配的会计分录并填制转账记账凭证(表 3-28～表 3-31)。

表 3-27　辅助生产费用分配表

(交互分配法)

20　年　　月　　日　　　　单位：元

项目		机修车间			供电车间			运输部门			合计
		数量	分配率	分配额	数量	分配率	分配额	数量	分配率	分配额	
待分配费用											
第一次	机修										
	供电										
	运输										
对外分配的费用											
基本生产	生料										
	熟料										
	水泥										
	一般耗用										
包装车间											
行政管理											
合计											

第一次分配：

表 3-28　转账记账凭证

20　年　　月　　日　　　　凭证编号＿＿＿＿

摘　要	借方科目		贷方科目		金额											记账符号
	总账科目	明细科目	总账科目	明细科目	亿	千	百	十	万	千	百	十	元	角	分	
附单据　张	合计															

会计主管人员　　　　记账　　　　稽核　　　　制单

第二次分配：

表 3-29　转账记账凭证

20　年　　月　　日　　　　　　　　凭证编号＿＿＿＿

摘　要	借方科目		贷方科目		金　额											记账符号
	总账科目	明细科目	总账科目	明细科目	亿	千	百	十	万	千	百	十	元	角	分	
附单据　张	合计															

会计主管人员　　　　记账　　　　稽核　　　　制单

表 3-30　转账记账凭证

20　年　　月　　日　　　　　　　　凭证编号＿＿＿＿

摘　要	借方科目		贷方科目		金　额											记账符号
	总账科目	明细科目	总账科目	明细科目	亿	千	百	十	万	千	百	十	元	角	分	
附单据　张	合计															

会计主管人员　　　　记账　　　　稽核　　　　制单

表 3-31　转账记账凭证

20　年　　月　　日　　　　　　　　凭证编号＿＿＿＿

摘　要	借方科目		贷方科目		金　额											记账符号
	总账科目	明细科目	总账科目	明细科目	亿	千	百	十	万	千	百	十	元	角	分	
附单据　张	合计															

会计主管人员　　　　记账　　　　稽核　　　　制单

【课后训练】

一、单项选择题

1. 各辅助生产费用分配法中，以(　　)最为准确。

A．计划成本分配法　　B．交互分配法

C．代数分配法　　D．直接分配法

2. 采用辅助生产费用的交互分配法，对外分配的费用总额是(　　)。

A．交互分配前的费用

B．交互分配前费用加上交互分配转入费用

C．交互分配前费用减去交互分配转出费用

D．交互分配前费用再加上交互分配转入费用，减去交互分配转出费用

3. 辅助生产车间完工的修理用备件，应借记的账户是(　　)。

A．“周转材料——低值易耗品”　　B．“原材料”

C．“修理用备件”　　D．“自制半成品”

4. 采用顺序分配法分配辅助生产费用时， 计算辅助生产车间费用分配率的分子应是(　　)。

A．该辅助生产车间直接发生的费用

B．该辅助生产车间直接发生的费用加上分配转入的费用

C．该辅助生产车间直接发生的费用加上分配转入减去分配转出的费用

D．该辅助生产车间直接发生的费用减去分配转出的费用

5. 采用计划成本分配法分配辅助生产费用时，实际成本与按计划成本分配额的差额应于期末列入(　　)。

A．制造费用　　B．管理费用　　C．财务费用　　D．生产成本

6. 采用计划成本分配法分配辅助生产费用时，辅助生产费用分配表中辅助生产实际成本(　　)。

A．是正确的实际成本

B．不是“纯粹”的实际成本

C．是正确的计划成本

D．是辅助生产车间本身的费用，不包括上一步骤转入的费用

7. 在辅助生产费用的各种分配方法中，最简便的方法是(　　)。

A．顺序分配法　　B．直接分配法　　C．交互分配法　　D．代数分配法

8. 采用顺序分配法分配辅助生产费用时，分配的顺序是(　　)。

A．先辅助生产车间后基本生产车间　　B．先辅助生产车间内部后对外部单位

C．辅助生产车间受益金额多少　　D．辅助生产车间提供劳务金额多少

9. 辅助生产各种分配方法中，能分清内部经济责任，有利于实行厂内经济核算的是(　　)。

A．直接分配法　　B．交互分配法　　C．代数分配法　　D．计划成本分配法

10．在各辅助生产车间相互提供劳务很少的情况下，适宜采用的辅助生产费用分配方法是(　　)。

A．直接分配法　　B．交互分配法　　C．计划成本分配法　　D．代数分配法

二、多项选择题

1．分配辅助生产费用的各种方法中，有交互分配性质的是(　　)。

A．交互分配法　　B．代数分配法　　C．计划成本分配法　　D．直接分配法

2．采用代数分配法分配辅助生产费用时，分配结转辅助生产费用的会计分录中对应的借方账户主要有(　　)等。

A．“辅助生产成本”　　B．“基本生产成本”

C．“制造费用”　　D．“管理费用”

3．辅助生产费用的顺序分配法一般适用于(　　)。

A．辅助生产车间相互提供产品或劳务有着明显顺序

B．辅助生产车间相互提供产品或劳务没有顺序

C．排列在前的辅助生产车间耗用比排列在后的辅助生产车间的费用较少

D．排列在前的辅助生产车间耗用比排列在后的辅助生产车间的费用较多

4．采用顺序分配法分配辅助生产费用时，辅助生产车间一般应该(　　)。

A．按车间规模的大小顺序排列

B．按车间受益多少顺序排列

C．按车间规模大小或受益多少顺序排列

D．受益少的车间先将费用分配出去

5．采用代数分配法分配辅助生产费用(　　)。

A．能够提供正确的分配计算结果　　B．能够简化费用的分配计算工作

C．适用于实现电算化的企业　　D．便于分析考核各受益单位的成本

6．采用交互分配法分配辅助生产费用时，计算第二阶段的直接分配率公式的分子数包括(　　)。

A．该辅助生产车间直接发生的费用　B．加上分配转入的费用

C．减去分配转出的费用　　D．直接发生的费用加上分配转出的费用

7．下列关于计划成本分配法的表述中，正确的有(　　)。

A.直接将辅助生产车间发生的费用分配给辅助生产车间以外的各个受益单位或产品

B.各受益单位耗用的产品成本或劳务成本，按产品或劳务的计划单位成本乘以耗用量进行计算

C．成本分配不够准确，适用于辅助生产劳务计划单位成本比较准确的企业

D．实际发生的费用(包括辅助生产内部交互分配转入的费用)与按计划单位成本分配转入的费用之间的差额是各辅助生产车间的成本差异

8．下列关于辅助生产费用顺序分配法的表述中，正确的有(　　)。

A．分配辅助生产费用的顺序是，受益少的先分配，受益多的后分配

B．分配辅助生产费用的顺序是，受益多的先分配，受益少的后分配

C．适用于各辅助生产车间之间相互受益程度有明显顺序的企业

D．适用于各辅助生产车间之间相互受益程度没有明显顺序的企业

9．辅助生产车间发生的固定资产折旧费，可能借记的账户有(　　)。

A．“制造费用”　　B．“辅助生产成本”

C．“基本生产成本”　　D．“管理费用”

10．计划成本法下计算的各辅助车间成本差异(　　)。

A．从理论上讲应在各受益部门之间进行分配

B．为了简化分配工作，可直接列入“管理费用”账户

C．如果是超支差异，应增加管理费用

D．如果是节约差异，应冲减管理费用

三、判断题

1．采用顺序分配法分配辅助生产费用时，其顺序应该是受益额多的排在前，受益额少的排在后。(　　)

2．辅助生产单位发生的制造费用，都应当直接记入辅助生产成本明细账。(　　)

3．采用计划成本分配法，辅助生产的成本差异一般可以全部计入管理费用。(　　)

4．辅助生产车间发生的费用，都应于月末作借记“基本生产成本”等账户，贷记“辅助生产成本”账户。(　　)

5．在所有的辅助生产费用分配方法中，最准确的方法是交互分配法。(　　)

6．采用代数分配法，在分配以前要解联立方程，有几个辅助生产车间就要设几个未知数，根据未知数设立联立方程。(　　)

7. 辅助生产费用直接分配法的特点是将归集的辅助生产费用直接分配给其他受益部门。(　　)

8．直接分配法计算结果最准确。(　　)

9．采用计划成本分配法，各种辅助生产费用只分配一次，而且劳务的计划单位成本是早已确定的，不必单独计算费用分配率，因而简化了计算工作。(　　)

10. 采用代数分配法分配辅助生产费用，辅助生产的实际成本是按计划成本分配前的实际费用加上按计划成本分配转入的费用。(　　)

四、综合实务题

假设中兴工厂设有供水、供电两个辅助生产车间，主要为基本生产车间和本厂行政管理部门服务。根据辅助生产成本明细账，供水车间本月发生费用为 7 380 元，供电车间本月发生费用为 10 519.20 元。该厂辅助生产的制造费用不通过“制造费用”账户核算。根据劳务供应和耗用劳务通知单，可整理各车间和部门耗用劳务情况见表 3-32。

表 3-32　辅助生产车间劳务供应通知单

受益单位	用水数量(吨)	用电度数(千瓦时)
辅助生产车间		
——供水		2 922
——供电	559	

续表

受益单位	用水数量/吨	用电度数/千瓦时
基本生产车间		
——甲产品		12 000
——乙产品		8 000
车间一般耗用	5 100	2 000
行政管理部门耗用	1 050	4 298
合计	6 709	29 220

要求：根据上述资料，分别采用直接分配法、交互分配法、计划成本分配法分配辅助生产费用，并将计算结果直接填入表3-33～表3-35中。

表3-33　辅助生产费用分配表

(直接分配法)　　金额单位：元

辅助生产车间名称			供水车间	供电车间	合计
待分配辅助生产费用					
辅助生产以外部门劳务供应量					
费用分配率					
基本生产成本	甲产品	耗用量			
		分配额			
	乙产品	耗用量			
		分配额			
	小计				
制造费用		耗用量			
		分配额			
管理费用		耗用量			
		分配额			
分配金额合计					

表3-34　辅助生产费用分配表

(交互分配法)　　金额单位：元

项目			交互分配			对外分配		
辅助生产车间名称			供水	供电	合计	供水	供电	合计
待分配辅助生产费用								
供应劳务数量								
费用分配率								
辅助车间内部	供水车间	耗用量						
		分配额						
	供电车间	耗用量						
		分配额						
	分配金额小计							

续表

项目				交互分配			对外分配		
辅助车间以外的分配	基本生产成本	甲产品	耗用量						
			分配额						
		乙产品	耗用量						
			分配额						
		分配金额小计							
	制造费用		耗用量						
			分配额						
	管理费用		耗用量						
			分配额						
合计									

假定该厂确定产品的计划单位成本为，每吨水为 1.20 元/吨，每度电 0.38 元/千瓦时，编制计划成本分配法下辅助生产费用分配表(表 3-35)。

表 3-35　辅助生产费用分配表

(计划成本分配法)

项目		供水车间 (计划单位成本：1.20 元)		供电车间 (计划单位成本：0.38 元)		按计划成本分配转入合计
		供水量	分配金额	供电量	分配金额	
辅助生产成本	供水车间					
	供电车间					
	小计					
基本生产成本	甲产品					
	乙产品					
	小计					
制造费用						
管理费用						
按计划成本分配转出合计						
待分配费用						
分配转入费用						
实际成本						
成本差异						

模块四　制造费用的核算

【知识目标】

1. 理解制造费用的内容。
2. 登记制造费用明细账。
3. 掌握制造费用的分配方法。
4. 掌握制造费用账务处理方法。

【能力目标】

1. 登记制造费用明细账。
2. 编制制造费用分配表。
3. 能够进行制造费用的账务处理，填制记账凭证。

【问题提示】

1. 制造费用的内容有哪些？
2. 制造费用账户如何设置？
3. 制造费用归集的典型分录是什么？
4. 制造费用的分配方法有几种？
5. 制造费用分配的典型分录是什么？

【基础知识】

一、制造费用归集的核算

(一) 制造费用

1. 制造费用的含义

制造费用是指企业内部各生产单位(分厂、车间)为生产产品或提供劳务而发生的，应该计入产品成本，但没有专设成本项目的各项生产费用。制造费用包括企业内部分厂、车间的管理人员工资及福利费、固定资产折旧费、修理费、租赁费(不包括融资固定资产的租赁费)、机物料消耗、低值易耗品摊销、取暖费、水电费、办公费、运输费、保险费、设计制图费、试验检验费、劳动保护费、季节性或修理期间的停工损失及其他制造费用。

2. 制造费用的内容

(1) 间接用于产品生产的费用，包括机物料消耗、分厂或车间生产用房屋的折旧费、修理费、租赁费(不包括融资固定资产的租赁费)、保险费、照明费、取暖费、运输费、劳动保护费等。

(2) 直接用于产品生产但未专设成本项目的费用，如机器设备的折旧费、修理费、租赁费、保险费、低值易耗品摊销、设计制图费、试验检验费等。

(3) 分厂或车间用于组织和管理生产的费用，包括分厂或车间管理人员的工资及福利费、分厂或车间管理用房屋的折旧费、修理费、租赁费(不包括融资固定资产的租赁费)、保险费、取暖费、水电费、办公费、运输费、差旅费、季节性或修理期间的停工损失及其他制造费用。

(二) 制造费用的归集概述

1. 账户设置

为了总括反映和监督企业各生产单位在一定时期内为组织和管理生产所发生的各项制造费用，需要设置“制造费用”总账科目。该账户属于集合分配账户，制造费用发生时，按发生金额记入本账户借方，进行分配结转时，记入本账户贷方，期末账户一般无余额。“制造费用”总账科目下应按车间或部门设置明细科目，账内按费用项目设专栏或专行，分别反映各生产单位各项制造费用的发生情况，以便分析制造费用超支的原因，寻找降低费用的途径。

辅助生产车间发生的制造费用可通过“制造费用——××辅助生产车间”账户的借方进行归集，如果发生数额较小，为了减少转账手续，也可直接在“辅助生产成本”账户的借方进行归集。

2. 制造费用的归集方法

制造费用的归集按其记账依据不同可分为两种情况。

(1) 一般费用发生时，根据付款凭证或据以编制的其他费用分配表，借记“制造费用”账户，贷记“银行存款”或其他有关账户，如“办公费”、“差旅费”、“劳动保护费”等。

(2) 发生的机物料消耗、外购动力费用、工资及福利费、折旧费、修理费等费用，在月末应根据转账凭证及汇总编制的各种费用分配表，借记“制造费用”账户，贷记“原材料”、“应付职工薪酬——工资”、“应付职工薪酬——职工福利”、“累计折旧”、“其他应付款”等账户。

需要注意以下几点。第一，如果辅助生产车间发生的制造费用是通过“制造费用”账户单独核算的，则应比照基本生产车间制造费用的核算；如果辅助生产的制造费用不通过“制造费用”账户核算，则应将其全部记入“辅助生产成本”账户；第二，归集在“制造费用”账户借方的各生产单位当月发生的制造费用，月末应将各项费用发生额的合计数，分别与其预算数进行比较，以查明制造费用预算的执行情况。

二、制造费用分配的核算

(一) 制造费用的分配对象

制造费用的分配对象是各车间(或分厂)本期各种产品和劳务，如有废品，则废品也应负担制造费用。企业按不同车间(或分厂)分别分配制造费用时，某车间归集的制造费用应在该车间所生产的各种产品之间进行分配；对于总厂(或厂部)发生的制造费用，如设计制图费、试验检验费等，这部分费用因涉及全厂范围内所生产产品或提供的劳务，因此，这部分费用应在全厂或整个总厂范围内统一分配。

对于某车间发生的制造费用，如果该车间只生产一种产品，制造费用可直接计入该产品成本中；如果该车间生产多种产品，所发生的制造费用可先归集，再采用适当的方法分配计入各产品成本中。

分工不同的制造费用，如以品种分工的各小组，本身发生的制造费用是直接计入费用，可直接计入各产品的成本中；各小组共同发生的费用是间接计入费用，则应先分配再计入各产品成本中。以工艺分工的车间，其全部制造费用都是间接计入费用，应先分配，再计入该车间各产品成本中。

(二) 制造费用的分配方法

1. 实际分配率法

制造费用的实际分配率法，通常有按直接生产工人工时(定额工时或实耗工时)、按生产工人工资、按机器工时、按耗用原材料的数量或成本、按直接成本(原材料、燃料、动力、生产工人工资及应提取的福利费之和)、按产品产量等进行分配。具体采用哪种分配方法，由企业自行决定。

(1) 生产工人工时比例分配法

生产工人工时比例分配法是按照各种产品所用生产工人实际工时的比例分配制造费用的一种方法。其计算公式为

$$制造费用分配率=\frac{制造费用总额}{各种产品生产工时总数}$$

某产品应负担的制造费用＝该产品的生产工时数×制造费用分配率

【例 4-1】兴华工厂基本生产车间生产 A、B 两种产品，2012 年 6 月发生的制造费用和不同分配标准的耗用资料见表 4-1。

表 4-1　兴华工厂 2012 年 6 月的耗用资料

项目	A 产品	B 产品	合计
产量/件	4 000	8 000	
直接人工工时/小时	23 000	37 000	60 000
直接工资成本/元	140 000	240 000	380 000
直接材料成本/元	1 280 000	1 000 000	2 280 000
机器工时/小时	9 000	13 800	22 800
5 月发生制造费用/元			456 000

$$制造费用分配率=\frac{456\,000}{60\,000}=7.6(元/小时)$$

A 产品应分配制造费用＝23 000×7.6＝174 800(元)

B 产品应分配制造费用＝37 000×7.6＝281 200(元)

根据上列计算结果，应编制“制造费用分配表”，见表 4-2。

表 4-2　兴华工厂制造费用分配表

基本生产车间

2012 年 6 月

应借科目		生产工时/小时	分配金额/元(分配率：7.6)
基本生产成本	A 产品	23 000	174 800
	B 产品	37 000	281 200
合计		60 000	456 000

根据表 4-2，应编制的会计分录如下。

借：基本生产成本——A 产品　　174 800

　　　　　　　　——B 产品　　281 200

　贷：制造费用　　456 000

这种方法适用于机械化程度较低，或生产单位内生产的各产品工艺过程机械化程度大致相同的单位。如果产品的工时定额比较准确，制造费用也可按生产定额工时的比例分配。

(2) 生产工人工资比例分配法

生产工人工资比例分配法是以直接计入各种产品成本的生产工人实际工资的比例作为分配标准分配制造费用的一种方法。其计算公式如下。

$$制造费用分配率=\frac{制造费用总额}{各种产品生产工人工资总额}$$

某产品应负担的制造费用=该产品生产工人工资数×制造费用分配率

由于生产工人工资的资料比较容易取得，因而采用这一分配方法，核算工作很简便。但是采用这种方法，各种产品生产机械化程度和产品加工技术等级应该大致相同，否则机械化程度低的产品所用工资费用多，负担的制造费用也多，而机械化程度高的产品负担的制造费用较少，从而影响费用分配的合理性。

(3) 机器工时比例分配法

机器工时比例分配法是以各种产品生产所用机器设备的运转工作时间的比例作为分配标准分配制造费用的一种方法。其计算公式如下。

$$制造费用分配率=\frac{制造费用总额}{各种产品耗用机器工时总和}$$

某产品应负担的制造费用=该产品生产耗用机器工时数×制造费用分配率

这种方法适用于机械化、自动化程度较高的车间。因为在这种车间的制造费用中，与机器设备使用有关的费用比重较大，而这一部分费用与机器设备运转的时间有密切联系，因此，采用这种方法必须具备各种产品所用机器工时的完整原始记录。

(4) 标准产量分配法

标准产量分配法首先要确定标准产量，则该产量对应的产品为标准产品，其系数为 1；将其他产品产量与标准产品产量进行比较，确定其他产品的系数；将其他产品本期的实际产量换算成标准产量。这种方法适用于系列产品生产的企业。

【例 4-2】仍以例 4-1 的资料为例。

假设 A 产品为标准产品，单位定额工时为 4.5 小时，B 产品单位定额工时为 5.4 小时，则

$$\text{B 产品的系数}=\frac{5.4}{4.5}=1.2$$

B 产品的标准产量＝8 000×1.2＝9 600(件)

$$\text{制造费用分配率}=\frac{456\ 000}{4\ 000+9\ 600}\approx 33.53(\text{元/件})$$

A 产品应负担的制造费用＝4 000×33.53＝134 117(元)

B 产品应负担的制造费用＝456 000－134 117＝321 883(元)

根据上述计算结果，应编制下列会计分录。

借：基本生产成本——A 产品　　　　134 117

　　　　　　　　——B 产品　　　　321 883

　　贷：制造费用　　　　　　　　　　456 000

2. 按年度计划分配率分配法

为了能及时分配制造费用，尽早提供本期成本信息，以及解决季节性生产企业制造费用负担水平波动的问题，企业可以采用按年度计划分配率的方法(预定分配率法)分配制造费用。

按年度计划分配率分配法是指按年度开始前预先制定的年度计划分配率分配以后各月制造费用的一种方法。假定以定额工时作为分配标准，其计算公式为

$$\text{年度计划分配率}=\frac{\text{年度制造费用计划总额}}{\text{年度各种产品计划产量的定额工时总数}}$$

某月某产品应负担的制造费用＝该月该产品实际产量的定额工时数×年度计划分配率

采用按年度计划分配率分配法，不管各月实际发生的制造费用是多少，每月各种产品中的制造费用都按年度计划分配率分配。

需要注意的是，在生产工人工时、生产工人工资和机器工时比例分配法下，“制造费用”账户一般没有期末余额。如果使用按年度计划分配率分配法，实际发生的制造费用与按年度计划分配率分配转出的制造费用不一致，就会使“制造费用”账户不仅可能有月末余额，而且既可能有借方余额，也可能有贷方余额。借方余额表示实际超过计划的预付费用，应列作企业的资产项目；贷方余额表示实际小于计划的应付而未付的费用，应列作企业的负债项目。

由于采用按年度计划分配率分配法，所分配的制造费用与实际发生的数额之间总会存在一定的差额，对此月末不加以调整而是逐月累计，到年终时一次追加调整，其方法有两种。

(1) 按各产品全年已承担的制造费用总额比例追加分配，其计算公式为

$$\text{差异额分配率}=\frac{\text{差异额}}{\text{各产品按年度计划分配率分配的制造费用总额}}$$

某产品应负担的差异额＝该产品按年度计划分配率分配的制造费用总额×差异额分配率

(2) 将差额计入 12 月实际发生的制造费用中，再采用实际分配率分配 12 月的制造费用。

差额的调整分录为借记“基本生产成本”账户，贷记“制造费用”账户。如果实际发生数额大于计划分配额，属超支差，用蓝字补加，否则属节约差，用红字冲减。年终调整分配后，“制造费用”账户应无余额。

【例 4-3】某企业基本生产车间全年计划制造费用为 163 200 元，全年各种产品的计划产量为甲产品 24 000 件，乙产品 18 000 件；单件产品工时定额为甲产品 4 小时，乙产品 6 小时。1 月产品实际产量：甲产品 1 800 件，乙产品 1 500 件。1 月实际发生的制造费用为 13 000

元，本年度实际制造费用为 165 000 元。假定年末已分配的制造费用为 160 000 元，其中甲产品负担 72 000 元，乙产品负担 88 000 元。要求根据以上资料，采用按年度计划分配率分配法分配制造费用，年终对其差异额进行调整，并编制有关会计分录。

(1) 年度计划产量定额工时＝24 000×4＋18 000×6＝204 000(小时)

$$制造费用计划分配率=\frac{163\,200}{204\,000}=0.8(元/小时)$$

1 月甲产品应负担的制造费用＝1 800×4×0.8＝5 760(元)

1 月乙产品应负担的制造费用＝1 500×6×0.8＝7 200(元)

1 月实际制造费用与计划制造费的差异额＝13 000－5 760－7 200＝40(元)

根据计算结果编制会计分录如下。

借：基本生产成本——甲产品　　5 760

　　　　　　　　——乙产品　　7 200

　贷：制造费用　　12 960

(2) 年末制造费用差异额＝165 000－160 000＝5 000(元)

$$差异额分配率=\frac{5\,000}{160\,000}=0.031\,25$$

甲产品调增＝72 000×0.031 25＝2 250(元)

乙产品调增＝88 000×0.031 25＝2 750(元)

根据计算结果，应补加产品成本中的制造费用数额，编制调整分录为

借：基本生产成本——甲产品　　2 250

　　　　　　　　——乙产品　　2 750

　贷：制造费用　　5 000

采用按年度计划分配率分配法，可随时计算已完工产品应负担的制造费用，简化分配手续，最适用于季节性生产企业，使企业旺季与淡季的制造费用比较均衡地计入产品生产成本。但是，采用这种分配方法，制定的计划成本应尽可能接近实际，否则，若年度制造费用的计划数脱离实际太大，就会影响成本计算的正确性。

【课堂技能训练】A 项目

要求：

(1) 根据前面东方玻璃厂材料费用、燃料费用、工资费用、辅助生产费用及其他费用分配表和日常银行凭证，编制该企业基本生产车间制造费用明细账，见表 4-3。(本月该车间的折旧费用为 550 000 元，据银行付款凭证：支付保险费 8 000 元，办公费 20 000 元，邮电费 12 000 元，大修理费用 250 000 元)

表 4-3　制造费用明细账

车间名称：基本生产车间　　　　20　年　　月　　　　单位：元

摘要	材料	人工	折旧费	水电费	修理费	保险费	邮电费	其他	合计
据材料费用分配表									
据人工费用分配表									

续表

摘要	材料	人工	折旧费	水电费	修理费	保险费	邮电费	其他	合计
据折旧费用分配表									
据辅助生产费用分配表									
据银行付款凭证									
据银行付款凭证									
据银行付款凭证									
据银行付款凭证									
合计									

(2) 按照生产工人的工资比例分配制造费用，并编制造费用分配表，见表 4-4(已知该车间生产普通白玻和镀膜玻璃工人工资见工资费用分配表)。

表 4-4　制造费用分配表

20　年　　月　　　　单位：元

应借科目	生产工人工资	分配率	分配金额

(3) 编制制造费用分配的会计分录，并填制转账记账凭证(表 4-5)。

表 4-5　转账记账凭证

20　年　　月　　日　　　　凭证编号________

摘　要	科　目		借方金额										贷方金额										记账符号
	总账科目	明细科目	亿	千	百	十	万	千	百	十	元	角	分	亿	千	百	十	万	千	百	十	元	角	分	
附单据　张	合计																								

会计主管人员　　　　记账　　　　稽核　　　　制单

【课后训练】

一、单项选择题

1．生产车间所耗机物料费用应借记(　　)账户，贷记“原材料”账户。

A．“生产成本”　　B．“基本生产成本”

C．“制造费用”　　D．“辅助生产成本”

2．对于辅助生产车间的制造费用，如果辅助生产只提供一种劳务，制造费用可以直接记入(　　)账户。

A．“辅助生产成本”　　B．“基本生产成本”

C．“管理费用”　　D．“制造费用”

3．采用计划成本分配法分配制造费用时，“制造费用”账户(　　)。

A．应有借方余额　　B．应有贷方余额

C．只有年末有借方余额　　D．年末差额分配结转后，应无余额

4．“制造费用”明细账应当按照(　　)设置。

A．不同生产单位(分厂、车间)　　B．不同费用项目

C．不同产品品种　　D．不同成本核算对象

5．“制造费用”账户(　　)。

A．期末余额在贷方

B．不应当有期末余额

C．除季节性生产企业外，期末应无余额

D．除季节性生产企业外，期末有借方余额

6．除了按年度计划分配率分配制造费用外，“制造费用”账户月末(　　)。

A．没有余额　　B．一定有借方余额

C．一定有贷方余额　　D．有借方或贷方余额

7．辅助生产车间发生的制造费用(　　)。

A．必须通过“制造费用”总账账户核算

B．不必通过“制造费用”总账账户核算

C．根据具体情况，可以记入“制造费用”总账账户，也可以直接记入“辅助生产成本”账户

D．直接记入“辅助生产成本”账户

8．按年度计划分配率分配制造费用的方法适用于(　　)。

A．制造费用数额较大的企业　　B．季节性生产的企业

C．基本生产车间规模较小的企业　　D．制造费用数额较小的企业

9．能够将劳动生产率和产品负担的费用水平联系起来，使分配结果比较合理的制造费用分配方法是(　　)。

A．生产工人工时比例分配法　　B．按年度计划分配率分配法

C．生产工人工资比例分配法　　D．机器工时比例分配法

10．某企业的制造费用采用生产工人工时比例法进行分配。该企业当月生产甲、乙两种产品，共发生制造费用 37 500 元。当月生产甲、乙两种产品共耗用 15 000 工时，其中，甲产品耗用 12 000 工时，乙产品耗用 3 000 工时。则甲产品应分配的制造费用为(　　)元。

A．30 000　　B．15 000　　C．12 000　　D．22 500

二、多项选择题

1．辅助生产车间不设“制造费用”账户进行核算是因为(　　)。

A．辅助生产车间数量较少　　B．制造费用较少

C．辅助生产车间不对外提供商品　　D．辅助生产车间规模较小

2．制造费用的分配方法有(　　)。

A．生产工人工时比例分配法　　B．机器工时比例分配法

C．直接分配法　　D．计划成本分配法

3．辅助生产车间发生的固定资产折旧费，可能借记的账户有(　　)。

A．“制造费用”　　B．“辅助生产成本”

C．“基本生产成本”　　D．“管理费用”

4．下列项目中，属于制造费用项目的有(　　)。

A．生产车间的保险费　　B．厂部办公楼折旧费

C．在产品盘亏和毁损　　D．低值易耗品摊销

5．在(　　)时，辅助生产车间的制造费用才可以不通过“制造费用”账户核算。

A．车间的规模很大　　B．车间的规模很小

C．制造费用很多　　D．制造费用很少

6．下列应在“制造费用”账户核算的是(　　)。

A．车间管理人员的工资　　B．企业直接从事生产的工人工资

C．车间管理人员的福利费　　D．车间固定资产的折旧费

7．不属于制造费用分配方法的有(　　)。

A．生产工人工时比例法　　B．顺序分配法

C．机器工时比例法　　D．交互分配法

8．下列各项中，不能记入制造费用的项目有(　　)。

A．生产用固定资产的折旧费　　B．管理用固定资产的折旧费

C．生产工人的工资　　D．生产车间管理用具的摊销

9．计入产品成本的各种材料费用，按其用途分配，应记入(　　)账户的借方。

A．“基本生产成本”　　B．“管理费用”

C．“制造费用”　　D．“销售费用”

10．下列项目中，属于产品成本项目的有(　　)。

A．直接材料　　B．直接人工　　C．制造费用　　D．管理费用

三、判断题

1．制造费用的受益对象，既包括生产单位生产的产品和提供的劳务，也包括生产单位的自制材料、自制工具及固定资产建造工程等。(　　)

2．采用计划成本分配法，“制造费用”明细账应留有年末余额。(　　)

3．在按年度计划分配率法分配制造费用时，全年实际发生的制造费用与计划分配额的差额，在当年不进行处理。(　　)

4．制造费用和管理费用都是本期发生的生产费用，因此，均应计入当期损益。(　　)

5．采用年度计划分配率分配法分配制造费用，“制造费用”账户及所属明细账户都应没有月末余额。(　　)

6．直接材料是直接成本，而制造费用是间接成本。(　　)

7．对于直接用于产品生产的燃料费用和动力费用，既可以单独记入产品成本的“燃料和动力”成本项目，也可以分别记入“原材料”成本项目和“制造费用”成本项目。(　　)

8．因季节性生产和固定资产修理而引起的停工期间发生的一切费用，记入“制造费用”账户。(　　)

9．制造费用常用的分配标准有生产工时比例、生产工人工资比例、机器工时比例、定额成本比例。(　　)

10．企业生产车间的各项制造费用均应通过“制造费用”账户核算。(　　)

四、综合实务题：B 项目

要求：

(1) 根据红光水泥厂水泥车间材料费用、燃料费用、工资费用、辅助生产费用及其他费用分配表和日常银行凭证，编制水泥车间制造费用明细账(表 4-6)(本月该车间的折旧费用为 953 467 元，据银行付款凭证支付其他费用 19 890 元)。

表 4-6　制造费用明细账

车间名称：基本生产车间　　　　20　年　　月　　　　单位：元

月	日	摘要	配件费用	物料费用	职工薪酬	折旧费	修理费	水电费	运输费	其他	合计
		据材料费用分配表									
		据人工费用分配表									
		据折旧费用分配表									
		据辅助生产费用分配表									
		临时工劳务费									
		合计									
		转出									

(2) 按照固定资产原值分配系数分配制造费用，并编制制造费用分配表。

表 4-7　制造费用分配表

20　年　　月　　日　　　　单位：元

应借科目		成本项目	固定资产原值分配系数	金额
基本生产成本	生料	制造费用	0.4 019 840	
	熟料	制造费用	0.2 337 624	
	水泥	制造费用	0.3 642 536	
合计			1.00	

注：金额保留整数。

(3) 根据制造费用分配表编制会计分录，并填制转账记账凭证(表 4-8)。

表 4-8　转账记账凭证

年　　月　　日　　　　　　　　凭证编号________

摘　要	借方科目		贷方科目		金　额											记账符号
	总账科目	明细科目	总账科目	明细科目	亿	千	百	十	万	千	百	十	元	角	分	
附单据　　张	合计															

会计主管人员　　　　　　　　　　记账　　　　　　　　　稽核　　　　　　　　　制单

(4) 若该水泥车间年度计划生产 42.5R 水泥和 52.5 水泥分别为 60 万吨和 50 万吨，年度计划车间制造费用为 80 000 元，7 月生产 42.5R 水泥和 52.5 水泥分别为 2.4 万吨和 2 万吨，发生的制造费用为 3 000 元。

要求：用年度计划分配率法分配该车间的制造费用。

模块五　废品损失的核算

【知识目标】

1. 废品的概念及类型。
2. 废品损失的概念及种类。
3. 废品损失核算的原始凭证。
4. 可修复废品损失的计算及账务处理。
5. 不可修复废品损失的计算及账务处理。

【能力目标】

1. 编制废品损失明细账。
2. 编制记账凭证。

【问题提示】

1. 你认为企业生产中哪些属于废品？废品是怎样产生的？有几种类型？
2. 何为废品损失？其内容有哪些？
3. 废品损失核算的原始凭证有哪些？
4. 如何归集可修复废品损失？怎样进行账务处理？
5. 如何归集不可修复废品损失？怎样进行账务处理？

【基础知识】

一、废品及废品损失认知

(一) 废品的概念及类型

企业在生产过程中，不可避免地会出现一些废品。废品是指由于生产原因而造成的质量不符合规定的技术标准，不能按照原定用途使用，或者需要加工修理才能使用的在产品、半成品或产成品。

不论是在生产过程中发现的废品，还是在入库后发现的废品，都应该包括在内。废品按技术上是否可修复及是否核算分为可修复废品和不可修复废品两种。可修复废品是指技术上可以修复而且所花费的修复费用在经济上合算的废品；不可修复废品是指技术上不能修复，或者虽可修复，但所花费的修复费用在经济上是不合算的废品。

另外，废品按照产生的原因不用，分为料废和工废两种。料废是指由于材料质量、规格、性能等不符合要求而产生的废品；工废是指在生产过程中由于加工工艺技术、工人操作方法、技术水平等方面的缺陷而产生的废品。分清废品是料废还是工废，有利于查明废品产生的责任。

(二) 废品损失的概念及内容

废品损失是指生产过程中及入库后发现的，由于生产原因而造成的废品的报废损失和修复费用。废品损失包括可修复废品的修复费用和不可修复废品的生产成本减去残值后的报废损失。应由造成废品损失的过失人负担的赔偿款，应从废品损失中扣除。

不可修复废品的报废损失，是指不可修复废品的生产成本扣除回收残料价值和赔款后的净损失；可修复废品的修复费用，指可修复废品在返修过程中所发生的修理费用(耗用的材料、人工等)。需要指出的是，下列情况的损失不能作为废品损失处理。

(1) 经过质量检验部门鉴定不需要返修、可以降价出售的不合格品。

(2) 产成品入库后，由于保管不善等原因而损坏变质的损失。

(3) 实行包退、包修、包换“三包”的企业，在产品出售后发现的废品所发生的一切损失。

(三) 废品损失核算的原始凭证

质量监察部门发现废品时，应该填制废品通知单，列明废品的种类、数量、生产废品的原因和过失人等。成本会计人员应该会同检验人员对废品通知单所列废品产生的原因和过失人等项目加强审核。只有经过审核的废品通知单，才能作为废品损失核算的依据。另外，还有“废品交库单”，返修用料的“领料单”、“工作通知单”等。

二、废品损失的核算方法

(一) 废品损失核算的账户设置

废品损失设置“废品损失”核算账户，并按车间、产品分别设置明细账，账内按成本项目设置专栏。归集可修复废品的修复费和结转不可修复废品的生产成本登记到“废品损失”账户的借方；残料的回收、应收赔偿款、结转废品净损失登记到“废品损失”账户的贷方。借方余额表示企业全部废品净损失。

通常情况下，期末在产品不负担废品损失，废品损失全部由本期完工产品负担。“废品损失”账户月末没有余额。产品成本明细账内应单设“废品损失”成本项目，以反映产品成本中包含的废品损失。

(二) 若设置“废品损失”账户及成本项目

1. 可修复废品损失的核算

可修复废品的损失是指为修复废品而支付的修复费用(包括材料费用、工资费用、制造费用)，扣除其回收的残料价值和应收赔款后的损失。它与合格品一样，可以通过各种费用分配表或直接根据有关凭证计算而来。如果修复费用要由过失人赔偿一部分时，则废品损失应从修复费用总额中扣除应由过失人赔偿的金额。必须指出，可修复废品损失的归集，是在废品修复的时候，而不是之前发生的。如果当月发生废品，下月修复，损失就表现在下月的成本单上，不能当月反映生产工作的质量。

可修复废品损失一般在废品修复时计算。其计算公式如下。

可修复废品损失＝可修复废品修复费用－可修复废品的残值－应收过失人赔款

可修复废品修复费用＝修复废品材料费用＋修复废品工资及福利费＋修复废品制造费用

(1) 发生可修复废品损失时的一般核算步骤

① 对于生产过程中发生的可修复废品的修复费用，应根据“材料费用分配表”、“工资及福利费分配表”、“制造费用分配表”等有关费用分配表的分配结果加以归集。

借：废品损失——××产品

贷：原材料

应付职工薪酬——工资

——福利费

制造费用

② 废品残料的回收价值和应收的赔款，应从“废品损失”账户的贷方转出。

借：原材料(或其他应收款)

贷：废品损失——××产品

③ 根据废品损失明细账归集的废品损失，结转分配废品净损失。

借：基本生产成本——××产品

贷：废品损失——××产品

(2) 在入库后才发现废品的一般核算步骤

① 对于入库后发现的废品，应根据产品成本有关资料结转废品成本。

借：基本生产成本——某产品

贷：库存商品——某产品

② 发生的可修复废品的修复费用。

借：废品损失——某产品

贷：原材料

应付职工薪酬——工资

③ 根据废品损失明细账归集的废品损失，损失计入成本。

借：基本生产成本——某产品

贷：废品损失——某产品

④ 废品经过修复后，结转入库。

借：库存商品——某产品

贷：基本生产成本——某产品

(3) 销售后才发现废品的一般核算步骤

如果在销售后才发现的废品，作为销售退回处理，应冲减销售收入和销售成本，一般核算步骤如下。

① 冲减销售收入和销售成本。

借：主营业务收入

应交税费——应交增值税(销项税额)

贷：银行存款(应收账款)

借：库存商品——某产品

贷：主营业务成本

② 冲减库存商品。

借：废品损失——某产品

　　贷：库存商品——某产品

③ 如以合格品调换。

借：废品损失——某产品

　　贷：库存商品——某产品

【例 5-1】红卫工厂第一车间 2012 年 12 月完工入库合格甲产品 600 件，在生产过程中发现了 6 件可修复废品。修复这 6 件可修复废品共耗用原材料 600 元，人工费用 500 元，制造费用 330 元。

要求：根据资料编制废品损失计算表(表 5-1)并作出相关会计处理。

表 5-1　废品损失计算表　　产品：甲产品

生产单位：第二车间　　2012 年 12 月　　单位：元

产品名称	计量单位	数量	修复费用			
			直接材料	直接人工	制造费用	合计

计算分析后的结果见表 5-2。

表 5-2　废品损失计算表　　产品：甲产品

生产单位：第二车间　　2012 年 12 月　　单位：元

产品名称	计量单位	数量	修复费用			
			直接材料	直接人工	制造费用	合计
甲产品	件	6	600	500	330	1 430

借：废品损失——甲产品　　1 430

　　贷：原材料　　600

　　　　应付职工薪酬——工资　　500

　　　　制造费用　　330

借：基本生产成本——甲产品　　1 430

　　贷：废品损失——甲产品　　1 430

2. 不可修复废品生产成本的计算

不可修复废品损失是指截至报废时已经发生的废品生产成本扣除残值和过失人承担的赔偿部分后的损失。不可修复废品的生产成本，可按废品所耗实际费用计算，也可按废品所耗定额费用计算。

不可修复废品的净损失＝不可修复废品的生产成本－不可修复废品的残值－应收过失人赔款

(1) 在发生不可修复废品损失时的一般核算步骤

① 核算时，对不可修复废品生产成本的归集可依据“废品损失计算表”进行。

借：废品损失——××产品

　　贷：基本生产成本——××产品

② 废品残料的回收价值和应收的赔款，应从“废品损失”账户的贷方转出。

借：原材料(或其他应收款)

　　贷：废品损失——××产品

③ 根据废品损失明细账归集的废品损失，结转分配废品净损失。

借：基本生产成本——××产品

　　贷：废品损失——××产品

(2) 入库后才发现了不可修复废品时的一般核算步骤

入库后才发现了不可修复废品，则根据废品的产品成本编制会计分录。

借：废品损失——某产品

　　贷：库存商品——某产品

(3) 销售后发现不可修复废品时的一般核算步骤

对于销售后发现的不可修复废品，参照可修复废品的处理。

(4) 计算不可修复废品损失的方法

① 按废品所消耗的实际费用计算。

不可修复废品损失按废品所消耗的实际费用计算时，由于废品报废以前发生的各项费用是与合格产品一起计算的，因而要将废品报废以前与合格品计算在一起的各项费用，采用适当的分配方法，在合格品与废品之间进行分配，计算出废品的实际成本。由于不可修复废品负担的各种费用受其加工程度的影响，如果废品是完工后发现的，单位废品负担的各项费用应与单位合格产品完全相同；如果废品是完工前发现的，应根据废品的已加工程度，计算其应负担的费用。其计算公式如下。

$$\text{废品负担的直接材料}=\Sigma(\text{产品的材料消耗定额}\times\text{计划单价})$$

$$\text{废品负担的直接人工}=\frac{\text{某产品的直接人工费用总额}}{\text{合格品工时}+\text{废品工时}}\times\text{废品工时}$$

$$\text{废品负担的制造费用}=\frac{\text{某产品的制造费用总额}}{\text{合格品工时}+\text{废品工时}}\times\text{废品工时}$$

其中，约当产量为折合成相当于完工产品的数量，具体折合应根据完工程度(投料程度、加工程度)进行折算。

【例 5-2】红卫工厂第二车间 2012 年 12 月完工入库合格甲产品 940 件，生产中产生不可修复废品 60 件，本月甲产品累计生产费用为 62 844 元，其中直接材料为 21 600 元，直接人工为 23 568 元，制造费用为 17 676 元；甲产品月初、月末均无在产品。本月不可修复废品生产成本计算中，废品材料费用已经全部投入，直接材料项目按合格品同等负担；根据废品工时情况，直接人工费用和制造费用可将 60 件废品折算为 42 件合格品，再在废品和合格品之间分配。废品残料处理回收现金 510 元，已决定由过失人赔款 200 元。

要求

(1) 计算不可修复废品生产成本，编制结转不可修复废品生产成本的会计分录。

(2) 编制登记回收废品残料价值的会计分录。

(3) 编制登记应收过失人赔偿款的会计分录。

(4) 计算本月废品损失，编制结转废品净损失的会计分录。

(5) 根据会计分录登记废品损失明细账和产品生产成本明细账(表 5-4)。

(6) 计算本月完工入库合格甲产品生产成本，编制结转完工入库产品生产成本的会计分录。

表 5-3　废品损失明细账　　产品：甲产品

生产单位：第二车间　　2012 年 12 月　　单位：元

2012 年		凭证字号	摘要	借方	贷方	余额
月	日					

表 5-4　产品生产成本明细账　　产品：甲产品

生产单位：第二车间　　2012 年 12 月　　单位：元

摘要	直接材料	直接人工	制造费用	废品损失	合计
累计生产费用					
转出废品生产成本					
转入废品净损失					
合格品总成本					
合格品单位成本					

计算分析结果如下。所填制的凭证见表 5-5 和表 5-6。

直接材料费用分配率＝21 600/(940＋60)＝21.6(元/件)

直接人工分配率＝23 568/(940＋42)＝24(元/件)

制造费用分配率＝17 676/(940＋42)＝18(元/件)

废品的生产成本＝21.6×60＋24×42＋18×42＝1 296＋1 008＋756＝3 060(元)

借：废品损失——甲产品	3 060	
贷：基本生产成本——直接材料		1 296
——直接人工		1 008
——制造费用		756
借：库存现金	510	
贷：废品损失——甲产品		510
借：其他应收款	200	
贷：废品损失——甲产品		200
借：基本生产成本——甲产品——废品损失	2 350	
贷：废品损失		2 350

表 5-5　废品损失明细账

产品：甲产品

生产单位：第二车间　　　　2012 年 12 月　　　　单位：元

2012 年		凭证字号	摘要	借方	贷方	余额
月	日					
12	30	略	60 件废品生产成本	3 060		3 060
			处理废品残料收入		510	2 550
			应收过失人赔款		200	2 350
			结转废品净损失		2 350	0

表 5-6　产品生产成本明细账

产品：甲产品

生产单位：第二车间　　　　2012 年 12 月　　　　单位：元

摘要	直接材料	直接人工	制造费用	废品损失	合计
累计生产费用	21 600	23 568	17 676	0	62 844
转出废品生产成本	−1 296	−1 008	−756	0	−3 060
转入废品净损失				2 350	2 350
合格品总成本	20 304	22 560	16 920	2 350	62 134
合格品单位成本	21.6	24	18	2.5	66.1

② 按废品所耗定额费用计算。

按废品所耗定额费用计算的方法，就是按废品的数量和废品的各项费用定额计算废品的定额成本，再将废品的定额成本扣除废品残料的回收价值，即为废品损失，而不考虑废品实际发生的费用。

按废品的定额费用计算废品的定额成本，由于费用定额事先规定，不仅计算工作比较简化，而且还可以使计入产品成本的废品损失数额不受废品实际费用水平高低的影响，也就是说，废品损失大小只受数量差异的影响，不受废品成本差异的影响，从而有利于废品损失和产品成本的分配和考核。但是，采用这一方法计算和分配废品损失，必须具备比较准确的消耗定额的费用定额资料。

【例 5-3】甲产品定额成本为 60 元，其中直接材料为 46 元，直接工资为 5 元，制造费用为 9 元，本月发现不可修复甲产品 4 件，材料已全部投入，加工程度为 50%。

要求：计算不可修复甲产品的已耗成本。

表 5-7　废品损失计算表

产品名称：甲产品

项　　目	直接材料	直接工资	制造费用	合计
计划单位成本/元	46	5	9	60
不可修复废品数量/件	4	2=4×50%	2	8
不可修复废品已耗成本/元	184	10	18	212

(三) 若不设置“废品损失”账户及成本项目

在废品损失较少的企业，为了简化核算工作，可以不设置“废品损失”账户及成本项目，废品损失直接包含在当月合格品成本中，不单独反映。在回收废品残料时，借记“原材料”账户，贷记“生产成本——基本生产成本”账户，并从所属有关产品成本明细账的“原材料”成本项目中扣除残值价值。“生产成本——基本生产成本”账户和所属有关产品成本明细账归集的完工产品的总成本除以扣除废品数量以后的合格品数量，就是合格品的单位成本。这样核算虽然简便，但由于合格品的各成本项目中都包括不可修复废品的生产成本和可修复废品费用，没有对废品损失进行单独的反映，因为会对废品损失的分析和控制产生不利的影响。

(1) 只需对应收的赔款和残料进行账务处理。

借：原材料

　　其他应收款

　　贷：基本生产成本

(2) 同时从产品成本明细账直接材料项目中扣减残料价值，从直接人工项目扣减应收赔款。对于可修复废品的修复费用，可直接根据有关原始凭证进行账务处理。

借：基本生产成本——直接材料

　　　　　　　　——直接人工

　　　　　　　　——制造费用

　　贷：原材料

　　　　应付职工薪酬

　　　　制造费用

三、停工损失的核算

(一) 停工损失的含义

停工损失是指生产车间或车间内某个班组在停工期间发生的各项费用，包括停工期间发生的原材料费用、工资及福利费及应分摊的制造费用等。应由过失人或保险公司负担的赔偿款，应从停工损失中扣除。为了简化核算，停工不满一个工作日的，一般不计算停工损失。

发生停工的原因有很多，如停电、待料、机修故障、发生非常灾害、计划压缩产量等引起的停工。由于非常灾害和由于计划压缩产量造成的停工，使主要生产车间连续停工一个月以上或整个企业连续停产十天以上造成的停工损失，按规定应由营业外支出列支。其他停工损失，如季节性和固定资产修理期间的停工损失，应计入产品成本。

(二) 停工损失的核算的种类

企业可设置“停工损失” 账户，并按车间设置明细账，账内按成本项目设置专栏进行明细核算。产品成本明细账内应单设“停工损失”成本项目，以反映产品成本中包含的废品损失。

1. 单独核算停工损失的企业

在停工期间发生应计入停工损失的各种费用，根据各种费用分配表及其他相关凭证，借记“停工损失”账户，贷记“原材料”、“应付职工薪酬”和“制造费用”等账户。应获得赔偿的损失和应计入营业外支出的损失，均应从该账户转出，分别转入“其他应收款”和“营业外支出”账户。

停工期间发生的、应计入停工损失的各项费用。

借：停工损失

　　贷：原材料

　　　　应付职工薪酬(等)

应计入产品成本的停工损失，从该账户转入“生产成本——基本生产成本”账户。如果停工车间只生产一种产品，应直接记入该种产品明细账的“停工损失”成本项目；如果停工车间生产多种产品，则应采用适当的分配方法分配记入该车间“停工损失”成本项目。通过上述分配程序，“停工损失”账户应无月末余额。

非正常原因(由自然灾害等引起)发生的停工损失。

借：其他应收款(保险赔款)

　　营业外支出(企业自己承担的净损失)

　　贷：停工损失

正常生产经营期间如修理固定资产发生的停工损失，应计入产品成本中(若停工车间生产多种产品，则应采用适当的分配方法，分配记入该车间各种产品成本明细账的“停工损失”成本项目)。

借：基本生产成本——某产品

　　贷：停工损失

【例 5-4】本月全厂连续停工 12 天，该期间应付工资 6 000 元，耗用燃料动力 1 000 元。

发生时，

借：停工损失　　7 000

　　贷：应付职工薪酬　　6 000

　　　　银行存款　　1 000

月末结转，

借：营业外支出——停工损失　　7 000

　　贷：停工损失　　7 000

【例 5-5】基本生产车间生产甲产品本月停电待料，机器故障发生停工，该期间应付工资 7 000 元。

发生停工时，

借：停工损失　　7 000

　　贷：应付职工薪酬　　7 000

月末结转，

借：基本生产成本——甲产品(停工损失)　　　　7 000
　　贷：停工损失　　　　　　　　　　　　　　7 000

2. 不单独核算停工损失的企业

不单独核算停工损失的企业，不设“停工损失”账户和“停工损失”成本项目。停工期间发生的属于停工损失的各项费用，直接记入“制造费用”、“其他应收款”和“营业外支出”等账户。这样核算比较简单，但不利于分析和控制停工损失。

【课堂技能训练】

东方工业企业一车间 2012 年 12 月生产甲产品 100 件，生产过程中发现 1 件为不可修复废品。甲产品成本明细账归集的生产费用为直接材料 125 000 元，直接人工 4 875 元，制造费用 24 375 元，合计 154 250 元。原材料于生产开始时一次投入。生产工时为，合格品 1 505 小时，废品 120 小时，合计 1 625 小时。废品回收的残料计价 200 元。另外，甲产品生产过程中发现 2 件可修复废品，当即进行修复，耗用原材料 200 元，工人工资 40 元，制造费用 50 元，此外，应向过失人索赔 100 元。

要求：

(1) 编制不可修复废品成本计算表(表 5-8)。

(2) 编制废品损失归集与结转的会计分录，填制转账记账凭证(表 5-9～表 5-12)。

(3) 登记废品损失明细账(表 5-13)。

(4) 登记甲产品生产成本明细账(表 5-14)。

表 5-8　不可修复废品成本计算表

项目	数量/件	直接材料	工时	直接人工	制造费用	合计
合格品和废品生产费用						
费用分配率						
废品生产成本						

表 5-9　转账记账凭证

年　　月　　日　　　　　　　　凭证编号______

摘　　要	借方科目		贷方科目		金　　额											记账符号
	总账科目	明细科目	总账科目	明细科目	亿	千	百	十	万	千	百	十	元	角	分	
附单据　　张			合计													

会计主管人员　　　　记账　　　　稽核　　　　制单

表 5-10　转账记账凭证

年　　月　　日　　　　　　　　凭证编号______

摘　　要	借方科目		贷方科目		金　　额											记账符号
	总账科目	明细科目	总账科目	明细科目	亿	千	百	十	万	千	百	十	元	角	分	
附单据　　张	合计															

会计主管人员　　　　　　记账　　　　　　稽核　　　　　　制单

表 5-11　转账记账凭证

年　　月　　日　　　　　　　　凭证编号______

摘　　要	借方科目		贷方科目		金　　额											记账符号
	总账科目	明细科目	总账科目	明细科目	亿	千	百	十	万	千	百	十	元	角	分	
附单据　　张	合计															

会计主管人员　　　　　　记账　　　　　　稽核　　　　　　制单

表 5-12　转账记账凭证

年　　月　　日　　　　　　　　凭证编号______

摘　　要	借方科目		贷方科目		金　　额											记账符号
	总账科目	明细科目	总账科目	明细科目	亿	千	百	十	万	千	百	十	元	角	分	
附单据　　张	合计															

会计主管人员　　　　　　记账　　　　　　稽核　　　　　　制单

表 5-13　废品损失明细账

一车间：甲产品　　　　年　　月　　　　单位：元

年		凭证字号	摘要	直接材料	直接人工	制造费用	合计
月	日		转入不可修复废品生产成本 结转废品残料价值和赔款 可修复废品负担的材料费用 可修复废品负担的人工费用 可修复废品负担的制造费用				
			废品净损失 转出废品净损失				

表 5-14　基本生产成本明细账

一车间：甲产品　　　　年　　月　　　　单位：元

年		凭证字号	摘要	直接材料	直接人工	制造费用	废品损失	合计
月	日		耗用直接材料 耗用直接人工 耗用制造费用 减：不可修复废品成本 转入废品净损失					
			本月合格总成本					

【课后训练】

一、单项选择题

1. 下列各项中，不属于废品损失的是(　　)。
   A. 可以降价出售的不合格产品的降价损失
   B. 可修复废品的修复费用
   C. 不可修复废品的生产成本扣除回收残料价值以后的损失
   D. 生产过程中发现的和入库后发现的不可修复废品的生产成本
2. 生产过程中发现的或入库后发现的各种产品的废品损失，应包括(　　)。
   A. 不可修复废品报废损失　　B. 废品过失人员赔偿款
   C. 实行“三包”损失　　D. 管理不善损坏变质损失
3. 季节性修理期间的停工损失应该记入(　　)。
   A. 废品损失　　B. 管理费用　　C. 制造费用　　D. 营业外支出
4. 废品净损失应由(　　)。
   A. 同种合格产品成本负担　　B. 营业成本负担
   C. 营业外支出负担　　D. 税后利润负担
5. 机器设备大修理期间的停工损失，列作(　　)。
   A. 制造费用　　B. 营业费用　　C. 管理费用　　D. 待摊费用

6．废品损失不包括(　　)。

A．修复废品人员工资　　B．修复废品使用材料

C．不可修复废品的报废损失　　D．产品“三包”损失

7．废品净损失分配转出时，应借记(　　)账户。

A．“废品损失”　　B．“基本生产成本”　　C．“管理费用”　　D．“制造费用”

8．由于自然灾害造成的非正常停工损失，应记入(　　)。

A．营业外收入　　B．营业外支出　　C．管理费用　　D．制造费用

9．计算出来的废品损失应(　　)。

A．分配计入当月同种合格品的成本中

B．分配计入当月各种合格品的成本中

C．直接记入当月的“制造费用”账户中

D．直接记入当月的“管理费用”账户中

10．企业在核算废品损失时，一般是指(　　)。

A．辅助生产车间的废品损失

B．基本生产车间的废品损失

C．基本生产车间和辅助生产车间发生的废品损失

D．产品销售后发生的废品损失

二、多项选择题

1．下列各项中，可用以计算不可修复废品的生产成本有(　　)。

A．按所耗实际费用计算　　B．按所耗定额费用计算

C．按所耗实际费用扣除残值计算　　D．按所耗定额费用扣除残值计算

2．下列费用属于制造费用的有(　　)。

A．车间管理人员工资及福利费　　B．车间照明用电费

C．季节性修理期间停工损失　　D．生产单位固定资产折旧

3．废品损失包括(　　)。

A．可修复废品修复费用　　B．次品损失

C．不可修复废品净损失　　D．合格品入库变质损失

4．对停工损失处理，其可能对应的借方账户有(　　)。

A．其他应收款　　B．营业外支出　　C．制造费用　　D．基本生产成本

5．废品损失中废品的范围包括(　　)。

A．生产过程中发现的废品

B．入库以后发现的生产过程造成的废品

C．入库以后由于保管不善等原因而造成的废品

D．不需要返修就可以出售的不合格品

6．“废品损失”账户的借方登记(　　)。

A．可修复废品成本　　B．不可修复废品成本

C．可修复废品的修复费用　　D．不可修复废品的应收赔款

7．废品按其产生的责任划分，可分为(　　)。
A．工废　　B．料废　　C．可修复废品　　D．不可修复废品
8．在计算废品损失时，包括的项目有(　　)。
A．可修复废品的修复费用　　B．不可修复废品的修复费用
C．不可修复废品的成本　　D．不可修复废品的残值
9．“废品损失”账户借方的对应账户可能有(　　)。
A．“基本生产成本”账户　　B．“其他应收款”账户
C．“制造费用”账户　　D．“原材料”账户
10．“停工损失”账户借方的对应账户可能是(　　)。
A．“原材料”账户　　B．“应付工资”账户
C．“制造费用”账户　　D．“管理费用”账户

三、判断题

1．制造费用的各种分配方法都使“制造费用”账户期末无余额。(　　)
2．按年度计划分配率分配法仅适用于机械化程度高的季节性生产企业。(　　)
3．由于自然灾害造成的停工损失，计入制造费用。(　　)
4．不可修复废品的净损失与可修复废品的修复费应转入“基本生产成本”账户。(　　)
5．不可修复废品是指技术上不能修复，或者支付修复费用在经济上不合算的废品。(　　)
6．销售后发现的废品，包括废品的生产成本和运输费用等，都应列作废品损失。(　　)
7．产品入库以后由于保管不善等原因而损坏变质的损失，应作为管理费用处理。(　　)
8．可修复废品是指经过修理后可以使用的。(　　)
9．对于产品“三包”损失，也应作为废品损失处理。(　　)
10．非季节性的停工损失，应列入“营业外支出”账户当中。(　　)

四、综合实务题

1．某企业某月投产丁产品180件，生产过程中发现不可修复废品30件；该产品成本明细账所记合格品与废品的全部费用为，直接材料4 500元，直接工资2 224元，制造费用5 560元，废品回收残料110元。直接材料于生产开始时一次投入，因此直接材料费按合格品的数量(150件)、废品数量(30件)的数量比例分配。其他费用按生产工时比例分配，生产工时为合格品2 360小时，废品420小时。

要求：

根据上述资料，编制不可修复废品损失计算表(表5-15)，并进行相应的账务处理。

表 5-15　不可修复废品损失计算表

项目	数量	直接材料	生产工时	直接工资	制造费用	合计
费用总额						
费用分配率						
废品成本						
减：残值						
废品报废损失						

2. 某厂加工车间所产乙产品中，发现可修复废品 40 件，已修复验收入库。根据本月“耗用材料汇总表”、“直接人工费用分配表”和“制造费用分配表”提供的资料，本月修复乙产品领用材料 4 000 元，修复乙产品实际耗用工时 1 000 小时，小时工资分配率为 5.5 元(不含应提取的应付福利费)，小时制造费用分配率为 3 元；本月修复废品应分配人工费用 6 270 元，其中生产工人工资 5 500 元，提取应付福利费 770 元；应分配制造费用 3 000 元。按规定，本月发生的 40 件废品应由过失人赔偿 600 元。

要求：

(1) 登记可修复废品修复费用。

(2) 登记过失人赔款。

(3) 结转本月废品净损失。

模块六　成本核算的基本方法

第一次课(4 学时)　生产费用在完工产品和在产品之间的分配

【知识目标】

1．在产品的含义。

2．生产费用在完工产品与在产品之间的分配方法——约当产量法、定额比例法、定额成本法等。

3．上述各种分配方法的适用条件。

【能力目标】

1．在产品数量的核算。

2．掌握生产费用在完工产品和在产品之间的分配方法。

【问题提示】

1．什么是在产品？

2．广义在产品与狭义在产品之间的联系与区别是什么？

3．如何进行在产品清查的账务处理？

4．在产品成本与完工产品成本计算之间的关系是什么？

5．生产费用在完工产品与在产品之间的分配方法有几种？各种方法的特点、适用范围、计算时应注意的问题分别是什么？

【基础知识】

一、在产品的含义及其核算

(一) 在产品认知

在产品是指企业已投入生产，但没有完成全部生产过程，不能作为商品销售的产品。

在产品有广义和狭义之分。广义的在产品，就整个企业来说，是指产品生产从投料开始，到最终制成产成品验收入库前的一切未完工的产品，包括正在加工的在产品(正在返修的废品也在内)、已完成一个或几个生产步骤但还需继续加工的半成品、尚未验收入库的产成品和等待返修的废品。狭义的在产品是对某一车间或某一生产步骤来说的，仅指本车间或本步骤正在加工或装配中的零件、部件和半成品，以及正处在修复过程中的废品 (不包括本车间或本步骤已完工的半成品)。

(二) 在产品成本与完工产品成本计算之间的关系

企业在生产过程中发生的生产费用，经过在各种产品之间进行分配和归集，已计入本月各种产品的生产成本，都已集中反映在“基本生产成本”账户和所属各种产品成本明细账中。月末，企业生产的产品有 3 种情况。

(1) 产品已全部完工，产品成本明细账中归集的生产费用(如果有月初在产品，还包括月初在产品费用)之和，就是该完工产品的成本。

(2) 如果当月全部产品都没有完工，产品成本明细账中归集的生产费用之和，就是该种在产品的成本。

(3) 如果既有完工产品又有在产品，产品成本明细账中归集的生产费用之和，应在完工产品和月末在产品之间采用适当的分配方法进行分配，以计算完工产品和月末在产品的成本。

月初在产品费用、本月生产费用与本月完工产品费用、月末在产品费用之间的关系，可以用下列关系式表达。

月初在产品成本＋本月生产费用＝本月完工产品成本＋月末在产品成本

关系式的前两项是已知数，后两项是未知数，前两项之和，在完工产品和月末在产品之间采用一定的方法进行分配。分配的方法有两种：一是先计算确定月末在产品成本，然后倒算出完工产品成本；二是将关系式前两项之和按照一定比例在完工产品和月末在产品之间进行分配，同时求得完工产品成本和月末在产品成本。

无论采用哪一种方法，各月末在产品的数量和成本的大小及数量或成本变化的大小，对于完工产品成本计算都有很大影响。欲计算完工产品的成本，需取得在产品收、发、存的数量资料，这是产品成本核算的基础工作。

(三) 在产品清查的核算

为了核实在产品的数量，保护在产品的安全完整，企业必须认真做好在产品的清查工作。清查可以定期进行，也可以不定期进行。清查时，应根据盘点结果和账面资料编制在产品盘存表，填制在产品的账面数、实存数和盘盈盘亏数及盈亏的原因和处理意见等；对于报废和毁损的在产品，还应登记其残值。成本核算人员应对在产品的清查结果进行审核，并进行如下账务处理。

(1) 清查中发现在产品盘盈时，

借：基本生产成本

　　贷：待处理财产损溢——待处理流动资产损溢

经过批准进行处理时，

借：待处理财产损溢——待处理流动资产损溢

　　贷：制造费用

(2) 清查中发现在产品盘亏和毁损时，

借：待处理财产损溢——待处理流动资产损溢

　　贷：基本生产成本

经批准后分别原因进行处理，

借：原材料

　　其他应收款

营业外支出

制造费用

贷：待处理财产损溢——待处理流动资产损溢

二、生产费用在完工产品与在产品之间的分配

生产费用在完工产品与在产品之间分配的方法主要有 7 种：不计算在产品成本法、按年初数固定计算在产品成本法、按原材料费用计算在产品成本法、按完工产品成本计算法、约当产量比例法、按定额成本计价法和定额比例法。企业应根据其在产品数量的多少、各月在产品数量变化的大小、各种费用比重的大小，以及定额管理基础好坏等具体条件和实际情况，选择既合理又简便的分配方法。

(一) 不计算在产品成本法

不计算在产品成本法是指将本月发生的费用全部计入完工产品成本中，月末在产品不负担成本。这种方法适用于月末在产品数量很少且稳定、在产品占用的费用金额不大的产品，因为计算不计算在产品成本，对完工成本的影响很小，故可简化计算。

例如，由于玻璃企业的生产特点，其工艺流程是大量大批连续多步骤生产，不存在在产品，为此对玻璃企业来讲不需要对在产品进行核算，同时本期的费用合计不需要在完工产品和月末在产品之间进行分配。则本期发生的费用全部是完工产品的生产成本。

(二) 按年初数固定计算在产品成本法

在产品成本按年初固定数计算法是指年内各月末在产品成本均按年初在产品成本计算，固定不变，各月发生的生产费用即为该月完工产品的成本。年终时，根据实际盘点数和生产耗费重新调整计算确定在产品成本，作为下一年度的各月固定计价的在产品成本，以免在产品成本与实际差距过大，影响成本计算的正确性。这种方法一般适用于在产品数量较多，占用的费用也较大，但各月份之间在产品数量变化不大的产品，如炼铁厂、化工厂或其他有固定容器装置的企业生产的在产品。

(三) 按原材料费用计算在产品成本法

在产品按原材料费用计价，就是月末在产品只计算所耗的原材料费用，不计算工资及其他制造费用，产品的加工费用全部由完工产品负担。

完工产品成本＝期初在产品的原材料费用＋本期生产费用－期末在产品所耗原材料费用

这种方法适用于各月在产品数量多、变化较大，且原材料费用在在产品成本中所占比重较大的产品，如纺织、造纸、钢铁、酿酒业等(原材料 70%以上)。

(四) 按完工产品成本计算法

在产品按完工产品成本计算法是将在产品视同完工产品计算、分配生产费用。这种分配方法适用于月末在产品已接近完工，或产品已经加工完毕但尚未验收或包装入库的产品。这是因为在这种情况下，在产品已接近完工产品成本，为了简化产品成本计算工作，将在产品

可以视同完工产品，按两者数量比例分配生产费用。

(五) 约当产量比例法

1. 约当产量比例法的定义

约当产量比例法是按完工产品数量(加工程度为 100%的约当产量)和月末在产品约当产量的比例来分配生产费用，以确定完工产品成本和月末在产品实际成本的一种方法。所谓约当产量，是将月末在产品数量按其加工程度或投料程度折算为相当于完工产品的数量。

2. 适用范围

约当产量比例法适用范围较广，特别适用于月末在产品数量较大，各月末在产品数量变化也较大，产品成本中材料费和加工费所占比重相差不多的产品。

3. 约当产量比例法计算公式

$$\text{月末在产品约当产量}=\text{月末在产品数量}\times\text{在产品加工程度(或投料程度)}$$

$$\text{约当产量}=\text{完工产品数量}+\text{月末在产品约当产量}$$

$$\text{各项费用分配率}=\frac{\text{月初在产品费用}+\text{本月生产费用}}{\text{完工产品数量}+\text{月末在产品约当产量}}$$

$$\text{完工产品总成本}=\text{完工产品数量}\times\text{费用分配率}$$

$$\text{月末在产品成本}=\text{月末在产品约当产量}\times\text{费用分配率}$$

注：以上公式的计算应按直接材料、直接人工、制造费用等成本项目分别进行。

4. 约当产量法的具体运用

约当产量法下，应分别产品成本项目计算月末在产品的约当产量，根据不同的约当产量分配不同成本项目的费用。

(1) 材料费用在完工产品和在产品之间的分配方法

直接材料费用项目约当产量的确定，取决于产品生产过程中的投料程度。在产品的投料程度是指在产品已投料占完工产品应投料的百分比。在生产过程中，投料形式通常有 4 种：在生产开始一次投入；在生产过程中分工序一次投入；在生产过程中陆续投入，且投料程度与加工进度一致；在生产过程中陆续投入，且投料程度与加工进度不一致。

① 原材料在生产开始一次投入。

当企业生产产品所耗用的原材料在生产开始一次投料时，不论在产品完工程度如何，其单位在产品耗用的原材料与完工产品耗用的原材料是相等的，直接材料成本可以直接按完工产品和月末在产品的数量分配。分配直接材料费的在产品约当产量的计算公式为

$$\text{月末在产品约当产量}=\text{月末在产品数量}\times 100\%=\text{月末在产品数量}$$

$$\text{材料费用分配率}=\frac{\text{期初材料成本}+\text{本月材料费用}}{\text{完工产品产量}+\text{月末在产品约当产量}}$$

$$\text{完工产品分担的材料费用}=\text{完工产品的数量}\times\text{材料费用分配率}$$

$$\text{在产品分担的材料费用}=\text{月末在产品数量}\times\text{材料费用分配率}$$

【例 6-1】甲产品成本明细账资料，本期材料费用合计数为 9 800 元，甲完工 200 件，月

末在产品 20 件，材料在生产开始一次投入，则

$$材料费用分配率=\frac{9\,800}{200+20}=44.545\,5\ (元/件)$$

完工产品分担的材料费用=200×44.5455=8909.09(元)

在产品分担的材料费用=9800−8909.09=890.91(元)

② 原材料在生产过程中分工序一次投入。

原材料随工序分次投入，并且在每道工序开始时一次性投入。原材料费用按约当产量比例法分配时，应按每道工序的原材料消耗定额分别计算在产品的完工率(投料程度)。

某工序的投料程度=到本工序止累计材料消耗定额/完工产品原材料消耗定额×100%

在产品的约当产量=Σ(各工序在产品数量×相应工序的投料程度)

$$材料费用分配率=\frac{期初材料成本+本月材料费用}{完工产品数量+月末在产品约当产量}$$

完工产品分担的材料费用=完工产品的数量×材料费用分配率

在产品分担的材料费用=月末在产品约当产量×材料费用分配率

【例 6-2】某企业生产乙产品，原材料是在每道工序开始时一次投入的，有关资料见表 6-1。

表 6-1　某企业相关生产资料

工　序	工序开始时每件在产品一次投入的原材料定额/千克	在产品数量/件
1	50	600
2	30	800
合　计	80	1 400

本月完工产品数量为 2 000 件，共发生直接材料费用 269 875 元，则

$$第一道工序的投料程度=\frac{50}{80}\times100\%=62.50\%$$

第一道工序的在产品的约当产量=62.5%×600=375(件)

$$第二道工序的投料程度=\frac{50+30}{80}\times100\%=100\%$$

第二道工序的在产品的约当产量=100%×800=800(件)

在产品的约当总量=375+800=1175(件)

$$材料费用分配率=\frac{269\,875}{2\,000+1175}=85(元/件)$$

完工产品分担的材料费用=完工产品的数量×材料费用分配率

=2 000×85=170 000(元)

在产品分担的材料费用=月末在产品约当产量×材料费用分配率

=1 175×85=99 875(元)

③ 原材料在生产过程中陆续投入，且投料程度与加工进度一致。

当直接材料随生产过程陆续投入，且投料程度与加工进度一致时，在产品投料程度的计算与完工程度的计算相同。此时，分配直接材料费用的在产品约当产量按完工程度折算。

④ 原材料在生产过程中陆续投入，且投料程度与加工进度不一致。

当直接材料随生产过程陆续投入，且投料程度与加工进度不一致时，在产品投料程度应

按每道工序原材料的投料定额计算，其计算公式为

$$某道工序的投料程度=\frac{至前道工序为止累计材料定额+本工序材料消耗定额\times 50\%}{完工产品材料消耗定额}\times 100\%$$

$$在产品的约当产量=\Sigma(各工序在产品数量\times 相应工序的投料程度)$$

(2) 直接人工、制造费用等在完工产品与在产品之间的分配

直接人工和制造费用也称加工费用，通常按完工程度计算约当产量。测定在产品完工程度的方法一般有两种。

① 按平均完工程度计算。

当企业生产进度比较均衡，各道工序在产品的加工数量相差不大时，后面各工序在产品多加工的程度可以弥补前面各工序少加工的程度，这样，全部在产品完工程度均可按 50%平均计算。

【例 6-3】某产品本月完工 400 件，月末在产品 160 件，原材料随着加工进度陆续投入，月末在产品完工程度测定为 50%，月初和本月发生的原材料费用共计 31 200 元，工资及其他费用共计 13 440 元。完工产品和月末在产品的原材料费用和工资及其他费用的分配及计算如下。

月末在产品约当产量＝160×50%＝80(件)

$$原材料费用分配率=\frac{31\,200}{400+80}=65(元/件)$$

$$工资及其他费用的分配率=\frac{13\,440}{400+80}=28(元/件)$$

完工产品原材料费用＝400×65＝26 000(元)

完工产品工资及其他费用＝400×28＝11 200(元)

月末在产品原材料费用＝80×65＝5 200(元)

月末在产品工资及其他费用＝80×28＝2 240(元)

② 各工序分别测算完工率。

可以按照各工序的累计工时定额占完工产品工时定额的比率计算，事前确定各工序在产品的完工率。其计算公式为

$$某工序在产品完工率=\frac{前面各工序累计工时定额+本工序工时定额\times 50\%}{产品工时定额}$$

式中，本工序工时定额之所以乘以 50%，是因为该工序中各件在产品的完工程度不同，为简化完工率的测算工作，在本工序一律按平均完工率 50%计算。在产品在上一道工序转入下一道工序时，因为上一道工序已完工，所以前面各工序的工时定额应按 100%计算。

【例 6-4】某企业 2012 年 5 月生产甲产品，原材料不是在开始生产时一次投入，而是随着生产进度陆续投入，其投入程度与工时的投入程度不一致。本月完工产品数量为 110 件。其他有关资料见表 6-2 和表 6-3。

表 6-2　各工序原材料、工时消耗定额及在产品数量

工　序	本工序原材料消耗定额/千克	工时消耗定额/小时	在产品数量/件
1	50	40	30
2	30	60	60
合　计	80	100	90

表 6-3　本月各项生产费用

单位：元

摘　　要	直接材料	燃料及动力费	直接工资	制造费用
本月发生费用合计	40 320	3 360	6 320	2 528

要求：根据上述资料，采用约当产量法计算完工产品和在产品成本，并将计算结果填入表 6-4。

表 6-4　各道工序月当产量计算表

工序	直接材料			工时		
	消耗定额/千克	完工率	约当产量/件	消耗定额/小时	完工率	约当产量/件
1	50	31.25%	9.375	40	20%	6
2	30	81.25%	48.75	60	70%	42
合　计	80	—	58	100	—	48

请计算表中各道工序的完工率，填制产品成本计算单(表 6-5)并编制相应会计分录。

$$材料费用分配率=\frac{40\,320}{110+58}=240(元/件)$$

$$燃料及动力分配率=\frac{3\,360}{110+58}=20(元/件)$$

$$直接人工费用分配率=\frac{6\,320}{110+48}=40(元/件)$$

$$制造费用分配率=\frac{2\,528}{110+48}=16(元/件)$$

表 6-5　产品成本计算单

2012 年 5 月 31 日　　　　单位：元

摘　　要	直接材料	燃料及动力	直接工资	制造费用	合　计
生产费用合计	40 320	3 360	6 320	2 528	52 528
完工产成品成本(110 件)	26 400	2 200	4 400	1 760	34 760
产成品单位成本	240	20	40	16	316
在产品成本	13 920	960	1 920	768	17 568

编制会计分录如下。

借：库存商品——甲产品　　34 760

　　贷：基本生产成本——甲产品　　34 760

(六) 在产品按定额成本计价法

1. 特点

定额成本法又称在产品按定额成本计价法，是指根据月末在产品实际结存数量和各项费用的单位定额成本，计算出月末在产品的定额成本，以在产品的定额成本代替在产品的实际成本，对月末在产品进行计价。

2. 适用范围

此方法适用于定额管理基础较好，各项消耗定额和费用定额制定得比较准确，并且定额比较稳定，各月在产品数量变化不大的产品。

3. 计算

在产品的定额成本具体的计算方法，可用公式表述如下。

月末在产品成本＝月末在产品数量×在产品定额单位成本

完工产品成本＝月初在产品成本＋本月生产费用－月末在产品成本

如果某种产品经过多道工序制成，按各工序累计工时定额分别乘以该工序在产品的数量计算定额工时，然后再乘以各项费用的单位工时定额，来计算在产品定额成本。

【例 6-5】企业生产的水泥产品是定型产品，有比较健全的定额资料和定额管理制度。2012 年 6 月月初及本月发生的产量及本月生产费用、定额等资料分别见表 6-6 和表 6-7。

表 6-6 产量及本月生产费用

2012 年 6 月 30 日

项 目	本月产量/吨	期末在产品产量/吨	本月发生的费用/元
半成品生料	9 000	1 000	500 000
熟料	5 000	600	1 008 000
水泥	7 700	无	2 080 000

表 6-7 在产品定额资料

项 目	材料成本定额/元	人工成本定额/(元/小时)	制造费用成本定额/(元/小时)	在产品的定额工时/小时
半成品生料	40	4	16	500
熟料	170	4	16	300
水泥	260			

要求：按定额成本计算半成品生料、熟料、水泥的成本。

(1) 半成品生料定额材料成本＝在产品数量×单位在产品材料成本定额

＝1 000×40＝40 000(元)

生料定额人工成本＝在产品的定额工时×人工成本定额

＝1 000×50%×4＝2 000(元)

生料的定额制造费用＝在产品的定额工时×制造费用定额

＝1 000×50%×16＝8 000(元)

生料在产品的总成本＝40 000＋2 000＋8 000＝50 000(元)

生料半成品总成本＝500 000－50 000＝450 000(元)

(2) 半成品熟料定额材料成本＝在产品数量×单位在产品材料成本定额

＝600×170＝102 000(元)

熟料定额人工成本＝在产品的定额工时×人工成本定额

＝600×50%×4＝1 200(元)

熟料的定额制造费用＝在产品的定额工时×制造费用定额

＝600×50%×16＝4 800(元)

熟料在产品的总成本＝102 000＋1 200＋4 800＝108 000(元)

熟料半成品总成本＝1 008 000－108 000＝900 000(元)

(七) 定额比例法

1. 特点

定额比例法就是将生产费用按照完工产品与月末在产品定额消耗量或定额费用的比例进行分配的方法。其中原材料费用，按原材料的定额消耗量或定额费用的比例分配；工资及制造费等加工费用，可以按各项定额费用的比例分配，也可按定额工时比例分配。

定额比例法的特点如下。

(1) 产品的生产费用按完工产品和月末在产品的定额消耗量或定额费用的比例，分配计算完工产品和月末在产品成本。

(2) 每月实际生产费用脱离定额的差异，由完工产品和月末在产品共同负担。

2. 适用范围

在企业定额管理基础较好，各项消耗定额或费用定额比较准确、稳定，但各月末在产品数量变化较大的产品。

3. 计算

采用定额比例法时，如果各项费用按定额消耗量比例进行分配，则其分配计算公式为

$$费用分配率=\frac{月初在产品费用+本月生产费用}{本月完工产品定额消耗量+月末在产品定额消耗量}$$

或

$$费用分配率=\frac{月初在产品费用+本月生产费用}{月初在产品定额消耗量+本月发生定额消耗量}$$

完工产品某成本项目实际成本＝完工产品该项目定额消耗量或定额成本×该项目费用分配率

月末在产品某成本项目实际成本＝月末在产品该项目定额消耗量或定额成本×该项目费用分配率

【例 6-6】某企业 2012 年 6 月生产的丙产品月初在产品的直接材料费用为 5 500 元，直接工资 4 500 元，制造费用 6 000 元；本月费用为直接材料 18 500 元，直接工资 16 300 元，制造费用 26 500 元；完工产品的定额原材料费用为 16 000 元，定额工时为 11 000 小时。月末在产品的定额材料费为 4 000 元，定额工时为 2 000 小时。在完工产品与月末在产品之间，直接材料费用按定额费用比例分配，其他各项费用按定额工时比例分配，将计算结果直接填入表 6-8 中，编制相关会计分录并填制转账记账凭证(表 6-9)。

$$材料费用分配率=\frac{5\ 500+18\ 500}{16\ 000+4\ 000}=1.2$$

完工产品耗用材料费用＝16 000×1.2＝19 200(元)

月末在产品耗用材料费用＝4 000×1.2＝4 800(元)

$$\text{直接工资分配率}=\frac{4\ 500+16\ 300}{11\ 000+2\ 000}=1.6(\text{元/小时})$$

完工产品耗用人工费用＝11 000×1.6＝17 600(元)

月末在产品耗用人工费用＝2 000×1.6＝3 200(元)

$$\text{制造费用分配率}=\frac{6\ 000+26\ 500}{11\ 000+2\ 000}=2.5(\text{元/小时})$$

完工产品耗用制造费用＝11 000×2.5＝27 500(元)

月末在产品制造费用＝2 000×2.5＝5 000(元)

表 6-8　丙产品成本计算单

年　　月　　日　　　　单位：元

项　　目		直接材料	直接工资	制造费用	合　　计
月初在产品成本					
本月生产费用					
费用合计					
费用分配率					
完工产品费用	定额				
	实际				
月末在产品费用	定额				
	实际				

表 6-9　转账记账凭证

年　　月　　日　　　　凭证编号＿＿＿＿

摘　　要	借方科目		贷方科目		金　　额											记账符号
	总账科目	明细科目	总账科目	明细科目	亿	千	百	十	万	千	百	十	元	角	分	
附单据　　张	合　计															

会计主管人员　　　　记账　　　　稽核　　　　制单

【课堂技能训练】

资料

(1) 某企业只生产丙产品一种产品，该产品 2012 年 6 月月初在产品及本月发生生产费用资料见表 6-10。

表 6-10　某企业丙产品 2012 年 6 月月初在产品及本月发生生产费用　　单位：元

项　目	直接材料	直接人工	制造费用	合　计
月初在产品成本	55 287	5 272	7 051	67 610
本月生产费用	91 753	32 648	36 399	160 800
合计	147 040	37 920	43 450	228 410

(2) 生产丙产品所耗原材料在生产开始时投入 50%，在加工程度达到 40%时再投料 30%，其余的 20%在加工程度达到 60%时投入。工费成本随着加工程度逐渐发生。

(3) 丙产品有关产量资料见表 6-11。

表 6-11　丙产品的产量资料

项　目	产成品	月末在产品		
		加工程度 20%	加工程度 50%	加工程度 70%
实际产量	6 000	1 500	1 800	1 000

要求：按约当产量比例法划分本月完工产品成本和月末在产品成本，并登记丙产品成本明细账(表 6-12)。

分配材料费用的在产品月当产量＝

分配其他费用的在产品月当产量＝

直接材料成本分配率＝

直接人工成本分配率＝

制造费用分配率＝

表 6-12　产品成本明细账

丙产品　　2012 年 6 月　　单位：元

成本项目	直接材料	直接人工	制造费用	合　计
月初在产品成本				
本月生产费用				
本月生产费用累计				
本月完工产品成本				
单位成本				
月末在产品成本				

【课后训练】

一、单项选择题

1．采用在产品成本按年初固定成本计价法，将生产费用在完工产品与期末在产品之间的分配，适用于(　　)。

A．各月在产品数量很大

B．各月末在产品数量虽大，但各月之间变化不大

C．各月末在产品数量变化较大

D．各月成本水平相差不大

2．当企业月末在产品数量较大且数量变化也较大，而原材料费用在成本中所占比重较大的产品，通常应按(　　)将生产费用在完工产品和月末在产品之间分配。

A．定额比例法　　　　B．按原材料费用计算在产品成本法

C．约当产量比例法　　　　D．按定额成本计价法

3．企业某种产品的各项定额准确、稳定，且各月末在产品数量变化不大，为了简化成本计算工作，其生产费用在完工产品与在产品之间分配应采用(　　)。

A．定额比例法　　　　B．按完工产品成本计算法

C．约当产量比例法　　　　D．按定额成本计价法

4．原材料在每道工序开始时一次投料的情况下，分配原材料费用的在产品投料程度，是将(　　)与完工产品原材料消耗定额的比率。

A．在产品所在工序原材料累计消耗定额的50%

B．在产品所在工序原材料消耗定额的50%

C．在产品所在工序原材料消耗定额

D．在产品所在工序原材料累计消耗定额

5．某种产品经两道工序加工而成。单位产品的工时定额为40小时，其中一工序为10小时，二工序为30小时，各道工序在产品在本道工序的加工程度按工时定额的50%计算。一工序在产品数量80件，二工序在产品数量40件，则期末在产品的约当产量为(　　)件。

A．120　　B．35　　C．25　　D．60

6．当企业月末在产品数量较大且数量变化也较大，产品成本中原材料费用和工资等加工费用在成本中所占比重相当，应选用的费用分配方法是(　　)。

A．定额比例法　　　　B．按原材料费用计算在产品成本法

C．约当产量比例法　　　　D．按定额成本计价法

7．如果某种产品的月末在产品数量较大，各月在产品数量变化也较大，产品成本中各项费用的比重相差不大，生产费用在完工产品与月末在产品之间分配，应采用的方法是(　　)。

A．不计算在产品成本法　　　　B．约当产量比例法

C．按完工产品成本计算法　　　　D．定额比例法

8．某企业产品经过两道工序，各工序的工时定额分别为30小时和40小时，则第二道工序的完工率为(　　)。

A．68%　　B．69%　　C．70%　　D．71%

9．下列方法中不属于完工产品与月末在产品之间分配费用的方法是(　　)。

A．约当产量比例法　　　　B．不计算在产品成本法

C．年度计划分配率分配法　　　　D．定额比例法

10．按完工产品和月末在产品数量比例，分配计算完工产品和月末在产品成本，必须(　　)。

A．在产品已接近完工　　　　B．原材料在生产开始时一次投料

C．在产品原材料费用比重较大　　　　D．各项消耗定额比较准确、稳定

二、多项选择题

1．企业的在产品包括(　　)。

A．正在车间加工中的在制品

B．返修中的废品

C．已完成某个或几个加工步骤需进一步加工的半成品

D．未经检验入库的产品

2．完工产品与月末在产品之间分配费用的方法有(　　)。

A．交互分配法　　B．不计算在产品成本法

C．约当产量比例法　　D．按定额成本计价法

3．确定完工产品与月末在产品之间费用分配的方法时，应考虑的条件是(　　)。

A．各项费用比重的大小　　B．在产品数量的多少

C．定额管理基础的好坏　　D．各月在产品数量变化的程度

4．采用按原材料费用计算在产品成本法分配生产费用时，应具备的条件有(　　)。

A．原材料费用在产品成本中占比重较大　　B．各月末在产品数量较大

C．各月末在产品数量变化较大　　D．各月在产品数量比较稳定

5.采用定额比例法在完工产品和月末在产品之间分配生产费用,应考虑的条件是(　　)。

A．各月末在产品数量变化不大　　B．消耗定额比较稳定

C．各月末在产品数量变化较大　　D．消耗定额比较准确

6．约当产量比例法下，测定在产品完工程度，应(　　)测定。

A．分工序　　B．分完工数量

C．分成本项目　　D．分生产周期

7．采用约当产量比例法分配完工产品和月末在产品费用，适用于(　　)产品。

A．月末在产品数量不大

B．月末在产品数量较大

C．产品成本中各项费用所占比重相差不多

D．各月在产品数量变动较大

8．采用约当产量比例法，必须正确计算在产品的约当产量，而在产品约当产量的计算正确与否取决于产品完工程度的测定，测定在产品完工程度的方法有(　　)。

A．按50%平均计算各工序完工率　　B．分工序分别计算完工率

C．按定额比例法计算　　D．按定额工时计算

9．分配计算完工产品和月末在产品的费用时，采用按定额成本计价法所具备的条件是(　　)。

A．各月末在产品数量变化比较大　　B．产品的消耗定额比较稳定

C．各月末在产品数量变化比较小　　D．产品的消耗定额比较准确

10．采用约当产量比例法计算在产品成本时，一般适用于下列费用的分配(　　)。

A．销售费用　　B．一次投入的原材料费用

C．随生产进度陆续投料的原材料费用　　D．工资等加工费用

三、判断题

1．采用按年初数固定计算在产品成本法时，某种产品本月发生的生产费用就是本月完工产品的成本。（ ）

2．如果原材料在生产开始时一次投入，不管在产品完工程度如何，原材料费用的投料程度均为100%。（ ）

3．约当产量比例法适用于月末在产品数量较大，各月末在产品数量变化也较大，产品成本中原材料费用和工资等加工费用比重相差较大的产品。（ ）

4．在产品成本的大小，一般与完工产品成本的大小无直接关系。（ ）

5．原材料费用的投料率与加工费用的完工率一定相等。（ ）

6．不论投料方式如何，原材料费用的投料率都等于100%。（ ）

7．广义在产品包括正在加工中的产品和加工告一段落留存在半成品库和以后各步骤的半成品。（ ）

8．对于盘盈的在产品，应于批准后，冲减“管理费用”科目。（ ）

9．采用约当产量法计算在产品成本时， 如果原材料不是在开始生产时一次投入，而是随着加工进度陆续投入的，其投料程度与其加工进度完全一致，则计算材料费用的约当产量与计算加工费用的约当产量应是一致的。（ ）

10．当企业的各项消耗定额或费用定额比较准确、稳定， 而且各月末在产品数量变化不大时，可采用定额比例法计算在产品的成本。（ ）

四、综合实务题

1．胜利公司生产A产品，2011年3月有关资料如下。

(1) 产量记录：月初在产品数量 100件；本月投产数量400件；本月完工数量300件；月末在品数量200件。

(2) 投料方式：原材料在生产开始时一次性投料。

(3) A产品需经过3道工序加工而成，各工序定额工时及在产品数量分布见表6-13。

表6-13 A产品各工序的定额工时及在产品数量分布

工 序	一工序	二工序	三工序	合 计
定额工时(时)	10	20	20	50
数量分布(件)	50	50	100	200

(4) 2011年3月有关成本资料见表6-14。

表6-14 2011年3月A产品相关成本资料

成本项目	直接材料	直接人工	制造费用	合 计
月初在产品成本(元)	20 000	10 000	10 000	40 000
本月生产费用(元)	60 000	26 450	10 250	96 700
本月生产费用累计(元)	80 000	36 450	20 250	136 700

续表

成本项目	直接材料	直接人工	制造费用	合计
本月完工产品成本				
月末在产品成本				

要求：

(1) 计算月末在产品的约当产量。

(2) 采用约当产量比例法分别计算完工产品和月末在产品成本并填入表 6-14。

2．某种产品的月初在产品直接材料费用为 3 200 元，直接人工费用为 500 元，制造费用为 300 元；本月内发生的直接材料费用为 8 400 元，直接人工费用为 1 000 元，制造费用为 600 元。本月完工产品 400 件，每件产品的材料定额消耗量为 5 千克，工时定额为 10 小时；月末在产品材料定额消耗量共计为 500 千克，月末在产品定额工时共计为 1 000 小时。

要求：按定额比例法计算分配生产费用。

3．A 产品月末在产品 200 件，每件在产品材料消耗定额为 10 千克，每千克材料单价 3 元。每件在产品工时定额 20 小时，每小时工资率 0.60 元，每小时其他费用定额为 0.80 元。本月生产费用合计(月初在产品费用加上本月发生费用)：原材料 37 800 元，工资及福利费 29 400 元，制造费用 9 000 元。

要求：按照月末在产品定额成本计价法分配生产费用。

第二次课(4 学时) 成本计算的基本方法——品种法

【知识目标】

1．了解品种法的特点和适用范围。

2．确定成本计算对象，建立成本明细账。

3．归集和分配各项生产费用。

4．登记成本明细账。

【能力目标】

1．掌握品种法的成本核算程序和账务处理。

2．登记产品成本明细账、编制记账凭证。

3．运用品种法解决企业生产实际问题。

【问题提示】

1．工业企业的生产按其组织方式不同，可分为几类？

2．工业企业的生产按工艺过程的特点不同，可分为几类？

3．生产特点和管理要求对产品成本计算方法的影响表现在哪些方面？

4．成本计算的基本方法有几种？

5．成本计算的辅助方法有几种？

6．什么是品种法？其适用范围是什么？

7. 品种法有哪些特点？

8. 阐述品种法的计算程序。

【基础知识】

一、成本计算方法认知

产品成本的计算，就是按照一定的方法系统地记录生产过程中所发生的费用，并按照一定的对象和标准进行归集与分配，确定各种产品的总成本和单位成本的过程。不同的企业和车间，特点不同；生产类型和管理要求不同，采用的成本计算方法也不同。只有根据不同生产类型的特点和管理要求，选择不同的成本计算方法，才能正确地计算产品成本。

(一) 生产特点和管理要求对产品成本计算的影响

1. 生产按工艺过程的特点分类

生产按工艺过程是否能间断，可以分为简单生产和复杂生产。

简单生产也称单步骤生产或单阶段生产，是指在工艺过程上不能间断、不能由几个企业协作进行的生产。其特点是生产周期一般都比较短，产品品种单一，通常没有在产品、半成品或其他中间产品，如发电、供水、煤气生产等。

复杂生产也称多步骤生产或多阶段生产，是指工艺可以间断，可以由一个企业单独进行，也可以由几个企业协作进行的生产。其特点是生产周期一般都比较长，产品品种也较多，有在产品、半成品或其他中间产品。

复杂生产按其加工方式不同，又可划分为连续加工式生产和装配加工式生产两种类型。

连续加工式生产是指原材料投入后，到产品完工，要经过若干步骤的连续加工、顺序转移，直至最后一个步骤制成产成品的生产。连续加工式生产除了最后步骤生产出产成品外，其余步骤完工的产品都是自制半成品，它们往往又是后续步骤的加工对象，如纺织、冶金等的生产。

装配加工式生产(又称平行加工式生产)是指各种原材料投入后分别加工制成各种零部件，再将零部件装配成产成品的生产，如手表、自行车、机床、电器、仪表等的生产。

2. 生产按组织方式分类

生产按组织方式分类可以分为大量生产、成批生产和单件生产。

大量生产是指不断地重复进行品种相同产品的生产。其主要特点是企业生产的产品品种较少，每种产品的产量较大，通常采用专用设备重复地进行生产，专业化水平也较高，如纺织、冶金、啤酒生产等。

成批生产是指按预先规定的产品数量和规格，每隔一定时期重复进行某种产品的生产。其主要特点是企业生产的产品品种较多，各种产品数量多少不等，每隔一定时期重复生产一批，一般是同时采用专业设备和通用设备进行生产，如服装、电梯、印刷等生产。成批生产按照产品批量的大小划分，可以分为大批生产和小批生产两种类型，前者的性质接近于大量生产，后者的性质接近于单件生产。

单件生产是指根据订货单位的要求，进行某种特定规格产品的生产。其主要特点是企业生产的产品品种多，每一订单的产品数量很少，每种产品生产后一般不再重复生产或不定期重复生产，通常是采用通用设备进行加工，如造船、大型组装仪表等。

上述生产的两种分类方法是有着密切联系的。一般而言，简单生产都是大量生产，连续加工式复杂生产可以是大量或大批生产。只有装配加工是复杂生产，可以组织为大量生产、成批生产或单件生产。

3. 生产按其内部职能的分类

生产按其内部职能分为基本生产、辅助生产和副业生产。

基本生产是指为了直接完成主要生产目的而进行的产品生产，如机器制造厂的铸造、锻压、金工、装配等生产。从事基本生产的车间称基本生产车间。

辅助生产是指为企业基本生产服务而进行的生产，它主要为基本生产提供产品和劳务，如保温瓶厂的机器修理、模具制造等。从事辅助生产的车间称辅助生产车间。

副业生产也称为副产品生产，一般是指利用生产主要产品所产生的废料进行的非主要产品生产。

应该指出，在一个企业、一个车间的产品生产并非都是一种生产类型。例如，一家洗衣机厂的生产，从整个企业来看，洗衣机的外壳、洗缸、叶轮总成和微型电动机等部件都是平行加工制成的，然后组装整台洗衣机，属于装配式的大量生产，但其锻压车间、金工车间对外壳等部件的生产，则可以是连续式的成批生产。又如，洗衣机厂中的车间组织形式，既可以有按工艺专业化建立的生产车间(如锻压车间、金工车间、装配车间等)，也可以有按对象专业化建立的生产车间(如电动机生产车间)。在一个车间内部，也可以将两种专业化形式结合运用。

(二) 生产类型对产品成本计算方法的影响

企业采用何种方法计算产品成本，在很大程度上取决于产品的生产类型，而生产类型对成本计算方法的影响主要表现在成本计算对象的确定上，此外还对生产费用计入产品成本的程序、成本计算期的确定、生产成本在产成品和在产品之间的分配等诸方面产生影响。

1. 对成本计算对象的影响

成本计算对象是承担成本的客体，也即费用归集与分配的目标。确定成本计算对象是设置成本明细账、归集与分配生产费用、正确计算产品成本的重要前提。

(1) 生产工艺过程的影响

在大量大批单步骤生产中，由于工艺过程的不可间断性，因此，没有必要或者不可能分步骤来计算产品成本，只能按产品品种作为成本计算对象来计算每种产品的成本。

在大量大批多步骤生产中，由于工艺过程是由许多个可以间断的、分散在不同地点进行的生产步骤所组成的，这样不仅要求把产品品种作为成本计算对象，而且还要求按照生产步骤计算每种产品所经过的各步骤的成本。

(2) 生产组织方式的影响

在大量生产中，由于产品生产连续不断地进行，大量生产品种相同的产品，因此，只能按产品品种作为成本计算对象，计算每种产品的成本。

在大批生产中，产品的批量较大，往往在几个月之内都是不断地重复生产相同的产品，所以大批生产同大量生产一样，也只能按产品品种作为成本计算对象，计算每种产品的成本。

在单件小批量生产中，由于产品是按客户订单或批别组织生产的，所以有必要也有条件以产品的订单或批别作为成本计算对象。

2. 对成本计算期的影响

成本计算期是指对生产费用计入产品成本所规定的起讫日期。

在大量大批生产情况下，一种产品连续不断或经常重复地生产出来，为了计算损益的需要，只能定期按月计算产品的成本。

在单件小批生产情况下，各批产品的生产周期往往不同，而且批量较小，生产不重复或重复少，有条件按照各批产品的生产周期计算产品成本。在工业生产中，产品的生产周期是指从原材料投入到产品制成并验收为止所经过的时间，它通常与日历月份不相吻合。所以，单件小批生产的成本计算期与会计报告期往往不一致。

3. 对完工与在产品之间费用分配的影响

产品生产周期很短的单步骤生产，月末一般没有在产品，或者虽有在产品，但数量、金额较小，不计算在产品成本影响不大，当月归集的生产费用即为当月完工产品成本。

在单件小批生产情况下，由于成本计算期与产品生产周期一致，一般不需要将产品成本在完工产品和月末在产品之间分配。当某件或某批产品完工时，所归集的生产费用全部为完工产品成本；当某件或某批产品尚未完工时，所归集的生产费用全部为在产品成本。

在大量、大批、多步骤生产情况下，产品生产周期较长，且与成本计算期不一致，各步骤往往存在多少不等的在产品，需要采用适当的方法，将产品成本在完工产品和在产品之间进行分配。

由此可见，成本计算方法的确定，主要受生产类型的影响。不同的工艺过程和不同的组织方式下的生产，产品成本计算的对象不同，由此而产生不同的成本计算方法。

(三) 管理要求对产品成本计算方法的影响

成本计算对象的确定，不完全取决于企业生产类型的特点，还受到企业内部管理要求的影响。例如，确定单件小批生产的成本计算对象时，可以根据经济、合理地组织生产和便于管理的需要，对客户的订单作适当合并或再划小批别，按重新组织的生产批别作为成本计算对象。又如，确定大量大批多步骤生产的成本计算对象时，对管理上不需要计算半成品成本的加工步骤可作适当归并，以减少成本计算对象和简化核算。

(四) 成本计算的方法

综上所述，生产特点和管理要求在多方面对产品成本计算产生影响，不同的成本计算对象、生产费用计入产品成本的程序、成本计算期、在产品计价方法相互结合，形成各种不同的成本计算方法。一般认为，在构成成本计算方法的各要素中，成本计算对象是决定性因素，是区分不同成本计算方法的主要标志。

1. 成本计算的基本方法

产品成本计算对象不外乎产品品种、批别、生产步骤 3 种，成本计算的基本方法也有如下 3 种：品种法、分批法、分步法。由于这 3 种方法与生产类型的特点有直接联系，而且涉及成本计算对象的确定，是计算产品实际成本必不可少的方法，所以是归属于产品成本计算的基本方法。生产特点和管理要求对 3 种基本方法的影响，见表 6-15。

表 6-15　生产特点和管理要求对 3 种产品成本计算基本方法的影响

成本计算方法	生产工艺过程特点和成本管理要求	生产组织特点	成本计算对象	成本计算期	在产品成本计算
品种法	简单生产	大量、大批生产	产品品种	按月定期进行	不计算
	管理上不要求分步骤计算成本的复杂生产	大量、大批生产	产品品种	按月定期进行	按需计算
分批法	简单生产或管理上要求按批别计算成本的复杂生产	小批、单件生产	产品批别	与生产周期一致	按需计算
分步法	连续式或平行式的、管理上要求分步骤计算成本的复杂生产	大量、大批生产	产品品种及步骤	按月定期进行	按需计算

2. 成本计算的辅助方法

除了以上 3 种基本的产品成本计算方法外，在实际工作中还有一些辅助的产品成本计算方法，如分类法、定额法等。它们与生产类型并无固定联系，对成本计算对象也无特定要求，而且必须与前述 3 种基本方法结合运用。例如，在定额管理较好，消耗定额比较准确、稳定的多步骤生产机械制造企业，可以在分步法的基础上采用定额法计算产品成本。又如，对于产品品种、规格烦琐的企业，可采用品种法与分类法相结合计算产品成本，以简化核算。生产特点和管理要求对成本计算的辅助方法的影响，见表 6-16。

表 6-16　生产特点和管理要求对成本计算的辅助方法的影响

成本计算方法	生产工艺过程特点和成本管理要求	生产组织特点	成本计算对象	成本计算期	在产品成本计算
分类法	产品品种规格繁多，每类产品所用原材料、生产工艺过程基本相同的生产	大量、大批生产	产品类别	按月定期进行	按需计算
		小批、单件生产	产品类别及步骤	与生产周期一致	
定额法	产品消耗定额合理、稳定且定额管理基础较好的生产	各种组织形式的生产	定额成本及各种差异	按月定期进行	需计算在产品成本

3. 各种成本计算方法的实际应用

在实际工作中，各企业对产品成本计算方法的选择主要有以下几种情况。

(1) 运用单一方法

根据上述成本计算方法的特点和适用范围，不同的生产工艺过程和管理要求就应选用不同的成本计算方法。例如，简单生产或管理上要求按批别计算成本的复杂生产应当采用分批法。连续式或平行式的、管理上要求分步骤计算成本的复杂生产应当采用分步法。因此，某些规模较小或者产品单一的企业，可以选用单一方法进行成本计算。

(2) 运用多种方法

尽管各种成本计算方法都有各自的适用范围，但在实际工作中，一个企业往往综合应用多种成本计算方法。企业内部不同的生产车间、同一生产车间的不同产品，它们的生产特点和管理要求并不相同，这样，企业内部就要同时采用几种不同的方法，或把几种不同的成本计算方法结合起来加以综合应用。

① 几种成本计算方法同时采用。

一般在工业企业里，既设有基本生产车间又设有辅助生产车间。基本生产车间生产产品，辅助生产车间生产工具或提供劳务，但基本生产车间和辅助生产车间在生产特点和管理要求上会有不同，采用的成本计算方法也就不同。例如，纺织企业，属于大量大批的多步骤生产，而且各步骤所生产的半成品可以对外出售，因此，所产产品要采用分步法计算产品的成本；而辅助生产车间则为基本生产车间制造模具，一般属于小批单件生产，所产产品可采用分批法计算成本。再如，在一个基本生产车间或企业生产几种产品，其中，有的产品市场需求量大，需要大批生产，那么对这些产品就可以采用品种法或分步法计算成本；有的产品市场萎缩，逐渐减少，则应采用分批法计算成本。

② 几种成本计算方法综合运用。

在有的工业企业，以一种成本计算方法为主，结合其他成本计算方法的某些特点加以综合采用。例如，在单件小批生产的电梯生产企业中，产品的主要生产过程是由铸造、机加工、装配等相互关联的各个生产阶段所组成的，其最终产品应采用分批法进行成本计算；但从各个生产步骤看，由于其特点和管理要求不同，计算方法就有所不同。例如，在铸造阶段，由于品种少并可直接对外出售，可采用品种法计算成本；从铸造到机加工阶段，由于是连续或多步骤生产，因而就可以采用分步法计算成本。再如，服装制造企业，属于大量大批生产，可以采用品种法或分步法，但是，由于其品种规格较多，可以按照一定标准分为若干类别，因而，就可以在采用这些基本计算方法的基础上，结合采用分类法计算产品成本。

二、品种法概述

(一) 品种法的概念特点及适用范围

1. 品种法的认知

以产品品种为成本计算对象，归集生产费用，计算产品成本的一种方法，是最基本的成本计算方法。

2. 品种法的特点

(1) 成本计算对象

以产品品种为成本计算对象，设置产品成本明细账归集生产费用和计算产品成本。

(2) 成本计算期

成本计算定期按月进行，即成本计算期与会计报告期一致，而与产品生产周期不一致。

(3) 月末在产品费用的处理

单步骤生产企业，不需要计算在产品成本(如发电、采煤)；多步骤生产企业，需要计算完工产品和在产品成本，月末一般需要将生产费用在完工产品与在产品之间进行分配。

3. 品种法的适用范围

(1) 适用于单步骤的大量大批生产(如发电、采煤等)。

(2) 在大量大批多步骤生产的企业中，如果企业生产规模较小，而且成本管理上又不要求提供各步骤的成本资料时，也可以采用品种法计算产品成本(如玻璃、水泥、制砖等)。

(3) 企业的辅助生产(如供水、供电、供汽等)车间也可以采用品种法计算其劳务的成本。

(二) 品种法的计算程序

(1) 按产品品种开设基本生产成本明细账(成本计算单)，分别成本项目设置专栏；还应开设“辅助生产成本明细账”(按生产车间或品种)和“制造费用明细账”(按生产车间)，账内按成本项目或费用项目设置专栏。

(2) 根据有关资料分配各种要素费用。

(3) 登记基本生产成本、辅助生产成本、制造费用及管理费用等明细账。

(4) 分配辅助生产费用。

(5) 分配基本生产车间制造费用。

(6) 月末，分配计算各种完工产品成本和在产品成本；应采用适当的方法(如约当产量比例法、定额比例法、定额成本法等分配方法)计算。

结转产成品成本，如图 6.1 所示。

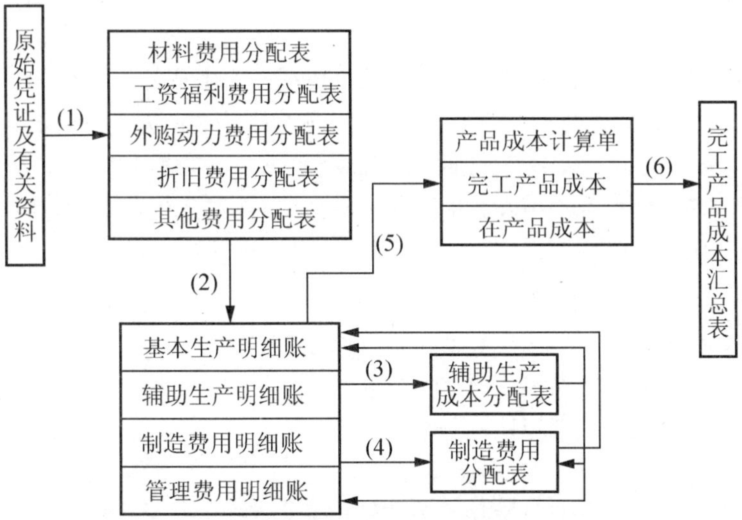

图 6-1　结转产成品成本

(三) 品种法案例分析

【例 6-7】某厂为大量大批单步骤生产的企业，采用品种法计算产品成本。企业设有一个基本生产车间，生产甲、乙两种产品，还设有一个辅助生产车间——运输车间。该厂 2012 年 6 月有关产品成本核算资料如下。

(1) 产量资料见表 6-17。

表 6-17　产品产量基本资料

单位：件

产品名称	月初在产品	本月投产	完工产品	月末在产品	完工率
甲	800	7 200	6 500	1 500	60%
乙	320	3 680	3 200	800	40%

(2) 月初在产品成本见表 6-18。

表 6-18　月初在产品成本资料

单位：元

产品名称	直接材料	直接人工	制造费用	合　计
甲	8 090	5 860	6 810	20 760
乙	6 176	2 948	2 728	11 852

(3) 该月发生的生产费用如下。

① 材料费用。生产甲产品耗用材料 4 410 元，生产乙产品耗用材料 3 704 元，生产甲乙产品共同耗用材料 9 000 元(甲产品材料定额耗用量为 3 000 千克，乙产品材料定额耗用量为 1 500 千克)。运输车间耗用材料 900 元，基本生产车间耗用消耗性材料 1 938 元。

② 工资费用。生产工人工资 10 000 元，运输车间人员工资 800 元，基本生产车间管理人员工资 1 600 元。

③ 其他费用。运输车间固定资产折旧费为 200 元，水电费为 160 元，办公费为 40 元。基本生产车间厂房、机器设备折旧费为 5 800 元，水电费为 260 元，办公费为 402 元。

(4) 工时记录。甲产品耗用实际工时为 1 800 小时，乙产品耗用实际工时为 2 200 小时。

(5) 本月运输车间共完成 2 100 公里运输工作量，其中基本生产车间耗用 2 000 公里，企业管理部门耗用 100 公里。

(6)该厂有关费用分配方法如下。

① 甲乙产品共同耗用材料按定额耗用量比例分配。

② 生产工人工资按甲乙产品工时比例分配。

③ 辅助生产费用按运输公里比例分配。

④ 制造费用按甲乙产品工时比例分配。

⑤ 按约当产量比例法分配计算甲、乙完工产品和月末在产品成本。甲产品耗用的材料随加工程度陆续投入，乙产品耗用的材料于生产开始时一次投入。

要求：采用品种法计算甲、乙产品成本，见表 6-19～表 6-29。

表 6-19　材料费用分配表

2012 年 6 月　　单位：元

应借账户		成本或费用项目	直接计入金额	分配计入		合　计
				分配标准	分配金额	
基本生产成本	甲产品	直接材料	4 410	3 000	6 000	10 410
	乙产品	直接材料	3 704	1 500	3 000	6 704
	小　计		8 114	4 500	9 000	17 114
辅助生产成本	运输车间	机物料消耗	900			900
制造费用		机物料消耗	1 938			1 938
合　计			10 952			19 952

会计分录如下。

借：基本生产成本——甲产品　10 410

　　　　　　　　——乙产品　6 704

　　辅助生产成本——运输车间　900

　　制造费用　1 938

　　贷：原材料　19 952

表 6-20　工资费用分配表

2012 年 6 月　　单位：元

应借账户		成本或费用项目	直接计入金额	分配计入		合　计
				分配标准	分配金额	
基本生产成本	甲产品	直接人工		1 800	4 500	4 500
	乙产品	直接人工		2 200	5 500	5 500
	小　计			4 000	10 000	10 000
辅助生产成本	运输车间	工　资	800			800
制造费用		工　资	1 600			1 600
合　计			2 400			12 400

会计分录如下。

借：基本生产成本——甲产品　4 500

　　　　　　　　——乙产品　5 500

　　辅助生产成本——运输车间　800

　　制造费用　1 600

　　贷：应付职工薪酬　12 400

表 6-21　其他费用汇总表

2012 年 6 月　　单位：元

应借账户	折旧费	水电费	办公费	合　计
辅助生产成本——运输车间	200	160	40	400
制造费用	5 800	260	402	6 462
合计	6 000	420	442	6 862

会计分录如下。

借：辅助生产成本——运输车间　400

制造费用　6 462

贷：累计折旧　6 000

银行存款等　862

表 6-22　辅助生产费用分配表

2012 年 6 月　　单位：元

应借账户	费用项目	耗用劳务数量	分配率	分配额
制造费用	运输费	2 000		2 000
管理费用	运输费	100		100
合计		2 100		2 100

会计分录如下。

借：制造费用　2 000

管理费用　100

贷：辅助生产成本——运输车间　2 100

表 6-23　辅助生产成本明细账

运输车间　　2012 年 6 月　　单位：元

月	日	摘　要	机物料消耗	工　资	折旧费	水电费	办公室	合　计
		材料费用分配表	900					900
		工资费用分配表		800				800
		其他费用汇总表			200	160	40	400
		合　计	900	800	200	160	40	2 100
		分配转出	-900	-800	-200	-160	-40	-2 100

表 6-24　制造费用分配表

2012 年 6 月　　单位：元

应借账户	成本项目	耗用劳务数量	分配率	分配额
基本生产成本——甲产品	制造费用	1 800		5 400
基本生产成本——乙产品	制造费用	2 200		6 600
合　计		4 000	3	12 000

会计分录如下。

借：基本生产成本——甲产品　5 400

——乙产品　6 600

贷：制造费用　12 000

表 6-25　制造费用明细账

2012 年 6 月　　单位：元

月	日	摘　要	机物料消耗	工资	折旧费	水电费	办公费	运输费	合　计
		材料费用分配表	1 938						1 938
		工资费用分配表		1 600					1 600
		其他费用汇总表			5 800	260	402		6 462
		辅助生产费用分配表						2 000	2 000
		合　计	1 938	1 600	5 800	260	402	2 000	12 000
		分配转出	−1 938	−1 600	−5 800	−260	−402	−2 000	−12 000

表 6-26　产品成本计算单

产品：甲产品　　2012 年 6 月　　单位：元

成本项目	直接材料	直接人工	制造费用	合　计
月初在产品成本	8 090	5 860	6 810	20 760
本月生产费用	10 410	4 500	5 400	20 310
生产费用合计	18 500	10 360	12 210	41 070
完工产品数量	6 500	6 500	6 500	
在产品约当产量	900	900	900	
约当产量合计	7 400	7 400	7 400	
费用分配率	2.5	1.4	1.65	
完工产品成本	16 250	9 100	10 725	36 075
月末在产品成本	2 250	1 260	1 485	4 995

表 6-27　产品成本计算单

产品：乙产品　　2012 年 6 月　　单位：元

成本项目	直接材料	直接人工	制造费用	合　计
月初在产品成本	6 176	2 948	2 728	11 852
本月生产费用	6 704	5 500	6 600	18 804
生产费用合计	12 880	8 448	9 328	30 656
完工产品数量	3 200	3 200	3 200	
在产品约当产量	800	320	320	
约当产量合计	4 000	3 520	3 520	
费用分配率	3.22	2.4	2.65	
完工产品成本	10 304	7 680	8 480	26 464
月末在产品成本	2 576	768	848	4 192

会计分录如下。

借：库存商品——甲产品　　36 075

　　　　　　——乙产品　　26 464

贷：基本生产成本——甲产品　　36 075
　　　　　　　　——乙产品　　26 464

表 6-28　基本生产成本明细账

产品：甲产品　　2012 年 6 月　　单位：元

月	日	凭证字号	摘　要	直接材料	直接人工	制造费用	合计
			月初在产品成本	8 090	5 860	6 810	20 760
			材料费用分配表	10 410			10 410
			工资费用分配表		4 500		4 500
			制造费用分配表			5 400	5 400
			合　计	18 500	10 360	12 210	41 070
			完工产品成本转出	−16 250	−9 100	−10 725	−36 075
			月末在产品成本	2 250	1 260	1 485	4 995

表 6-29　基本生产成本明细账

产品：乙产品　　2012 年 6 月　　单位：元

月	日	凭证字号	摘　要	直接材料	直接人工	制造费用	合　计
			月初在产品成本	6 176	2 948	2 728	11 852
			材料费用分配表	6 704			6 704
			工资费用分配表		5 500		5 500
			制造费用分配表			6 600	6 600
			合计	12 880	8 448	9 328	30 656
			完工产品成本转出	−10 304	−7 680	−8 480	−26 464
			月末在产品成本	2 576	768	848	4 192

【课堂技能训练】A 项目

东方玻璃企业建有一个基本生产车间，大量生产白色和镀膜平板玻璃产品，其生产工艺过程属于多步骤连续式生产。根据生产特点和管理要求，采用品种法计算产品成本。该厂 12 月生产白玻 12 万重箱，镀膜玻璃 9 万重箱，不考虑在产品。其有关资料如下(可查看前面有关模块学生所做资料进行)。

(1) 产品所耗材料资料——发料凭证汇总表(表 6-30)和材料费用分配表(表 6-31)。

表 6-30　发料凭证汇总表

2012 年 12 月 31 日　　单位：元

领料部门	用　途	主要材料						辅助材料	燃　料
		硅　砂	砂　岩	苦灰石	石灰石	芒　硝	纯　碱		
基本生产车间	普通白玻	120 000	300 000	60 000	11 000	18 000	4 293 000	8 000	3 000 000
	镀膜玻璃	90 000	270 000	50 000	9 500	17 000		6 500	2 300 000

续表

领料部门	用 途	主要材料						辅助材料	燃 料
		硅 砂	砂 岩	苦灰石	石灰石	芒 硝	纯 碱		
辅助生产车间	供电车间								30 000
	气保车间							10 000	12 000
	造箱车间							1 460 000	5 000
基本生产车间	一般耗用							8 000	15 000
管理部门	一般耗用							1 000	2 000
合 计		210 000	570 000	110 000	20 500	35 000	4 293 000	1 493 500	5 364 000

表 6-30 材料费用分配表

2012 年 12 月 31 日 单位：元

应借科目	原材料				燃 料	合 计
	间接计入(分配率：1 858.442)		直接计入	小 计	直接计入	
	定额消耗量/千克	分配金额/元				
基本生产成本	普通白玻					
	镀膜玻璃					
	小 计					
辅助生产成本	供电车间					
	气保车间					
	造箱车间					
	小 计					
制造费用	基本生产车间					
管理费用						
合 计						

要求：根据上述资料编制转账记账凭证(表 6-31 和表 6-32)，登记成本明细账。

表 6-31 转账记账凭证

年 月 日 凭证编号______

摘 要	科 目		借方金额											贷方金额											记账符号
	总账科目	明细科目	亿	千	百	十	万	千	百	十	元	角	分	亿	千	百	十	万	千	百	十	元	角	分	
附单据 张	合 计																								

会计主管人员 记账 稽核 制单

表 6-32　转账记账凭证

年　　月　　日　　　　　　　　　　凭证编号＿＿＿＿

摘　要	科　目		借方金额											贷方金额											记账符号
	总账科目	明细科目	亿	千	百	十	万	千	百	十	元	角	分	亿	千	百	十	万	千	百	十	元	角	分	
附单据　张	合　计																								

会计主管人员　　　　　　　　记账　　　　　　　　稽核　　　　　　　　制单

(2) 产品所耗人工费用资料——工资结算汇总表(表 6-33)和工资费用分配汇总表(表 6-34)。

表 6-33　工资结算汇总表

2012 年 12 月 31 日　　　　　　　　　　单位：元

车间或部门			应付工资					代扣款项					实发金额
			标准工资	生产奖	加班费	缺勤扣款	合　计	养老保险金	住房公积金	工会经费	个人所得税	合计	
基本生产		生产工人	396 000				396 000						
		管理人员	46 000				46 000						
辅助生产车间	气保	生产工人	79 200				79 200						
		管理人员	13 800				13 800						
	动力	生产工人	102 600				102 600						
		管理人员	18 400				18 400						
	造箱	生产工人	151 200				151 200						
		管理人员	13 800				13 800						
行政管理部门			149 500				149 500						
合计			970 500				970 500						

表 6-34　工资费用分配汇总表

2012 年 12 月 31 日　　　　　　　　　　单位：元

应借科目		成本或费用项目	基本生产车间			气保车间	动力车间	造箱车间	管理部门	合　计
			直接计入	分配计入						
				产量重箱	分配金额					
基本生产成本	白玻	直接人工								
	镀膜	直接人工								
	小　计									

续表

应借科目	成本或费用项目	基本生产车间			气保车间	动力车间	造箱车间	管理部门	合　计
		直接计入	分配计入						
			产量重箱	分配金额					
辅助生产成本	直接人工								
制造费用	工资								
管理费用	工资								
合计									

要求：根据上述资料编制转账记账凭证(表 6-35 和表 6-36)，登记成本明细账。

表 6-35　转账记账凭证

年　　月　　日　　　　　　　　凭证编号________

摘　　要	借方科目		贷方科目		金　　额											记账符号
	总账科目	明细科目	总账科目	明细科目	亿	千	百	十	万	千	百	十	元	角	分	
附单据　　张	合计															

会计主管人员　　　　　　记账　　　　　　稽核　　　　　　制单

表 6-36　转账记账凭证

年　　月　　日　　　　　　　　凭证编号________

摘　　要	借方科目		贷方科目		金　　额											记账符号
	总账科目	明细科目	总账科目	明细科目	亿	千	百	十	万	千	百	十	元	角	分	
附单据　　张	合　计															

会计主管人员　　　　　　记账　　　　　　稽核　　　　　　制单

(3) 产品所耗辅助生产费用资料——辅助生产部门提供服务情况表(表 6-37)、辅助生产成本明细账(表 6-38～表 6-40)和辅助生产费用分配表(表 6-40)。

表 6-37　辅助生产部门提供服务情况表

受益部门		提供氮气量(立方米)	耗电量(千瓦时)	造箱车间(套)
基本生产车间	普通白玻	24 000	600 000	2 400
	镀膜玻璃	18 000	500 000	1 800
辅助生产部门	气保车间		200 000	
	动力车间			
	造箱车间		50 000	
基本生产车间	一般耗用		2 000	
行政管理部门			48 000	
合　计		42 000	1 400 000	4 200

表 6-38　辅助生产成本明细账 1

产品名称：氮气　　　　2012 年 12 月 31 日　　　　部门：气保车间

年		凭证号数	摘　要	项　目			合　计
月	日			直接材料	直接人工	制造费用	
			据原材料分配表				
			据工资分配表				
			据制造费用分配表			20 000	
			待分配费用小计				
			其他辅助部门分配转入				
			分配转出至其他辅助部门				
			分配转出				

注：20 000 元的构成情况如下。管理人员工资 13 800 元，折旧费 4 200 元，其他需用现金支付的间接费用 2 000 元。

表 6-39　辅助生产成本明细账 2

产品名称：供电　　　　2012 年 12 月 31 日　　　　部门：供电车间

年		凭证号数	摘　要	项　目			合　计
月	日			直接材料	直接人工	制造费用	
			据原材料分配表				
			据工资分配表				
			据制造费用分配表			24 000	
			待分配费用小计				
			其他辅助部门分配转入				
			分配转出至其他辅助部门				
			分配转出				

注：24 000 元的构成情况如下。管理人员工资 18 400 元，折旧费 3 600 元，其他需用现金支付的费用 2 000 元。

表 6-40　辅助生产成本明细账 3

产品名称：木箱　　　　2012 年 12 月 31 日　　　　部门：造箱车间

年		凭证号数	摘要	项目			合　计
月	日			直接材料	直接人工	制造费用	
			据原材料分配表				
			据工资分配表				
			据制造费用分配表			18 000	
			待分配费用小计				
			其他辅助部门分配转入				
			分配转出至其他辅助部门				
			分配转出				

注：18 000 元的构成情况如下。管理人员工资 13 800 元，折旧费 2 200 元，其他需用现金支付的间接费用 2 000 元。

表 6-41　东方玻璃厂辅助生产费用分配表

2012 年 12 月　　　　单位：元

项　目			气　保	动　力	造　箱	合　计
待分配的费用						
供应辅助生产以外的劳务数量						
单位成本(分配率)						
基本生产车间	普通白玻	耗用量				
		分配金额				
	镀膜玻璃	耗用量				
		分配金额				
基本生产车间	一般耗用	耗用量				
		分配金额				
行政管理部门		耗用量				
		分配金额				
合　计						

要求：根据上述资料编制转账记账凭证(表 6-42 和表 6-43)，登记成本明细账。

表 6-42　转账记账凭证

年　　月　　日　　　　凭证编号________

摘　要	科　目		借方金额											贷方金额											记账符号
	总账科目	明细科目	亿	千	百	十	万	千	百	十	元	角	分	亿	千	百	十	万	千	百	十	元	角	分	
附单据　张	合计																								

会计主管人员　　　　记账　　　　稽核　　　　制单

表 6-43　转账记账凭证

年　月　日　　　　凭证编号＿＿＿＿

摘　要	科　目		借方金额											贷方金额											记账符号
	总账科目	明细科目	亿	千	百	十	万	千	百	十	元	角	分	亿	千	百	十	万	千	百	十	元	角	分	
附单据　张	合计																								

会计主管人员　　　　记账　　　　稽核　　　　制单

(4) 产品所耗制造费用资料——制造费用明细账(表 6-44)和制造费用分配表(表 6-45)。

表 6-44　制造费用明细账

车间名称：基本生产车间　　　　2012 年 12 月 31 日　　　　单位：元

摘　要	材　料	职工薪酬	折旧费	水电费	修理费	保险费	邮电费	其　他	合　计
据材料费用分配表									
据人工费用分配表									
据折旧费用分配表									
据辅助生产费用分配表									
据银行付款凭证									
据银行付款凭证									
据银行付款凭证									
据银行付款凭证									
合计									

表 6-45　制造费用分配表

2012 年 12 月 31 日　　　　单位：元

应借科目	生产工资	分配率	分配金额
生产成本——普通白玻			
生产成本——镀膜玻璃			
合　计			

要求：根据上述资料编制转账记账凭证(表 6-46)，登记产品成本明细账(表 6-47 和表 6-48)。

表 6-46　转账记账凭证

年　　月　　日　　　　　　　　　　凭证编号＿＿＿＿＿

摘　　要	科　　目		借方金额											贷方金额											记账符号
	总账科目	明细科目	亿	千	百	十	万	千	百	十	元	角	分	亿	千	百	十	万	千	百	十	元	角	分	
附单据　张	合计																								

会计主管人员　　　　　　　　记账　　　　　　　　稽核　　　　　　　　制单

表 6-47　产品成本明细账

产品名称：普通白玻　　　　　　2012 年 12 月 31 日　　　　　　完工产量：120 000 重箱(元)

月	日	摘　　要	产量/重箱	直接材料	直接人工	制造费用	合　计
		根据材料费用分配表	120 000				
		根据人工费用分配表					
		根据辅助生产费用分配表					
		根据制造费用分配表					
		本月生产费用合计	120 000				
		产成品成本	120 000				
		转出完工产品成本					
		单位产品成本					

表 6-48　产品成本明细账

产品名称：镀膜玻璃　　　　　　2012 年 12 月 31 日　　　　　　完工产量：90 000 重箱(元)

月	日	摘　　要	产量/重箱	直接材料	直接人工	制造费用	合　计
		根据材料费用分配表	90 000				
		根据人工费用分配表					
		根据辅助生产费用分配表					
		根据制造费用分配表					
		本月生产费用合计	90 000				
		产成品成本	90 000				
		转出完工产品成本					
		单位产品成本					

(5) 要求编制产品验收入库会计分录，并填制转账记账凭证(表 6-49)。

表 6-49　转账记账凭证

年　月　日　　　　凭证编号＿＿＿＿

摘　要	科　目		借方金额											贷方金额											记账符号
	总账科目	明细科目	亿	千	百	十	万	千	百	十	元	角	分	亿	千	百	十	万	千	百	十	元	角	分	
附单据　张	合计																								

会计主管人员　　　　记账　　　　稽核　　　　制单

【课后训练】

一、单项选择题

1. 区分各种成本计算基本方法的主要标志是(　　)。

A. 成本计算对象　　B. 成本计算日期

C. 间接费用的分配方法　　D. 完工产品与在产品之间分配费用的方法

2. 按照系数比例分配同类产品中各种产品成本的方法(　　)。

A. 是一种完工产品和月末在产品之间分配费用的方法

B. 是一种单独的产品成本计算方法

C. 是一种简化的分类法

D. 是一种分配间接费用的方法

3. 使用同种原料，经过相同加工过程生产出来的品种相同、质量不同的产品是(　　)。

A. 联产品　　B. 副产品　　C. 等级产品　　D. 主产品

4. 品种法就是(　　)。

A. 简易成本计算法

B. 按照产品品种和生产步骤计算产品成本的方法

C. 按照产品品种计算产品成本的方法

D. 单一法

5. 品种法适用于(　　)。

A. 大量生产

B. 成批生产

C. 单件小批生产

D. 大量大批的单步骤生产和管理上不要求分步骤计算成本的大量大批多步骤生产

6. 品种法的根本特点是(　　)。

A. 以产品品种为成本计算对象

B．成本计算一般要按月进行

C．月末一般应根据具体情况处理在产品成本

D．不分步骤计算产品成本

7．采用品种法，生产成本明细账(成本计算单)应当按照(　　)分别开设。

A．生产单位　　B．产品品种　　C．生产步骤　　D．产品类别

8．品种法在完工产品和期末在产品之间分配生产费用的特点是(　　)。

A．没有在产品，不需要分配

B．通常有在产品需要分配

C．管理上不要求分步计算成本的多步骤生产，通常有在产品，需要分配

D．大量大批单步骤生产都有在产品，需要分配

9．品种法适用的生产组织是(　　)。

A．大量成批生产　　B．大量大批生产

C．大量小批生产　　D．单件小批生产

10．作为最基本的成本计算方法，(　　)的计算程序代表了产品成本计算的一般程序。

A．分批法　　B．分类法　　C．品种法　　D．分步法

二、多项选择题

1．企业在确定成本计算方法时，必须从企业的具体情况出发，同时考虑以下因素(　　)。

A．企业的生产特点　　B．企业生产规模的大小

C．进行成本管理的要求　　D．月末有没有在产品

2．品种法适用于(　　)。

A．大量大批的单步骤生产

B．大量大批多步骤生产

C．管理上不要求分步计算成本的多步骤生产

D．小批单件、管理上不要求分步骤计算成本的多步骤生产

3．下列企业中，适合运用品种法计算产品成本的有(　　)。

A．糖果厂　　B．饼干厂　　C．拖拉机厂　　D．造船厂

4．品种法是成本计算最基本的方法，这是因为(　　)。

A．各种方法最终都要计算出各产品品种的成本

B．品种法成本计算程序是成本计算的一般程序

C．品种法定期按月计算成本

D．品种法不需要进行费用分配

5．下列企业中，适于采用品种法计算其产品成本的有(　　)。

A．采掘企业　　B．汽车制造企业

C．供水供电企业　　D．小型水泥厂

6．品种法的特点是(　　)。

A．以产品品种作为成本核算对象

B．定期按月计算产品成本

C．如果有在产品时，需要在完工产品和期末在产品之间分配生产费用

D．需要采用一定方法，在各生产步骤之间分配生产费用

7．品种法是(　　)。

A．最基本的成本计算方法　　B．适用于小批量的单步骤生产

C．不要求按产品批别计算成本　　D．适用于大量大批单步骤生产

8．品种法的特点主要体现在(　　)等方面。

A．成本计算对象

B．成本计算期

C．生产费用的归集

D．生产费用一般不需在完工产品与在产品之间进行分配

9．产品生产成本计算的基本方法有(　　)。

A．品种法　　B．分类法　　C．分批法　　D．分步法

10．产品生产成本计算的辅助方法有(　　)。

A．品种法　　B．分类法　　C．定额成本法　　D．分步法

三、判断题

1．单步骤生产由于工艺过程不能间断，因而只能按产品的品种计算成本。　(　　)

2．品种法一般适用于计算大量大批多步骤生产的产品成本。　(　　)

3．副产品在与主产品分离后，还需要单独进行加工的，应按其分离后继续加工的生产特点和管理要求单独计算成本。　(　　)

4．品种法的成本计算期与会计报告日期一致，一般与生产周期不一致。　(　　)

5．不论什么样的工业企业，不论什么生产类型的产品生产，也不论成本管理要求如何，最终都必须按产品品种来算出产品成本。　(　　)

6．品种法只适用于单步骤生产。　(　　)

7．品种法下，成本计算期一般与会计报告期一致，而与生产周期不一致。　(　　)

8．产品成本计算的辅助方法可以单独使用。　(　　)

9．凡是生产组织是大量大批多步骤生产的企业，就不能采用品种法计算产品的成本。　(　　)

10．由于每个工业企业最终都必须按照产品品种计算产品成本，因此，品种法是成本计算方法中最基本的方法。　(　　)

四、综合实务题

某企业下设有一个基本生产车间和一个辅助生产车间。基本生产车间生产甲、乙两种产品，采用品种法计算产品成本。基本生产成本明细账设置“直接材料”、“直接人工”和“制造费用”3个成本项目。辅助生产车间的制造费用不通过“制造费用”账户进行核算。

1．2010年10月生产车间发生的经济业务如下。

(1) 基本生产车间领料50 000元，其中直接用于甲产品的A材料10 000元，直接用于乙产品的B材料15 000元，甲、乙产品共同耗用的C材料20 000元(按甲、乙产品的定额消耗量比例进行分配，甲产品的定额消耗量为4 000千克，乙产品的定额消耗量为1 000千克)，车间耗用的消耗性材料5 000元；辅助生产车间领料6 000元；共计56 000元。

(2) 基本生产车间本月报废低值易耗品一批，实际成本为 2 000 元，残料入库，计价 100 元，采用五五摊销法进行核算。

(3) 基本生产车间的工人工资 20 000 元(按甲、乙产品耗用生产工时比例进行分配，甲产品的生产工时为 6 000 小时，乙产品的生产工时为 2 000 小时)，管理人员工资 4 000 元；辅助生产车间的工人工资 6 000 元，管理人员工资 1 500 元；共计 31 500 元。

(4) 按照工资费用的 14%计提职工福利费。

(5) 基本生产车间月初在用固定资产原值 100 000 元，月末在用固定资产原值 120 000 元；辅助生产车间月初、月末在用固定资产原值均为 40 000 元；按月折旧率 1%计提折旧。

(6) 基本生产车间发生其他支出 4 540 元；辅助生产车间发生其他支出 3 050 元；共计 7 590 元，均通过银行办理转账结算。

2．辅助生产车间(机修车间)提供劳务 9 000 小时，其中为基本生产车间提供 8 000 小时，为企业管理部门提供 1 000 小时，辅助生产费用按工时比例进行分配。

3．基本生产车间的制造费用按生产工时比例在甲、乙产品之间进行分配。

4．甲产品的原材料在生产开始时一次投入，直接材料费用按产成品和月末在产品数量的比例进行分配，直接人工费用和制造费用采用约当产量比例法进行分配。甲产品本月完工产成品 1 000 件，月末在产品 400 件，完工率为 40%。乙产品各月在产品数量变化不大，生产费用在产品与在产品之间的分配，采用在产品按固定成本计价法。甲、乙产品月初在产品成本资料见表 6-50 和表 6-51。

要求：编制会计分录、计算成本。

表 6-50 产品成本明细账

产成品产量： 件

产品名称：甲 2010 年 10 月 在产品约当产量： 件

项 目	直接材料(元)	直接人工(元)	制造费用(元)	合计(元)
月初在产品成本	16 000	11 900	16 600	44 500
本月生产费用				
生产费用合计				
分 配 率				
完工产成品成本				
月末在产品成本				

表 6-51 产品成本明细账

产品名称：乙 2010 年 10 月 完工数量：560 件

项 目	直接材料(元)	直接人工(元)	制造费用(元)	合计(元)
月初在产品成本	9 500	3 500	5 000	18 000
本月生产费用				
生产费用合计				
完工产成品成本				
月末在产品成本				

第三次课(4 学时)　成本计算的基本方法品种法的延伸——分类法

【知识目标】

1．分类法的含义和适用范围及特点。
2．分类法的计算程序。
3．分类法的案例分析及副产品成本的计算。

【能力目标】

1．登记产品成本明细账。
2．编制成本计算单。

【问题提示】

1．分类法的特点及适用范围是什么？
2．分类法的计算程序是什么？
3．按类归集生产费用，计算一类产品成本后，是否需要按品种计算产品成本？

【基础知识】

一、分类法认知

(一) 分类法的含义及适用范围

分类法也称系数法。该方法是按产品类别归集生产费用，先计算各类完工产品的总成本，然后再按一定标准在同类产品中分配计算出各品种或规格产品成本的一种方法。

这种方法主要适用于产品品种或规格较多的企业。在这类企业中，如果以每种产品或每一规格产品作为成本核算对象，其核算工作量会非常大，所以为了简化成本核算工作，可采用分类法。

从根本上说，分类法不是一种独立的成本核算方法。分类法所要解决的根本问题是在一类产品已经完工、该类产品总成本已经计算出来的基础上，如何把该类产品的总成本在该类别内部各种不同规格或型号的产品中分配的问题。所以，分类法的费用归集方法、各种费用的分配等，都是采用成本计算的基本方法进行的，只是以类别作为费用归集和分配的对象而已。

(二) 分类法的特点

1．以产品的类别作为成本计算对象

采用分类法计算产品成本时，首先，要根据产品所用原材料和工艺技术过程的不同，将产品划分为若干类，按照产品的类别开设成本计算单，按类归集产品的生产费用，计算各类产品成本；其次，选择合理的分配标准，在每类产品的各种产品之间分配费用，计算每类产品内各种产品的成本。

2. 分类法的成本计算期应视产品生产类型及管理要求而定

如果是大量大批生产，应结合品种法或分步法进行成本计算，每月月末定期计算产品成本；如果与分批法结合运用，成本计算期可不固定，而与生产周期一致。所以，分类法并不是一种独立的成本计算方法，而是在3种基本的成本计算方法基础上计算多规格产品而采用的一种简化方式。相应的表现为3种形式：第一，品种法下的分类法，是以产品类别作为成本计算对象；第二，分批法下的分类法，即分批分类法，是以批内产品类别作为成本计算对象；第三，分步法下的分类法，即分步分类法，是以半成品类别作为成本计算对象。

(三) 影响分类法成本计算正确性的因素

合理划分产品类别，选择适当的类内成本分配标准，是影响分类法成本计算的关键。

1. 确定产品类别

产品类别的确定是否适当，是采用分类法时能否做到既简化成本计算工作，又使各类产品成本计算相对正确的关键。一般应将产品的结构、生产工艺技术和所耗原材料基本相同或相近的产品归为一类，类距定得太大，会影响成本计算的正确性；类距定得太小，起不到简化成本计算工作的作用。

2. 选择类内产品费用分配标准

类内产品费用分配标准是否合理，是影响各种产品成本计算相对正确的关键。类内产品费用分配标准有定额消耗量、定额费用、售价及产品的重量、体积和长度等。选择分配标准时，必须尽可能选择与产品成本的高低关系较大的分配标准。各成本项目可采用同一分配标准，也可采用不同的分配标准，以便使分配结果更加合理。

(四) 案例分析

1. 定额比例法

如果企业定额基础比较好，各项消耗定额比较齐全、准确和稳定，某类完工产品总成本可按该类内各种产品的定额消耗指标比例进行分配，这种方法称定额比例法。

$$\text{某类产品某项费用分配率}=\frac{\text{该类完工产品该项费用总额}}{\text{该类内各种产品该项费用的定额成本(或定额耗用量)之和}}$$

$$\text{类内某种产品某项费用的实际成本}=\text{类内该种产品该项费用的定额成本(或定额消耗量)}\times\text{该类产品该项费用分配率}$$

2. 系数法

系数法是将分配标准折算成相对固定的系数，按照系数在类别内部各种产品之间分配费用，计算产品成本。确定系数时，在同类产品中选择一种产品为标准产品。作为标准产品必须具有代表性，一般具有产量大、生产比较稳定和规格适中的特点。将单位标准产品的分配标准数量的系数定为1，再将类内其他各种产品的分配标准数量与标准产品的分配标准数量相比，其比率即为类内其他各种产品系数。将各种产品的实际产量按系数折算为标准产量。系数一经确定，应相对稳定不变。现以产品价格为分配费用的标准，说明系数的折合方法。

$$折合系数=\frac{某规格产品的售价}{标准产品的售价}$$

在计算出折合系数的基础上，根据各种产品的产量，计算出类内全部产品的总系数，其计算方法如下。

$$类内产品总系数=\Sigma(类内某产品实际产量\times该产品折合系数)$$

然后，根据本期该类产品的实际总成本计算出来的类内产品总系数计算出每一系数成本，计算方法如下。

$$每一系数成本=\frac{该类产品本期实际总成本}{类内产品总系数}$$

最后，计算类内每种产品的实际成本，计算方法如下。

每种产品实际成本＝该种产品总系数×每一系数成本

【例 6-8】某企业按分类法进行核算，月末计算出各类产品的实际总成本，其中 A 类产品的成本及有关资料见表 6-52 和表 6-53。该类产品以各种产品的售价作为分配标准。

表 6-52　分类产品成本计算单

产品类别：A 类　　2012 年 12 月　　单位：元

项目	直接材料	直接人工	制造费用	合　计
月初在产品	400	200	300	900
本月发生费用	26 000	1 000	2 100	29 100
合计	26 400	1 200	2 400	30 000
月末在产品	3 200	600	1 780	5 580
本月完工产品成本	23 200	600	620	24 420

表 6-53　A 类产品基本资料

产品类别	规格(厘米)	本期实际产量(件)	单位售价(元)
A 类	90	500	15
	100	700	20(标准产品)
	110	800	24

根据以上条件，A 类产品成本的分配如下。

(1) 计算各种产品的折合系数。

100 厘米产品的折合系数为 1；90 厘米产品的折合系数为 $\frac{15}{20}=0.75$；110 厘米产品的折合系数为 $\frac{24}{20}=1.2$。

(2) 计算各种产品的总系数。

90 厘米产品的总系数为 500×0.75=375；100 厘米产品的总系数为 700×1=700；110 厘米产品的总系数为 800×1.2=960；全部产品总系数为 375＋700＋960=2 035。

(3) 每一系数成本：$\frac{24\ 420}{2\ 035}=12$ (元)。

(4) 各种产品的成本。

90 厘米产品的总成本为 375×12=4 500 (元)；100 厘米产品的总成本为 700×12=8 400(元)；110 厘米产品的总成本为 960×12=11 520 (元)。

各种产品总成本为 24 420 元。

以上分配结果见表 6-54。

表 6-54　规格产品成本计算表

类别：A　　2012 年 12 月

产品规格	产量(件)	折合系数	总系数	完工产品总成本(元)	每一系数成本(元)	各规格产品总成本(元)	单位产品成本(元)
90 厘米	500	0.75	375			4 500	9
100 厘米	700	1	700			8 400	12
110 厘米	800	1.2	960			11 520	14.40
合计			2 035	24 420	12	24 420	

(五) 副产品的成本计算

主、副产品是耗用相同的原材料，经过同一生产过程生产出来的。如果联合生产过程结束，副产品即可验收入库并对外销售，可视副产品比重大小，进行成本计算。如果副产品比重较小，为了简化成本核算，可不计算副产品成本。如果副产品比重较大，为了正确计算主、副产品的成本，副产品应按照一定方法计价后从联合成本“直接材料” 成本项目中一笔扣除，或按比例从各成本项目中分别扣除。扣除后的成本就是主产品成本。副产品的计价方法，可以以售价为基础，减去销售税费和正常销售利润后的余额计价；也可以按计划单价计价。

如果联合生产过程结束后，副产品还需继续加工，其成本计算可以根据生产情况和管理要求，采用以下两种方法。

(1) 副产品只负担分离后发生的可归属成本，不负担分离前联合成本。例如，某厂生产甲产品过程中附带生产出可以加工成乙副产品的材料，该材料需加工后才能对外销售。某月生产甲产品 4 000 千克，乙副产品的材料 1 000 千克，发生联合成本 96 000 元，用乙副产品的材料进一步加工成乙副产品 800 千克，加工成本为 2 480 元。则甲产品的总成本为 96 000 元，单位成本为 24 元；乙副产品的总成本为 2 480 元，单位成本为 3.10 元。

(2) 副产品既负担分离后发生的可归属成本，也负担分离前联合成本。仍以上例资料为例，假定乙副产品材料的计划单价为 2 元/千克。

乙副产品应负担的联合成本为 1 000×2＝2 000(元)；

乙副产品总成本为 2 000＋2 480＝4 480(元)；

乙副产品单位成本为 $\frac{4\ 480}{800}=5.6$ (元/千克)；

甲产品的总成本为 96 000－2 000＝94 000(元)；

甲产品的单位成本为 $\frac{94\ 000}{4\ 000}=23.5$ (元/千克)。

【课堂技能训练】

假定某企业产品品种繁多，成本计算采用分类法，将产品结构、所耗原材料和工艺过程相近的 A、B、C 3 种产品合为一类——甲类计算成本。该类产品的月末在产品成本按所耗原材料费用计算，其6月月初在产品成本、6月生产费用和6月月末在产品成本资料见表6-55。

表 6-55 月初在产品成本、本月生产费用和月末在产品成本

2012 年 6 月　　单位：元

成本项目	直接材料	直接人工	制造费用	合　计
月初在产品成本	7 500			7 500
本月生产费用	19 680	5 390	3 388	28 458
月末在产品成本	1 180			1 180

该类产品的直接材料费用按各种产品的直接材料费用系数进行分配，直接材料费用系数按直接材料消耗定额确定。该企业规定 B 产品为标准产品。该类产品的直接人工和间接制造费用均按各产品的定额工时比例分配。各种产品的产量、单位产品直接材料消耗定额和工时定额见表 6-56。

表 6-56 各种产品相关资料

产品名称	产量(件)	单位产品直接材料消耗定额(千克)	工时定额
A	450	8	14
B	500	10	15
C	100	14	16

要求：

(1) 请将直接材料费用系数计算表(表 6-57)填写完整。

表 6-57 直接材料费用系数计算表

产品名称	单位产品直接材料消耗定额(千克)	系　数
A	8	
B	10	
C	14	

(2) 登记该类产品成本明细账(表 6-58)，计算该类完工产品成本，填制类内各完工产品成本计算表(表 6-59)。

表 6-58 产品成本明细账

产品类别：甲类　　2012 年 6 月　　单位：元

月	日	摘　要	直接材料	直接人工	制造费用	合计
6	1	月初在产品成本				
	30	本月生产费用				
		合　计				
		完工产品成本				
		月末在产品成本				

表 6-59 类内各完工产品成本计算表

产品类别：甲类 2012 年 6 月 单位：元

产品名称	产量(件)①	直接材料费用系数②	直接材料费用总系数③=①×②	工时定额④	定额工时⑤=①×④	直接材料⑥	直接人工⑦	制造费用⑧	总成本⑨=⑥+⑦+⑧	单位成本⑩=⑨÷①
A										
B										
C										

直接材料分配率＝

直接人工分配率＝

制造费用分配率＝

根据表 6-59 编制结转甲类各完工产品成本的会计分录，填制转账记账凭证(表 6-60)。

表 6-60 转账记账凭证

年 月 日 凭证编号______

摘要	科目		借方金额											贷方金额											记账符号
	总账科目	明细科目	亿	千	百	十	万	千	百	十	元	角	分	亿	千	百	十	万	千	百	十	元	角	分	
附单据 张	合计																								

会计主管人员 记账 稽核 制单

【课后训练】

一、单项选择题

1．采用分类法的目的是(　　)。

A．简化各类产品成本的计算工作　　B．分类计算产品成本

C．简化各种产品成本的计算工作　　D．分品种计算产品成本

2．必须采用分类法计算成本的产品是(　　)。

A．等级品　　B．主产品　　C．副产品　　D．联产品

3．产品成本计算分类法的特点是(　　)。

A．按照产品品种计算成本

B．按照产品类别计算成本

C. 按照产品类别归集生产费用，同类产品内各种产品的各种费用均采用分配方法分配计算

D. 按照产品类别归集生产费用，同类产品内各种产品的直接计入费用直接计入，间接计入费用采用分配方法分配计入

4. 联产品与副产品的区别主要在于(　　)。

A. 成本计算方法不同　　B. 投入的原材料不同

C. 生产工艺流程不同　　D. 出售的价值大小不同

5. 某工业企业投入原材料经过同一生产过程生产 A、B 两种产品，其中 A 产品为主产品，B 产品为副产品，两种产品作为一类归集生产费用后，计算出的总成本为 36 800 元。本月副产品的实际产量为 500 千克，每千克计划单价为 2 元，主产品的实际产量为 2 000 千克，则主产品的单位成本为(　　)。

A. 18.4 元　　B. 17.9 元　　C. 18.9 元　　D. 23.8 元

二、多项选择题

1. 在采用分类法的情况下，做到既简化成本计算工作，又使成本计算相对正确的关键是(　　)。

A. 产品类距越小越好　　B. 适当地进行产品分类

C. 必须对各成本项目采用同一分配标准　　D. 恰当地选择费用分配标准

2. 采用分类法计算产品成本时，同类产品内各种产品之间分配费用的标准有(　　)。

A. 定额消耗量　　B. 定额费用

C. 产品体积、长度或重量　　D. 售价

3. 采用分类法计算产品成本时，同类产品内各种产品之间分配费用的方法主要有(　　)。

A. 按定额消耗量或定额费用比例分配

B. 将分配标准折合成相对固定的系数，按系数分配

C. 按不同的成本项目分别采用不同的标准分配

D. 按标准产品产量比例分配

4. 副产品的计价，可以采用(　　)。

A. 按售价减去销售税费和正常销售利润后的余额计价

B. 按标准产品单位成本计价

C. 计划单价计价

D. 按主产品单位成本计价

5. 采用分类法计算产品成本的优点是(　　)。

A. 可以简化各类产品的成本计算工作

B. 可以简化各种产品的成本计算工作

C. 可以分类掌握产品成本水平

D. 可以使类内各种产品成本的计算结果更为准确

三、判断题

1. 采用分类法计算产品成本，每类产品内工作产品的直接计入费用和间接计入费用，

均采用分配方法分配计算。（　）

2．若副产品的价值很小，主、副产品的联合成本可以全部由主产品负担（　）

3．只要产品的品种、规格繁多，就可以采用分类法计算产品成本。（　）

4．主、副产品在分离前作为同一类产品归集生产费用。（　）

5．由于产品内部结构、所耗原材料质量或工艺技术上的要求不同而造成的等级品，可以采用分类法计算成本。（　）

四、综合实务题

1．某工厂产品品种较多，按生产工艺及结构将产品分为甲、乙两类。甲类包括A、B、C 3种产品，B产品为标准产品。有关产量及成本资料见表6-61和表6-62。

表6-61　产量记录与定额资料

类别：甲类产品　　201×年×月

产品	本月完工产品产量/件	原材料费用定额(元/件)	工时定额(小时)
A	300	40	72
B	400	50	80
C	220	35	60

表6-62　产品成本明细表

年 月	日	凭证号码	项　目	直接材料	直接人工	制造费用	合　计
8	31	略	月初在产品成本（定额成本）	41 910	13 530	44 550	99 990
8	31		本月生产费用	53 340	18 500	60 090	131 930
8	31		合计	95 250	32 030	104 640	231 920
8	31		完工产品成本	64 770	19 320	62 790	146 880
8	31		月末在产品成本	30 480	12 710	41 850	85 040

要求：根据以上资料，采用系数法计算类内各种产品成本。其中，原材料项目以材料费用定额为分配标准，其他费用项目以工时定额为分配标准。(分配率保留6位小数)

(1) 编制“产品系数计算表”(表6-63)。

表6-63　产品系数计算表

2012年6月

产　品	产量/件	直接材料费用定额(元/件)	直接材料费用		工时定额(小时)	其他费用系数	
			单位系数	总系数		单位系数	总系数
A	300	40			72		
B	400	50			80		
C	220	35			60		

(2) 编制“类内各种产品成本计算表”(表 6-64)。

直接材料分配率＝

A 产品直接材料费用＝

B 产品直接材料费用＝

C 产品直接材料费用＝

表 6-64　类内各种产品成本计算表

金额单位：元

产品名称	产量/件	分配标准		完工产品总成本				单位成本
		直接材料总系数	其他费用总系数	直接材料	直接人工	制造费用	合计	
A	300							
B	400							
C	220							
合计	–							

表 6-64 中，各项费用合计数是待分配费用，它应根据表 6-62 产品成本明细表中完工产品成本一行中的数据填列，C 产品各成本项目金额采用倒减的方法确定。

直接人工分配率＝

A 产品直接人工＝

B 产品直接人工＝

C 产品直接人工＝

制造费用分配率＝

A 产品制造费用＝

B 产品制造费用＝

C 产品制造费用＝

第四次课(4 学时)　成本计算的基本方法——分批法

【知识目标】

1．分批法的特点和适用范围及其计算程序。
2．简化分批法的特点，掌握简化分批法的计算程序及其应用。

【能力目标】

1．登记产品成本明细账、编制记账凭证。
2．熟练运用分批法的基本原理解决生产实际问题。

【问题提示】

1．分批法的特点及适用范围是什么？

2．分批法成本计算的一般程序是什么？
3．什么是简化的分批法？
4．简化分批法的适用范围是什么？
5．简化分批法的特点是什么？
6．简化分批法的应用条件是什么？
7．简化分批法间接计入费用的分配方法是什么？

【基础知识】

一、分批法认知

(一) 分批法的特点及适用范围

1. 分批法的概念

产品成本计算的分批法，是指按照产品批别或订货合同的“订单”归集生产费用、计算产品成本的一种方法。

2. 分批法的适用范围

分批法适用于小批生产和单件生产的企业。这种小批单件生产的企业往往根据客户的要求生产特殊规格、规定数量的产品。例如，造船厂的船舶制造、重型机械厂的专用设备、重型机械的制造，它们可以是单件，也可以是几件。有些企业的生产必须根据市场的需要不断改变产品品种和数量，一般不可能大批量生产，如高档时装的生产。又如，机械修理厂，通常按每项修理业务计算产品成本。另外，还适用于新产品的试制和辅助生产的工具模具的制造等。

3. 分批法的特点

(1) 成本计算对象

分批法的成本计算对象是产品批别(或订单)或工作令号。产品批别一般根据客户的订单确定，但产品的批别与订单并不完全相同。根据客户的要求和生产组织的需要，一张订单可分成多个批别组织生产，几张相同产品的订单也可合为一批组织生产，计算成本。

(2) 成本计算期

分批法的成本计算期不固定(这是与其他方法的根本区别)，一般来说与各批产品的生产周期一致，与会计报告期不一致。一般不需要进行完工产品与在产品成本的分配。

在单件生产下，月末不需要进行完工产品与在产品成本的分配；如果是小批生产，批内产品往往都能同时完工，在月末计算产品成本时，或是全部已经完工，或是全部没有完工，因而，一般也不存在生产费用在完工产品与在产品之间分配的问题。但在批内产品跨月陆续完工并且出售的情况下，月末计算成本时，一部分产品已完工，另一部分尚未完工，这时就要在完工产品与在产品之间分配生产费用，以便计算完工产品成本和月末在产品成本。此时的分配方法视情况而定：若批内产品跨月陆续完工的情况较多，月末批内完工产品的数量占全部批量的比重较大，则生产费用在完工产品与在产品成本之间的分配，应相应采用定额比例法或约当产量法或在产品按定额成本计价法等方法；若批内产品跨月陆续完工的情况不多，可采用简便的分配方法，即按计划单位成本、定额单位成本或最近一期相同产品的实际单位成本计算完工产品成本。但在该批产品全部完工时，应计算该批产品的实际总成本和实际单位成本；对已经转账的完工产品成本，不作账目调整。

(二) 分批法的计算程序

分批法的成本计算程序如下。

(1) 财会部门根据生产计划部门下达的“生产任务通知单”中注明的工作令号，开设各批别或订单的产品成本计算单，并根据费用发生的用途确定成本项目，设置成本计算单的专栏。

(2) 根据各项生产费用发生的原始凭证等资料，编制要素费用分配表。

(3) 期末，将辅助生产车间归集的制造费用分配转入辅助生产成本明细账，再汇集辅助生产车间发生的费用，按其提供的劳务数量，在各批别或订单产品、制造费用以及其它受益对象之间进行分配。

(4) 将基本生产车间“制造费用明细账”中归集的制造费用进行汇总，根据投产的批别或订单的完成情况，选择采用“当月分配法”或“累计分配法”分配制造费用。

(5) 当某批产品批量较大，又存在跨月陆续完工或分次交货情况时，应在批内计算完工产品成本和月末在产品成本。

(6) 月末将各批完工产品成本以及批内陆续完工产品的成本加以汇总，编制“完工产品成本汇总表”，结转完工入库产品的成本。

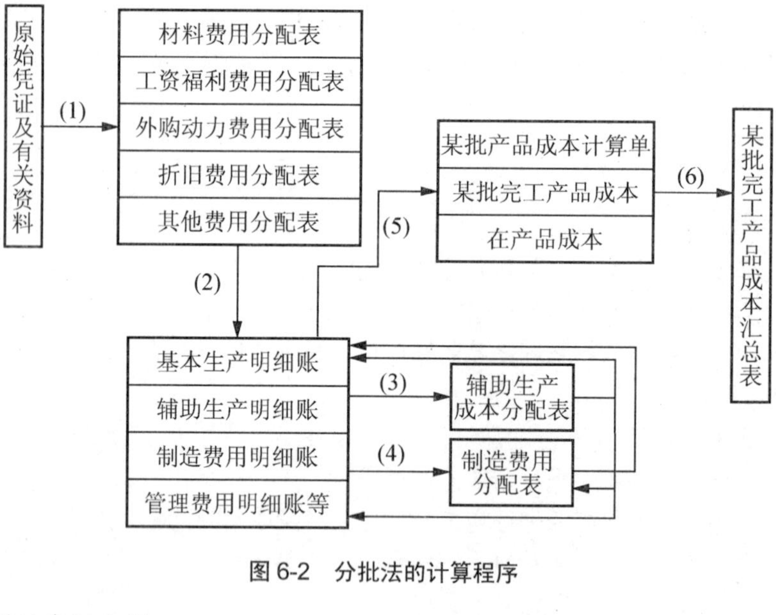

图 6-2　分批法的计算程序

(三) 分批法案例分析

【例 6-9】甲企业根据某订单生产机床 10 台，其中 6 台已完工，4 台尚未完工，完工程度 50%，已投料 10 000 元，还有 2 000 元材料尚未投入，发生的工费成本为 4 800 元。要求：分配计算完工产品和在产品成本。

解析：

$$每台机床的材料成本=\frac{10\ 000+2\ 000}{10}=1\ 200(元)$$

$$每台机床的工费成本=\frac{4\ 800}{6+4\times 50\%}=600(元)$$

完工 6 台机床成本＝1 200×6＋600×6＝10 800(元)

4 台在产品成本＝(10 000－7 200)＋(4 800－3 600)＝4 000(元)

注意：这种情况不应太多，如太多应改用品种法。

二、简化分批法

简化分批法又称间接(计入)费用累计分配法、不分批计算在产品成本的分批法。

(一) 适用范围

在投产批别较多而且月末未完工批别也较多的企业，多采用此法。分配间接费用可只在完工产品之间进行。

(二) 成本账户的设置

按批别设置产品成本明细账并设置基本生产成本二级账。

在各批产品完工之前，产品成本明细账内只按月登记直接材料费用和生产工时。每月发生的各项间接计入费用(包括直接人工、制造费用等)，不是按月在各批产品之间进行分配，而是先通过基本生产成本二级账进行归集，按成本项目累计起来，仅在有产品完工的月份，按照完工产品累计生产工时的比例，在各批完工产品之间直接进行分配。对未完工的在产品则不分配间接计入费用。

(三) 间接计入费用的分配方法

对各批完工产品分配间接计入费用，一般按完工产品累计生产工时比例分配。

$$间接费用累计分配率=\frac{全部产品累计间接计入费用}{全部产品累计工时}$$

$$=\frac{月初结存间接费用余额+本月间接费用发生额}{月初在产品工时数+本月发生工时数}$$

某批完工产品应负担的间接费用＝该批完工产品累计工时×间接费用累计分配率

(四) 应用条件

简化分批法只宜在各月间接计入费用水平相差不多的情况下采用，否则会影响各月产品成本的正确性；月末未完工产品的批数不多，也不宜采用此法。

(五) 案例分析

【例 6-10】假设某厂某车间属小批生产，产品批数多。为了简化核算，采用简化分批法，即间接费用累计分批法。该厂 2012 年 6 月的产品批号如下。

9805 批号：甲产品 8 台，5 月投产，本月完工。

9806 批号：乙产品 4 台，5 月投产，本月尚未完工。

9807 批号：丙产品 5 台，6 月投产，本月尚未完工。

该厂 6 月的月初在产品成本和本期生产费用及实耗工时已归集在“生产成本二级账”和各批产品成本明细账内，见表 6-65～表 6-68。

表 6-65 生产成本二级账

单位：元

2012 年		摘要	实耗工时	直接材料	直接人工	制造费用	合计
月	日						
5	31	余额	10 800	24 000	23 500	24 060	71 560
6	30	本月发生	20 900	61 200	43 070	33 000	137 270
6	30	累计		85 200	66 570	57 060	208 830
6	30	间接费用累计分配率	31 700		2.1	1.8	
6	30	完工转出	−11 600	−26 500	−24 360	−20 880	−71 740
6	30	余额	20 100	58 700	42 210	36 180	137 090

表 6-66 产品成本明细账

批号：9805　　开工日期：2012 年 5 月

产品名称：甲产品　批量：8 台　　完工日期：2012 年 6 月　　单位：元

2012 年		摘要	实耗工时	直接材料	直接人工	制造费用	合计
月	日						
5	31	本月发生	6 200	15 500			
6	30	本月发生	5 400	11 000			
6	30	累计数及间接费用累计分配率	11 600	26 500	2.1	1.8	
6	30	完工 8 台转出	−11 600	−26 500	−24 360	−20 880	−71 740
6	30	单位成本		3 312.50	3 045.00	2 610.00	8 967.50

表 6-67 产品成本明细账

批号：9806　　开工日期：2012 年 5 月

产品名称：乙产品　批量：4 台　　完工日期：　　单位：元

201×年		摘要	实耗工时	直接材料	直接人工	制造费用	合计
月	日						
5	31	本月发生	4 600	8 500			
6	30	本月发生	6 300	5 200			

表 6-68 产品成本明细账

批号：9807　　开工日期：2012 年 6 月

产品名称：丙产品　批量：5 台　　完工日期：　　单位：元

2012 年		摘要	实耗工时	直接材料	直接人工	制造费用	合计
月	日						
6	30	本月发生	9 200	45 000			

在生产成本二级账中，各项间接费用累计分配率计算如下。

$$直接人工累计分配率=\frac{66\,570}{31\,700}=2.1$$

$$制造费用累计分配率=\frac{57\,060}{31\,700}=1.8$$

在各批产品成本明细账中，对于有完工产品的月份，除了登记直接材料费用和实耗工时，以及各该累计数以外，还应根据生产成本二级账登记各项间接费用累计分配率，计算该批产品负担的间接费用。没有完工产品的月份，则不登记间接费用。因而在各批产品成本明细账中，对月末在产品只反映实耗工时和直接材料费用(在计件工资制下，还可反映直接人工费用)。

【课堂技能训练】C 项目

秦皇岛市玻璃钢厂有一个造船生产车间，2012 年 6 月接福建某企业订单，生产 50 艘民用冲锋舟。其他资料如下。

(1) 总体材料汇总表(根据领料单等原始凭证汇总)见表 6-69。

表 6-69　50 艘民用冲锋舟所耗总体材料汇总表

材料名称	单位	消耗量	单价	金额	备注
树脂	千克	7 500	10.00		
胶衣	千克	1 250	30.00		
中碱布 0.2	米	5 750	2.00		
中碱布 0.4	米	10 750	2.60		
短切毡	千克	500	15.00		
其他辅料	千克	3 300	14.09		
铁件	套	50	441.88		
标准件	套	50	101.20		
其他配件	个	2 800	12.59		
船用木材	米^3	12	1 700.00		
合计					

要求：计算总体材料汇总表的金额，填入表 6-69；编制会计分录，填制转账记账凭证(表 6-70 和表 6-71)。

表 6-70　转账记账凭证

2012 年 6 月 30 日　　　　凭证编号______

摘　要	借方科目		贷方科目		金　额											记账符号
	总账科目	明细科目	总账科目	明细科目	亿	千	百	十	万	千	百	十	元	角	分	
附单据　张	合计															

会计主管人员　　　　记账　　　　稽核　　　　制单

表 6-71　转账记账凭证

2012 年 6 月 30 日　　　　凭证编号______

摘　要	借方科目		贷方科目		金额											记账符号
	总账科目	明细科目	总账科目	明细科目	亿	千	百	十	万	千	百	十	元	角	分	
附单据　张	合计															

会计主管人员　　　　记账　　　　稽核　　　　制单

(2) 造船车间人工费用汇总表和人工费用分配表分别见表 6-72 和表 6-73。

表 6-72　造船车间人工费用汇总表

2012 年 6 月 30 日

工种	岗位	人数(人)	底薪总额(元)	产量	单位计件工资(元)	计件工资(元)	合计(元)
糊制工人	正班长	1	500	50	1×36		
	副班长	1	500	50	1×34		
	其余人员	23	11 500	50	23×30		
装配人员	正班长	1	500	50	1×34		
	副班长	1	500	50	1×30		
	其余人员	15	7 500	50	15×26		
修理工	班长	1	500	50	1×30		
	其余人员	4	2 000	50	4×24		
库房管理人员		1	500	50	1×24		
小计		48	24 000				
车间管理人员	主任	1	1 200	50	1×40		
	书记	1	1 050	50	1×38		
	调度	1	500	50	1×36		
	成本和技师	2	1 000	50	2×30		
	材料和检验	2	1 000	50	2×30		
小计		7	4 750				
合计		55	28 750				

表 6-73　造船车间人工费用分配表

2012 年 6 月 30 日　　　　单位：元

应借科目	人工费用
基本生产成本——民用冲锋舟	
制造费用	
合计	

要求：填列造船车间人工费用汇总表(表 6-72)、人工费用分配表(表 6-73)；编制会计分录，填制转账记账凭证(表 6-74)。

表 6-74　转账记账凭证

年　　月　　日　　　　凭证编号＿＿＿＿

摘　要	借方科目		贷方科目		金　额											记账符号
	总账科目	明细科目	总账科目	明细科目	亿	千	百	十	万	千	百	十	元	角	分	
附单据　　张	合计															

会计主管人员　　　　记账　　　　稽核　　　　制单

(3) 造船车间制造费用明细账见表 6-75。

表 6-75　制造费用明细账

造船车间　　　　2012 年 6 月 30 日　　　　单位：元

项目	单位成本	实际消耗量	金额	转出
车间管理人员薪酬				
低值易耗品	2.22	225		
劳保用品	12	50		
折旧费	40	50		
水电费	120	50		
办公费	30	50		
机物料消耗	60	50		
修理费	70	50		
采暖费	20	50		
其他	30	50		
合计	384.22			

要求：登记制造费用明细账(表 6-75)，编制会计分录，填制转账记账凭证(表 6-76)。

表 6-76　转账记账凭证

年　　月　　日　　　　　　　　凭证编号______

摘　要	借方科目		贷方科目		金　额											记账符号
	总账科目	明细科目	总账科目	明细科目	亿	千	百	十	万	千	百	十	元	角	分	
附单据　张	合计															

会计主管人员　　　　记账　　　　稽核　　　　制单

(4) 要求登记产品成本明细账(表 6-77)。

表 6-77　产品成本明细账

产品名称：民用冲锋舟　　产量：50 艘　　2012 年 6 月 30 日　　　　单位：元

摘要	直接材料	直接人工	制造费用	合计
本月生产费用				
本月完工产品成本				
本月完工产品单位成本				

要求：编制会计分录，填制转账记账凭证(表 6-78)。

表 6-78　转账记账凭证

年　　月　　日　　　　　　　　凭证编号______

摘　要	借方科目		贷方科目		金　额											记账符号
	总账科目	明细科目	总账科目	明细科目	亿	千	百	十	万	千	百	十	元	角	分	
附单据　张	合计															

会计主管人员　　　　记账　　　　稽核　　　　制单

【课后训练】

一、单项选择题

1．在简化分批法下，累计间接费用分配率(　　)。
A．只是在各批产品之间分配间接费用的依据
B．只是在各批在产品之间分配间接费用的依据
C．既是在各批产品之间，也是在完工产品与在产品之间分配间接费用的依据
D．只是在完工产品与在产品之间分配间接费用的依据

2．分批法的成本计算对象是(　　)。
A．产品品种　　B．产品批别　　C．产品类别　　D．产品的生产步骤

3．分批法一般是按客户的订单来组织生产的，所以也称(　　)。
A．订单法　　B．系数法　　C．分类法　　D．定额法

4．分批法适用于(　　)。
A．大量大批生产　　B．大量大批多步骤生产
C．大量大批单步骤生产　　D．小批单件生产

5．在简化分批法下，在产品完工以前，产品成本明细账(　　)。
A．登记间接费用和生产工时　　B．只登记原材料费用
C．不须登记任何费用　　D．只登记直接费用和生产工时

6．分批法的成本核算对象是(　　)。
A．产品订单　　B．产品批别　　C．生产计划　　D．产品品种

7．简化分批法 (　　)。
A．不分配结转完工产品直接计入费用　　B．不分配结转未完工产品直接计入费用
C．不分配结转完工产品间接计入费用　　D．不分配结转未完工产品间接计入费用

8．如果一张订单中有几种不同的产品，则其成本明细账按(　　)设置。
A．该订单　　B．该订单下不同的产品
C．该订单下各类产品的不同步骤　　D．产品完工的不同顺序

9．简化的分批法是(　　)。
A．产品成本的分批法
B．不分批计算在产品成本的分批法
C．不分批计算完工产品成本的分批法
D．分批计算完工产品和在产品成本的分批法

10．在各种产品成本计算方法中，必须设置基本生产成本二级账的方法是(　　)。
A．分类账　　B．定额法
C．简化分批法　　D．平行结转分步法

二、多项选择题

1．分批法适用于(　　)。
A．小批生产
B．管理上不要求分步计算成本的多步骤生产

C．分批轮番生产同一种产品

D．单件生产

2．采用简化分批法，各月(　　)。

A．只计算完工产品成本

B．只对完工产品分配间接费用

C．不分配计算在产品成本

D．不在完工产品与在产品之间分配费用

3．采用分批法计算产品成本时，如果批内产品跨月陆续完工的情况较多，完工产品数量占全部批量的比重较大，可以采用(　　)在完工产品和在产品之间分配费用。

A．约当产量法

B．按近期相同产品的实际单位成本计价的方法

C．定额比率法

D．定额成本法

4．采用累计间接费用分配法必须具备(　　)。

A．各月份间接费用水平比较均衡

B．各月份间接费用水平相差较大

C．月末未完工产品批数较少

D．月末未完工产品批数较多

5．下列适宜用分批法计算产品成本的有(　　)。

A．专用设备的制造

B．供电企业

C．小批单件生产

D．成批生产

6．分批法的适用范围包括(　　)等。

A．单件小批单步骤生产

B．提供劳务的生产

C．管理上不要求分步计算成本的单件小批多步骤生产

D．新产品试制、自制设备、工具、模具等生产

7．分批法的特点包括(　　)。

A．以产品批别作为成本核算的对象

B．成本计算期与产品生产周期一致

C．一般不需要在完工产品和期末在产品之间分配生产费用

D．期末在产品不负担间接计入费用

8．采用简化的分批法,基本生产成本二级账与其所属各批次产品成本明细账(产品成本计算单)核对的内容包括(　　)。

A．直接计入费用(直接材料项目)余额与各明细账余额之和相等

B．间接计入费用(人工费用、制造费用项目)余额与各明细账余额之和相等

C．累计工时与各明细账累计工时之和相等

D．全部费用余额与各明细账期末在产品成本之和相等

9．分批法成本计算的特点是(　　)。

A．以生产批次作为成本计算对象

B．产品成本计算期不固定

C．按月计算产品成本

D．一般不需要进行完工产品和在产品成本分配

10. 采用简化的分批法(　　)。

A. 必须设立基本成本明细账

B. 在产品完工之前，产品成本明细账只登记直接计入费用(如原材料费用)和生产工时

C. 在生产成本明细账中登记间接计入费用

D. 不分批计算在产品成本

三、判断题

1. 采用分批法，如果批内产品跨月陆续完工情况不多，完工产品数量占全部批量较小，完工产品可按计划成本或定额成本计算。(　　)

2. 采用分批法计算产品成本，只有在该批产品全部完工时才计算完工产品成本。(　　)

3. 如果一个订单的批量较大，可以把它分为几批组织生产。(　　)

4. 在分批法下，成本计算对象进行具体分析。同一种产品也有可能进行分批生产，这也要求分批计算产品成本。(　　)

5. 分批法成本计算期与核算报告期基本一致，而与产品生产周期不一致。(　　)

6. 分批法下生产成本只需按产品批别或订单及生产通知单设置明细账，不需按生产基本环节设置明细账。(　　)

7. 如果各月间间接计入费用水平相差悬殊或月末未完工产品批数较多情况下，不宜采用累计间接费用分配法。(　　)

8. 分批法的成本计算程序与品种法基本上相同。(　　)

9. 分批法适用于大量大批单步骤生产或管理上不要求分步骤计算成本的多步骤生产。(　　)

10. 将间接计入费用在各批次产品之间的分配和在完工产品与在产品之间的分配结合起来，可以简化成本计算。(　　)

四、综合实务题

1. 资料

曙光厂生产甲、乙两种产品，属于小批生产，采用分批法计算成本。生产情况和生产费用资料如下。

(1) 4月生产的产品批号如下。

301批号甲产品5台，3月投产，本月完工。

401批号乙产品10台，本月投产，月末完工2台。

(2) 4月的成本资料如下。

301批号甲产品月初在产品费用为，直接材料6 000元，直接人工2 000元，制造费用5 000元，合计13 000元。

各批产品本月发生的费用见表6-79。

表 6-79　各批产品本月发生的费用　　单位：元

批号	直接材料	直接人工	制造费用
301		500	1 000
401	7 000	2 000	4 000

401 批号乙产品完工数量少，按计划成本结转，每台计划成本为直接材料 900 元，直接人工 230 元，制造费用 500 元，合计 1 630 元。

(3) 5 月的成本资料如下。

401 批号乙产品全部完工，5 月发生的直接人工费用为 800 元，制造费用为 1 400 元。

2．要求

(1) 计算 4 月各批产品完工产品和月末在产品成本，填制表 6-80。

(2) 计算 5 月 401 批号乙产品完工产品成本，填制表 6-81。

(3) 计算 401 批号乙产品全部完工产品实际总成本和单位成本，填制表 6-82。

表 6-80　产品成本明细账

产品批号：301　　购货单位：白云工厂　　投产日期：3 月
产品名称：甲产品　　批量：5 台　　完工日期：4 月

项目	直接材料	直接人工	制造费用	合计
月初在产品费用				
本月生产费用				
生产费用合计				
完工产品成本				
完工产品单位成本				

表 6-81　产品成本明细账

产品批号：401　　购货单位：大宇工厂　　投产日期：4 月
产品名称：乙产品　　批量：10 台　　完工日期：5 月
(本月完工 2 台)

项目	直接材料	直接人工	制造费用	合计
本月生产费用				
单台计划成本				
完工 2 台产品成本				
月末在产品成本				

表 6-82　产品成本明细账

产品批号：401　　购货单位：大宇工厂　　投产日期：4 月
产品名称：乙产品　　批量：10 台　　完工日期：5 月
(本月完工 8 台)

项目	直接材料	直接人工	制造费用	合计
月初在产品费用				

续表

项目	直接材料	直接人工	制造费用	合计
本月生产费用				
生产费用合计				
完工 8 台产品成本				
完工产品单位成本				

第五次课(4 学时)　成本计算的基本方法——逐步结转分步法

【知识目标】

1. 分步法的特点和适用范围及应用条件。
2. 逐步结转分步法的计算程序。
3. 综合成本还原方法。
4. 账务处理。

【能力目标】

1. 登记产品成本明细账。
2. 编制记账凭证。
3. 熟练运用逐步结转分步法的基本原理解决实际生产问题。

【问题提示】

1. 分步法的特点及适用范围是什么?
2. 分步法分为哪些种类?
3. 分步法成本计算的一般程序是什么?
4. 逐步结转分步法的概念和应用范围是什么?
5. 逐步结转分步法的优缺点各是什么?

【基础知识】

一、分步法认知

(一) 分步法认知

分步法是按照产品品种和每种产品所经过的生产步骤为核算对象，归集生产费用，计算产品成本的一种方法。

(二) 分步法的适用范围

主要适用于大量大批、管理上要求分步骤计算产品成本的多步骤生产，如纺织、冶金、造纸等连续加工式生产及机械制造等行业。

(三) 分步法的主要特点

1. 成本计算对象

分步法以各个加工步骤的各种产品作为成本计算对象，并据以设置产品成本明细账归集生产费用和计算产品成本。大量大批多步骤生产的企业，从原材料的投入到产成品制成完工，要经过一系列的加工步骤，如钢铁厂必须经过炼铁、炼钢、轧钢等加工步骤，每经过一个加工步骤，就生产出形态、性质不同的半成品，其计量单位也可能不尽相同，各步骤生产的半成品可能转入后续步骤继续加工成不同的产成品，也可能直接对外销售。因此，成本计算必须按各步骤的各种产品进行。但实际工作中，成本计算各步骤与实际的生产步骤并非完全一致。

2. 成本计算期

分步法的成本计算定期于每月月末进行，成本计算期与会计报告期一致，与产品的生产周期不一致。

3. 一般需要进行生产费用在完工产品与在产品之间的分配

在大量大批多步骤生产的情况下，原材料不断投入，产品不断产出，而且其生产周期比单步骤生产长，月末通常有一定数量的在产品，因此必须将按加工步骤所归集的生产费用，运用前面所介绍的有关方法在完工产品与在产品之间进行分配。

(四) 分步法的种类

分步法按是否需要计算和结转各步骤半成品成本分为逐步结转分步法和平行结转分步法两种。如果成本管理要求计算和结转各步骤半成品成本，可以采用逐步结转分步法计算产品成本。如果成本管理不要求计算和结转各步骤半成品成本，为了简化成本计算工作，可以采用平行结转分步法计算产品成本。

二、逐步结转分步法

(一) 逐步结转分步法的概念及适用范围

逐步结转分步法是指按各加工步骤归集生产费用，计算各加工步骤半成品成本，而且半成品成本随半成品实物转移在各加工步骤之间顺序结转，最后计算出产成品成本的一种成本计算方法。逐步结转分步法也称计算半成品成本的分步法或顺序结转分步法。

逐步结转分步法主要应用于连续式多步骤大批大量生产的企业，如纺织、造纸、机械制造、钢铁等。这些产品制造要经过若干生产步骤的逐步加工，前面各步骤生产的都是半成品，只有最后步骤生产的才是产成品。为加强成本管理与控制，往往不仅要计算各种产成品成本，而且要求计算各步骤半成品成本。

(二) 逐步结转分步法的核算程序

在逐步结转分步法下，各步骤所耗用的上一步骤半成品的成本，要随着半成品实物的转移，从上一步骤的产品成本明细账转入下一步骤相同产品的成本明细账中，以便逐步计算各步骤的半成品成本和最后步骤的产成品成本。

(1) 半成品不通过仓库收发，则半成品成本就在各步骤的产品成本明细账之间直接结转，不必编制结转半成品成本的会计分录。

(2) 半成品通过仓库收发，则应编制结转半成品成本的会计分录。验收入库时，借记“自制半成品”账户，贷记“基本生产成本”账户，下一步骤领用时，作相反的会计分录。

(三) 半成品成本结转方式及案例分析

按照结转的半成品成本在下一步骤产品成本明细账中的反映方式，逐步结转分步法可分为分项结转法和综合结转法。

1. 分项结转法

(1) 分项结转法的计算程序

分项结转法是将各步骤耗用的上一步骤半成品成本，按照成本项目分项转入各该步骤产品成本明细账的各个成本项目中。若半成品通过半成品库收发，在自制半成品明细账中登记半成品成本时，也要按照成本项目分别登记。一般情况下，分项结转多采用按实际成本分项结转的方法。

(2) 分项结转法的适用范围

一般适用于管理上不要求计算各步骤完工产品所耗上步骤半成品费用和本步骤加工费用，而要求按原始成本项目计算产品成本的企业。

(3) 分项结转法的特点

分项结转法的优点是可直接、正确地提供按原始成本项目反映的企业产品成本资料，便于从整个企业的角度考核和分析产品成本计划的执行情况，不需要进行成本还原。其缺点是成本结转工作较复杂；各步骤完工产品成本不能反映所耗上一步骤半成品费用和本步骤加工费用信息，不便于进行各步骤完工产品的成本分析。

【例 6-11】某企业生产甲产品，经过 3 个生产步骤，第一步生产半成品 A，第二步生产半成品 B，第三步生产产成品甲，每步骤均为一次投料，每步在产品完工率为 50%。要求：计算各步骤完工产品和在产品的成本，见表 6-83～表 6-86。

表 6-83　各步骤产品数量

单位：件

项目	第一步	第二步	第三步
完工	24	19	20
在产品	4	2	4

表 6-84　第一步：A 半成品成本计算单

单位：元

项目	直接材料	直接人工	制造费用	合计
月初在产品	160	20	50	230
本月发生	1 520	370	600	2 490
转出半成品 A	1 440	360	600	2 400
在产品成本	240	30	50	320

表 6-85　第二步：B 半成品成本计算单

单位：元

项目	直接材料	直接人工	制造费用	合计
月初在产品	300	45	70	415
本月发生	-	555	680	1 235
本月转入	1 440	360	600	2 400
转出半成品 B	1 577	912	1 282.50	3 771.50
在产品成本	163	48	67.5	278.50

表 6-86　第三步：甲产品成本计算单

单位：元

项目	直接材料	直接人工	制造费用	合计
月初在产品	650	115	90	855
本月发生		765	720	1 485
本月转入	1 577	912	1 282.50	3 771.50
产成品甲成本	1 860	1 620	1 902.28	5 382.28
在产品成本	367	172	190.22	729.22

第一步：材料单位成本$=\dfrac{160+1\,520}{24+4}=60$(元/件)

人工费用单位成本$=\dfrac{20+370}{24+4\times50\%}=15$(元/件)

制造费用单位成本$=\dfrac{50+600}{24+4\times50\%}=25$(元/件)

第二步：材料单位成本$=\dfrac{300\ +1\,440}{19+2}\approx83$(元/件)

人工费用单位成本$=\dfrac{45+555+360}{19+2\times50\%}=48$(元/件)

制造费用单位成本$=\dfrac{70+680+600}{19+2\times50\%}=67.5$(元/件)

第三步：材料单位成本$=\dfrac{650+1577}{20+4}\approx93$(元/件)

人工费用单位成本$=\dfrac{115+765+912}{20+4\times50\%}\approx81$(元/件)

制造费用单位成本$=\dfrac{90+720+1\,282.50}{20+4\times50\%}\approx95.11$(元/件)

2. 综合结转法

综合结转，是将各加工步骤所耗上一步骤的半成品成本不分直接材料、直接人工、制造费用等成本项目，而是以一个总金额记入各该步骤产品成本明细账中专设的“半成品”或“直接材料”成本项目。

(1) 按实际成本综合结转

采用综合结转法，各步骤所耗上一步骤的半成品费用，应根据所耗半成品的实际数量乘以半成品的实际单位成本计算。因各月所产半成品的实际单位成本不同，所耗半成品实际单位成本的确定，可选择使用先进先出法、加权平均法等。

(2) 按计划成本综合结转

采用综合结转法，半成品日常收发的明细核算按计划成本计价；在半成品实际成本计算出来后，再计算半成品差异额和差异率，调整领用半成品计划成本。而半成品收发的总分类核算则按实际成本计价。

(3) 综合结转法的成本还原

① 成本还原就是将产品成本中所包含的半成品综合成本，逐步还原为原始成本。

② 成本还原的步骤：从最后一个步骤起，把各步骤所耗上一步骤半成品的综合成本，逐步分解、还原成直接材料、直接人工、制造费用等原始成本项目，从而求得按原始成本项目反映的产成品成本。

③ 成本还原方法：一般是将本月产成品所耗用的上一车间半成品的综合成本，按照本月所产该产品的成本结构进行还原。换言之，从最后一个步骤起，把各步骤所耗上一步骤半成品的综合成本，按上一步骤所产半成品成本的结构，逐步分解、还原成按原始成本项目反映的产成品成本。

$$还原分配率=\frac{本月产成品所耗上一步骤半成品成本合计}{本月所产该种半成品成本合计}$$

$$还原结果=还原率\times 本月上一车间所产半成品各个项目成本$$

(4) 综合结转法的特点

综合结转法的优点是可在各生产步骤的产品成本明细账中，反映各该步骤完工产品所耗半成品费用的水平和本步骤加工费用的水平，有利于各生产步骤的成本管理。其缺点是为了从整个企业的角度反映产品成本的构成，加强企业综合的成本管理，必须进行成本还原，从而需增加核算工作量。

【例 6-12】承接例 6-11，采用综合结转法计算甲产品成本，并进行成本还原。

第一步与分项结转方法相同，第二步和第三步分别见表 6-87 和表 6-88。

表 6-87　第二步：成本计算单 1

单位：元

项目	直接材料	直接人工	制造费用	合计
月初在产品	300	45	70	415
本月发生	2 400	555	680	3 635
转出半成品 B	2 442.86	570	712.50	3 725.36
在产品成本	257.14	30	37.5	324.64

表 6-88　第三步：成本计算单 2

单位：元

项目	直接材料	直接人工	制造费用	合计
月初在产品	650	115	90	855

续表

项目	直接材料	直接人工	制造费用	合计
本月发生	3 725.36	765	720	5 210.36
产成品甲	3 646.12	800	736.36	5 182.48
在产品成本	729.24	80	73.64	882.88

第二步：材料单位成本$=\dfrac{300+2400}{19+2}\approx 128.57$(元/件)

人工费用单位成本$=\dfrac{45+555}{19+2\times 50\%}=30$(元/件)

制造费用单位成本$=\dfrac{70+680}{19+2\times 50\%}=37.50$(元/件)

第三步：材料单位成本$=\dfrac{650+3\,725.36}{20+4}\approx 182.31$(元/件)

人工费用单位成本$=\dfrac{115+765}{20+4\times 50\%}=40$(元/件)

制造费用单位成本$=\dfrac{90+720}{20+4\times 50\%}=36.82$(元/件)

还原前产成品成本中的半成品费用 3 646.12 元是成本还原对象，本月所产半成品成本中的各项费用之间的比例，是成本还原的依据。

(1) 从第三步还原到第二步，见第一次还原计算表(表 6-89)。

表 6-89　第一次还原计算表

单位：元

项目	半成品	人工费用	制造费用	合计
还原前产品成本	3 646.12	800	736.36	5 182.48
第二步半成品及成本	2 442.86	570	712.50	3 725.36
还原率	3 646.12/3 725.36=0.978 729 524 44			
还原结果	2 390.90	557.88	697.34	3 646.12
还原后成本	2 390.90	1 357.88	1 433.70	5 182.48

半成品还原结果$=\dfrac{3\,646.12}{3\,725.36}\times 2\,442.86=2\,390.90$(元)

人工费用还原结果$=\dfrac{3\,646.12}{3\,725.36}\times 570=557.88$(元)

制造费用还原结果$=\dfrac{3\,646.12}{3\,725.36}\times 712.50=697.34$(元)

(2) 从第二步还原到第一步，见第二次还原计算表(表 6-90)。

表 6-90　第二次还原计算表

单位：元

项目	半成品	材料	人工费用	制造费用	合计
还原后成本	2 390.90		1 357.88	1 433.70	5 182.48

续表

项目	半成品	材料	人工费用	制造费用	合计
第二步半成品及成本		1 440	360	600	2 400
还原率	2 390.90/2 400＝0.996 208 333				
还原结果		1 434.54	358.63	597.73	2 390.90
还原后成本		1 434.54	1 716.51	2 031.43	5 182.48

$$材料还原结果=\frac{2\ 390.90}{2\ 400}\times 1\ 440=1\ 434.54(元)$$

$$人工费用还原结果=\frac{2\ 390.90}{2\ 400}\times 360=358.63(元)$$

$$制造费用还原结果=\frac{2\ 390.90}{2\ 400}\times 600=597.73(元)$$

【课堂技能训练】B 项目

任务一：

红光水泥厂建有一条 4 500 吨水泥熟料生产线，年产 42.5R、52.5 两种高标水泥共计 138 万吨。该生产线有 3 道工序，分别是生料工序、熟料(烧成)工序、水泥(制成)工序。水泥产品成本构成中，直接材料是水泥产品成本构成的第一要素，比重在 80%以上。直接材料的消耗主要包括原材料、辅助材料和燃料动力。原材料主要包括石灰石、砂岩、铁矿石、石膏、矿渣、粉煤灰等；辅助材料包括钢球、钢渣等；燃料动力主要包括煤和电。根据生产特点和管理要求，采用分步法计算水泥产品成本。该厂 2012 年 12 月生产 42.5R 水泥 50 000 吨，52.5 水泥 65 000 吨，水泥工序月末没有在产品。其有关资料见表 6-91。

表 6-91　红光水泥厂 2012 年 12 月有关生产资料

单位：万吨

项目	生料工序	熟料(烧成)工序	水泥(制成)工序
完工	10.075	10	11.5(其中 42.5R 水泥 50 000 吨、52.5 水泥 65 000 吨)
在产品	0.5	0.75	

(1) 产品所耗材料资料——发料凭证汇总表、材料费用分配汇总表(表 6-92)及记账凭证。12 月材料资料耗用情况如下。

表 6-92　材料费用分配汇总表

2012 年 12 月 31 日　　金额单位：元

应借科目			产量(吨)	共同耗用材料费用				直接材料费用	燃料	辅助材料	合计
				总消耗量(吨)		分配额					
				石膏	辅料	石膏	辅料				
基本生产成本	生料	石灰石						2 429 910			2 429 910
		砂岩						159 600			159 600
		辅料								503 239	503 239
	熟料	烟煤							500 000		500 000
		辅料								3 590 655	3 590 655

续表

应借科目		产量/吨	共同耗用材料费用				直接材料费用	燃料	辅助材料	合计
			总消耗量/吨		分配额					
			石膏	辅料	石膏	辅料				
	42.5R 水泥	50 000	2 700	8 300	396 144	871 002				1 267 146
	52.5 水泥	65 000	2 480	1 520	363 856	159 472				523 328
	小计		5 180	9 820	760 000	1 030 474	2 589 510	500 000	4 093 894	8 973 878
辅助生产成本	机修车间								25 000	25 000
	动力车间								2 005 000	2 005 000
	运输车队								62 000	62 000
	小计								2 092 000	2 092 000
制造费用	生料车间								461 968	461 968
	熟料车间								23 660	23 660
	水泥车间								100 000	100 000
	小计								585 628	585 628
管理费用	行政部门								20 000	20 000
合计					760 000	1 030 474	2 589 510	500 000	6 791 522	11 671 506

要求：填制转账记账凭证(表 6-93～表 6-95)，登记产品成本明细账。

表 6-93　转账记账凭证

20　年　月　日　　　　凭证编号______

摘　要	科　目		借方金额											贷方金额											记账符号
	总账科目	明细科目	亿	千	百	十	万	千	百	十	元	角	分	亿	千	百	十	万	千	百	十	元	角	分	
附单据　张	合计																								

会计主管人员　　　　记账　　　　稽核　　　　制单

表 6-94　转账记账凭证

20　年　月　日　　　　凭证编号______

摘　要	科　目		借方金额											贷方金额											记账符号
	总账科目	明细科目	亿	千	百	十	万	千	百	十	元	角	分	亿	千	百	十	万	千	百	十	元	角	分	
附单据　张	合计																								

会计主管人员　　　　记账　　　　稽核　　　　制单

表 6-95 转账记账凭证

20 年 月 日 凭证编号______

摘要	科目		借方金额											贷方金额											记账符号
	总账科目	明细科目	亿	千	百	十	万	千	百	十	元	角	分	亿	千	百	十	万	千	百	十	元	角	分	
附单据 张	合计																								

会计主管人员 记账 稽核 制单

(2) 产品所耗人工费用资料——工资结算汇总表、工资费用分配汇总表(见表 6-96)及记账凭证。

表 6-96 工资费用分配汇总表

2012 年 12 月 31 日 单位：元

应借科目		成本或费用项目	基本生产车间	机修车间	供电车间	运输车队	包装车间	管理部门	合计
基本生产成本	生料	直接人工							
	熟料	直接人工							
	水泥	直接人工							
	小计								
辅助生产成本		直接人工							
制造费用		工资							
管理费用		工资							
销售费用		工资							
合计									

要求：根据上述资料编制转账记账凭证(表 6-97 和表 6-98)，登记成本明细账。

表 6-97 转账记账凭证

20 年 月 日 凭证编号______

摘要	借方科目		贷方科目		金额											记账符号
	总账科目	明细科目	总账科目	明细科目	亿	千	百	十	万	千	百	十	元	角	分	
附单据 张	合计															

会计主管人员 记账 稽核 制单

表 6-98　转账记账凭证

20　年　　月　　日　　　　　　　　　　凭证编号＿＿＿＿

摘　要	借方科目		贷方科目		金　额											记账符号
	总账科目	明细科目	总账科目	明细科目	亿	千	百	十	万	千	百	十	元	角	分	
附单据　张	合计															

会计主管人员　　　　记账　　　　稽核　　　　制单

(3) 该厂 12 月所用固定资产折旧计算表见表 6-99。

表 6-99　固定资产折旧计算表

2012 年 12 月 31 日　　　　单位：元

项目	基本生产车间	辅助生产车间			管理部门	合计
		机修车间	供电车间	运输车队		
累计折旧	953 467	24 000	300 000	25 000	50 000	1 352 467

要求：编制会计分录，填制转账记账凭证(表 6-100)。

表 6-100　转账记账凭证

20　年　　月　　日　　　　　　　　　　凭证编号＿＿＿＿

摘　要	借方科目		贷方科目		金　额											记账符号
	总账科目	明细科目	总账科目	明细科目	亿	千	百	十	万	千	百	十	元	角	分	
附单据　张	合计															

会计主管人员　　　　记账　　　　稽核　　　　制单

(4)产品所耗辅助生产费用资料见表 6-101、6-102，登记辅助生产成本明细账表 6-103、6-104，并编制辅助生产费用分配表 6-105 及记账凭证表 6-106、6-107。

表 6-101 辅助生产部门提供服务情况

受益部门		维修服务数量(工时)	耗电量(千瓦时)	运输服务(吨)
基本生产车间	生料	1 650	1 436 400	2 000
	熟料	1 600	1 663 200	1 000
	水泥	1 750	3 096 000	1 000
基本生产车间	一般耗用	4 200	62 420	12 521
辅助生产车间	机修		10 000	1 000
	供电	400		500
	运输	600	2 000	
包装车间		700	2 000	1 479
行政管理部门		100	1 200	500
合计		11 000	6 273 220	20 000

表 6-102 辅助生产成本明细账

产品名称：维修　　2012 年 12 月 31 日　　部门：机修车间

年		凭证号数	摘 要	项目			合 计	转出	余额
月	日			直接材料	直接人工	制造费用			
			据原材料分配表	25 000					
			据工资分配表		115 000				
			据辅助车间制造费用分配表			54 491			
			待分配费用小计	25 000	115 000	54 491	194 491		
			其他辅助部门分配转入						
			分配转出至其他辅助部门						
			分配转出						

注：54 491 元的构成情况为管理人员工资 25 000 元，折旧费 24 000 元，其他需用现金支付的间接费用 5 491 元。

表 6-103 辅助生产成本明细账

产品名称：供电　　2012 年 12 月 31 日　　部门：供电车间

年		凭证号数	摘要	项目			合 计	转出	余额
月	日			直接材料	直接人工	制造费用			
			据原材料分配表						
			据工资分配表						
			据辅助车间制造费用分配表			475 610			

续表

年		凭证号数	摘要	项目			合　计	转出	余额
月	日			直接材料	直接人工	制造费用			
			待分配费用小计			475 610			
			其他辅助部门分配转入						
			分配转出至其他辅助部门						
			分配转出						

注：475 610 元的构成情况为管理人员工资 120 000 元，折旧费 300 000 元，其他需用现金支付的间接费用 55 610 元。

表 6-104　辅助生产成本明细账

产品名称：运输　　2012 年 12 月　日　　部门：运输部门

年		凭证号数	摘要	项目			合　计	转出	余额
月	日			直接材料	直接人工	制造费用			
			据原材料分配表						
			据工资分配表						
			据辅助车间制造费用分配表			38 000			
			待分配费用小计			38 000			
			其他辅助部门分配转入						
			分配转出至其他辅助部门						
			分配转出						

注：38 000 元的构成情况为管理人员工资 8 000 元，折旧费 25 000 元，其他需用现金支付的间接费用 5 000 元。

表 6-105　辅助生产费用分配表

项目			机修	供电	运输	合计
待分配的费用						
供应辅助生产以外的劳务数量						
单位成本(分配率)						
基本生产车间	生料	耗用量				
		分配金额				
	熟料	耗用量				
		分配金额				
	水泥	耗用量				
		分配金额				
基本生产车间	一般耗用	耗用量				
		分配金额				
包装车间		耗用量				
		分配金额				
行政管理部门		耗用量				
		分配金额				
合计						

要求：根据上述资料编制转账记账凭证(表 6-106 和表 6-107)，登记成本明细账。

表 6-106　转账记账凭证

年　　月　　日　　　　　　　　凭证编号________

摘要	科目		借方金额											贷方金额											记账符号
	总账科目	明细科目	亿	千	百	十	万	千	百	十	元	角	分	亿	千	百	十	万	千	百	十	元	角	分	
附单据　张	合计																								

会计主管人员　　　　记账　　　　稽核　　　　制单

表 6-107　转账记账凭证

年　　月　　日　　　　　　　　凭证编号________

摘要	科目		借方金额											贷方金额											记账符号
	总账科目	明细科目	亿	千	百	十	万	千	百	十	元	角	分	亿	千	百	十	万	千	百	十	元	角	分	
附单据　张	合计																								

会计主管人员　　　　记账　　　　稽核　　　　制单

(5) 产品所耗制造费用资料——制造费用明细账(表 6-108)、制造费用分配表(表 6-109)及记账凭证。

表 6-108　制造费用明细账

车间名称：基本生产车间　　　　年　　月　　　　单位：元

月	日	摘要	配件费用	物料费用	职工薪酬	折旧费	修理费	水电费	运输费	其他	合计
12	31	据材料费用分配表									
	31	据人工费用分配表									
	31	据折旧费用分配表									
	31	据辅助生产费用分配表									
	31	临时工劳务费									
	31	合计									
	31	转出									

表 6-109　制造费用分配表

年　月　日　　　　单位：元

应借科目		成本项目	固定资产原值分配系数	金额
基本生产成本	生料	制造费用	0.401 984 0	
	熟料	制造费用	0.233 762 4	
	水泥	制造费用	0.364 253 6	
合计			1.00	

注：金额保留整数。

要求：根据上述资料编制转账记账凭证(表 6-110)，登记成本明细账。

表 6-110　转账记账凭证

年　月　日　　　　凭证编号______

摘　要	借方科目		贷方科目		金　额											记账符号
	总账科目	明细科目	总账科目	明细科目	亿	千	百	十	万	千	百	十	元	角	分	
附单据　张	合计															

会计主管人员　　　　记账　　　　稽核　　　　制单

(6)按步骤分别计算生料、熟料及水泥产品成本。

① 生料相关资料见表 6-111 和表 6-112。

表 6-111　产品(半成品)成本计算表

产品名称：生料　　　　20　年　月　日　　　　完工产量：100 750 吨

成本项目	月初结存产量		本月生产		期末结存		完工转出		单位成本	
	数量(吨)	金额(元)	数量(吨)	金额(元)	数量(吨)	金额(元)	数量(吨)	金额(元)	数量(吨)	金额(元)
直接材料										
石灰石	5 220	130 222	86 783		4 350	121 050				
砂岩	300	9 600	4 988		250	8 000				
其他辅料	722	30 368	11 971		600	25 250				
动力电	86 400	43 200	1 436 400		72 000	36 000				
直接人工		7 500				6 800				
制造费用		40 500				35 560				
辅助生产费用		2 536				2 240				
合计		263 926				234 900				

表 6-112 产品(半成品)成本明细账

产品名称：生料　　　　20 年　月　日　　　　完工产量：100 750 吨

月	日	摘　要	产量(吨)	直接材料(元)	直接人工(元)	制造费用(元)	合计(元)
	1	月初结存(在产品)成本	6 000	213 390	7 500	43 036	263 926
	30	本月发生的生产费用	99 750				
		本月生产费用合计	105 750				
	30	完工转出	－100 750				
	30	月末结存(在产品)成本	5 000				

生料工序：直接材料单位成本＝(213 390＋3 810 949)/(100 750＋5 000)≈38.06(元/吨)

直接人工单位成本＝(7 500＋136 800)/(100 750＋5 000)≈ 1 .36(元/吨)

制造费用单位成本＝(43 036＋756 655)/(100 750＋5 000)≈7.56(元/吨)

要求：编制会计分录，填制转账记账凭证(表 6-113)。

表 6-113 转账记账凭证

20 年　月　日　　　　凭证编号______

摘　要	借方科目		贷方科目		金　额											记账符号
	总账科目	明细科目	总账科目	明细科目	亿	千	百	十	万	千	百	十	元	角	分	
附单据　张	合计															

会计主管人员　　　记账　　　稽核　　　制单

② 熟料相关资料见表 6-114 和表 6-115。

表 6-114 产品(半成品)成本计算表

产品名称：熟料　　　　20 年　月　日　　　　完工产量：100 000 吨

成本项目	月初结存产量		本月生产		本月上步转入		期末结存		完工转出		单位成本	
	数量/吨	金额/元	数量/吨	金额/元	数量/吨	金额/元	数量/吨	金额/元	数量/吨	金额/元	数量/吨	金额/元
直接材料												
石灰石	6 080	309 760					6 538	191 775				
砂岩	320	10 240					373	11 925				
其他辅料	776	269 768	11 420				1 695	304 800				
动力电	108 000	54 000	1 663 200				123 572	112 425				

续表

成本项目	月初结存产量		本月生产		本月上步转入		期末结存		完工转出		单位成本	
	数量/吨	金额/元	数量/吨	金额/元	数量/吨	金额/元	数量/吨	金额/元	数量/吨	金额/元	数量/吨	金额/元
烟煤	25	15 000	833.33				20	12 000				
直接人工		5 200						15 900				
制造费用		2 400						79 050				
辅助生产费用		1 986						5 925				
合计		668 354						733 800				

说明：辅助生产费用(仅含机修与运输)单位成本＝(1 986＋37 606＋45 360)/(100 000＋7 500)≈0.79(元/吨)

表 6-115　产品(半成品)成本明细账

产品名称：熟料　　　　　　年　　月　　日　　　　　　完工产量：100 000 吨

月	日	摘　　要	产量/吨	直接材料/元	直接人工/元	制造费用/元	合计/元
	1	月初结存(在产品)成本	6 750	658 768	5 200	4 386	668 354
	31	本月发生的生产费用					
		本月转入生料成本	100 750				
		本月生产费用合计					
	31	完工转出	100 000				
	31	月末结存(在产品)成本	7 500				

要求：编制会计分录，填制转账记账凭证(表 6-116)。

表 6-116　转账记账凭证

20　年　　月　　日　　　　　　凭证编号______

摘　　要	借方科目		贷方科目		金　　额											记账符号
	总账科目	明细科目	总账科目	明细科目	亿	千	百	十	万	千	百	十	元	角	分	
附单据　　张	合计															

会计主管人员　　　　　　记账　　　　　　稽核　　　　　　制单

③ 水泥相关资料见表 6-117 和表 6-118。

表 6-117　产品成本计算表

产品名称：42.5R 水泥、52.5 水泥　　　　年　月　日　　　　完工产量：42.5R 水泥－50 000 吨
52.5 水泥－65 000 吨

成本项目	本月生产		本月上步转入		完工转出 42.5R 水泥				完工转出 52.5 水泥			
					总成本		单位成本		总成本		单位成本	
	数量(吨)	金额/元	数量(吨)	金额(元)	数量(吨)	金额(元)	数量(吨)	金额(元)	数量(吨)	金额(元)	数量(吨)	金额(元)
直接材料												
石灰石												
砂岩												
其他辅料	9 820											
石膏	5 180											
动力电	3 096 000											
烟煤												
直接人工												
制造费用												
辅助生产费用												
合计												

注：

1．材料费用的使用是根据化验室提供本月水泥的化验单分析比例计算得出的。在 42.5R 水泥中，石灰石配比是 72%，砂岩配比是 5%，即水泥产量 50 000×0.72＝36 000(吨)，石膏配比是 5.4%，其他辅料配比是 17.6%。

2．填写完工转出 42.5R 水泥的总成本金额栏时，请参照以下说明进行。

(1) 石灰石、砂岩、其他辅料、石膏填写说明：以石灰石为例，先求出石灰石单位成本(保留两位小数)，再按其耗用量求出产品承担费用的金额。

石灰石单位成本＝2 557 067/87 195＝29.33(元/吨)，完工转出 42.5R 水泥承担石灰石的费用＝29.33×36 000＝1 055 880(元)。

(2) 动力电、烟煤、直接人工、制造费用、辅助生产费用填写说明：按完工产品的产量作为分配标准，先求出其单位成本，再求出产品应承担的费用金额。以直接人工为例，

直接人工单位成本＝(159 600＋212 300)/(50 000＋65 000)＝3.23(元/吨)，完工转出 42.5R 水泥承担的直接人工费用＝3.23×50 000＝161 500(元)。

表 6-118　产品成本明细账

产品名称：水泥(合计数)　　　　年　月　日　　　　完工产量：115 000 吨

月	日	摘　要	产量/吨	直接材料/元	直接人工/元	制造费用/元	合计/元
	31	本月发生的生产费用					

续表

月	日	摘　　要	产量/吨	直接材料/元	直接人工/元	制造费用/元	合计/元
	31	本月转入熟料成本	100 000				
		本月生产费用合计					
	31	完工转出 42.5R 水泥成本	50 000				
	31	完工转出 52.5 水泥成本	65 000				

要求：编制会计分录，填制转账记账凭证(表 6-119)。

表 6-119　转账记账凭证

20　年　　月　　日　　　　　　　　　凭证编号＿＿＿＿

摘　　要	借方科目		贷方科目		金　　额											记账符号
	总账科目	明细科目	总账科目	明细科目	亿	千	百	十	万	千	百	十	元	角	分	
附单据　　张	合计															

会计主管人员　　　　　　　　记账　　　　　　　　稽核　　　　　　　　制单

任务二：

根据任务一所给资料，要求学生自己按照综合结转分步法计算产品成本，并进行成本还原。

【课后训练】

一、单项选择题

1．采用逐步结转分步法时，完工产品与在产品之间的费用分配，是(　　)之间的费用分配。

A．产成品与月末在产品

B．产成品与广义在产品

C．完工半成品月末加工中在产品

D．前面生产步骤的完工半成品与加工中在产品、最后生产步骤的产成品与加工中在产品

2．采用逐步结转分步法时，自制半成品入库应借记的账户是(　　)。

A．“自制半成品”　　　　B．“基本生产成本”

C．“制造费用”　　　　D．“辅助生产成本”

3．进行成本还原应以还原分配率分别乘以(　　)。

A．本月所产半成品各个成本项目的费用

B．本月所耗半成品各个成本项目的费用

C．本月所产该种半成品各个成本项目的费用

D．本月所耗该种半成品各个成本项目的费用

4．某种产品由 3 个生产步骤完成，采用逐步结转分步法计算成本。本月第一生产步骤转入第二生产步骤的生产费用为 2 300 元，第二生产步骤转入第三生产步骤的生产费用为 4 100 元。本月第三生产步骤发生的费用为 2 500 元(不包括上一生产步骤转入的费用)，第三生产步骤月初在产品费用为 800 元，月末在产品费用为 600 元。本月该种产品的产成品成本为(　　)元。

A．10 900　　B．6 800　　C．6 400　　D．2 700

5．将各步骤所耗半成品费用，按照成本项目分项转入各步骤产品成本明细账的各个成本项目中的分步法是(　　)。

A．综合结转法　　B．分项结转法

C．平行结转法　　D．逐步结转法

6．产品成本计算的分步法是(　　)。

A．分车间计算产品成本的方法

B．计算各步骤半成品和最后步骤产成品成本的方法

C．按照生产步骤计算产品成本的方法

D．计算产品成本中各步骤“份额”的方法

7．成本还原的对象是(　　)。

A．产成品成本　　B．各步骤所耗上一步骤半成品的综合成本

C．最后步骤的产成品成本　　D．各步骤半成品成本

8．采用分项逐步结转分步法，在产品应负担的本月发生费用应该等于本车间的发生费用除以(　　)，再乘以在产品约当产量。

A．在产品约当产量　　B．完工产品数量

C．本月约当产量合计　　D．广义在产品数量

9．分步法适用于(　　)。

A．大量大批生产　　B．大量大批多步骤生产

C．单件小批生产　　D．大量大批单步骤生产

10．在分步法下，须进行成本还原的是(　　)。

A．逐步结转分步法　　B．综合结转法

C．分项结转法　　D．平行结转分步法

二、多项选择题

1．逐步结转分步法的特点有(　　)。

A．半成品成本随着实物的转移而结转

B．可以计算出半成品成本

C．期末在产品是指广义在产品

D．期末在产品是指狭义在产品

2．采用综合结转法，应将各步骤所耗用的半成品成本，以(　　)项目综合计入其生产成本明细账中。

A．直接人工　　B．制造费用　　C．半成品　　D．原材料

3．采用分项结转法结转半成品成本的缺点是(　　)。

A．能够按原始成本项目反映产品成本

B．半成品成本结转工作量大

C．各步骤完工产品成本中看不出所耗上一标准半成品费用和本步骤加工费用

D．不便于加强各生产步骤的成本管理

4．企业为了(　　)，需要计算各生产步骤的半成品成本。

A．计算对外销售半成品损益

B．获取各种产成品所耗用的同一种半成品的费用数据

C．全面地分析和考核各生产步骤的生产耗费水平和资金占用水平

D．简化成本核算工作量

5．采用逐步结转分步法，按照半成品成本在下一步骤产品成本明细账中的反映方法不同，可分为(　　)。

A．按实际成本结转　　B．按计划成本结转

C．综合结转　　D．分项结转

6．在(　　)情况下要求进行成本还原。

A．各步骤半成品成本结转采用综合结转法

B．各步骤半成品按实际成本结转

C．各步骤半成品按计划成本结转

D．管理上要求从整个企业角度考核和分析产品成本的构成和水平

7．在综合结转分步法下，半成品成品的结转可以按照(　　)结转。

A．实际成本　　B．定额成本

C．计划成本　　D．原材料费用

8．分项结转法适用于(　　)的企业。

A．管理上不要求计算各步骤完工产品所耗半成品费用

B．管理上要求计算各步骤完工产品所耗半成品费用

C．要求按原始成本项目反映产品成本

D．半成品具有独立的国民经济核算意义

9．应当采用逐步结转分步法计算成本的企业主要是(　　)。

A．自制半成品可加工为多种产品的企业

B．有自制半成品对外销售的企业

C．需要考核自制半成品成本的企业

D．生产多种产品的企业

10．逐步结转分步法中,综合结转方式的特征有(　　)。

A．能反映所耗上一步骤半成品的成本水平

B．能反映所耗上一步骤半成品的成本构成

C．能反映本步骤加工费用水平

D．需要进行成本还原

三、判断题

1．分步计算产品成本不一定就是分生产车间计算产品成本。（　　）

2．分步法应顺序结转半成品成本，直至最后步骤计算出完工产品成本。（　　）

3．逐步结转分步法下，若采用综合结转法结转半成品成本，则还需要进行成本还原。（　　）

4．逐步结转分步法下无论采用何种方法结转半成品成本，第一个生产步骤的产品成本明细账的登记方法相同。（　　）

5．成本还原分配率表示产成品成本中所包含的半成品成本的比例。（　　）

6．逐步结转分步法就是为了计算半成品成本而采用的一种分步法。（　　）

7．成本还原的对象是还原前的产成品成本。（　　）

8．逐步接转分步法是为了计算半成品成本而采用的一种分步法，因而这种方法亦称计算半成品成本分步法。（　　）

9．不论是逐步接转还是平行接转分步法下，随着上一步骤半成品转入到下一步骤继续加工，半成品实物与成本都将转入到下一步骤。（　　）

10．综合结转是将上一步骤转入下一步骤的半成品成本，不分成本项目，全部计入下一步骤产品成本计算单中的“直接材料”项目或“自制半成品”项目。（　　）

四、综合实务题

1．资料

金龙机械厂有 3 个基本生产车间，生产甲、乙两种产品，生产开始时一次投入全部原材料，顺序进行加工，第三车间生产出产成品。在产品按定额成本法计价，车间之间半成品直接转移，不通过半成品库。该厂 10 月各种产品的相关资料分别见表 6-121～表 6-123。

表 6-120　金龙机械厂 10 月产量记录

单位：件

项目	一车间		二车间		三车间	
	甲产品	乙产品	甲产品	乙产品	甲产品	乙产品
月初在产品	40	10	20	20	30	25
本月投产或上车间转入	600	400	625	390	620	400
本月产成品	625	390	620	400	640	420
月末在产品	15	20	25	10	10	5

表 6-121　月初在产品定额成本资料

单位：元

成本项目	一车间		二车间		三车间	
	甲产品	乙产品	甲产品	乙产品	甲产品	乙产品
直接材料(半成品)	1 800	1 200	1 000	2 200	1 500	2 800
直接人工	342	114	228	456	684	1 140
制造费用	118	76	172	344	486	860
合计	2 260	1 390	1 400	3 000	2 670	4 800

表 6-122　单位在产品定额成本资料

单位：元

成本项目	一车间		二车间		三车间	
	甲产品	乙产品	甲产品	乙产品	甲产品	乙产品
直接材料(半成品)	45	120	50	110	50	112
直接人工	8.55	11.40	11.40	22.80	22.80	45.60
制造费用	2.95	7.60	8.60	17.20	17.20	34.40
合计	56.50	139	70	150	90	192

表 6-123　各车间各种产品本月发生的生产费用资料

单位：元

成本项目	一车间		二车间		三车间	
	甲产品	乙产品	甲产品	乙产品	甲产品	乙产品
直接材料	25 000	44 000				
直接人工	9 348	9 802	4 332	7 296	3 648	7 410
制造费用	5 142	6 286	3 240	6 504	3 102	5 850
合计	39 490	60 088	7 572	13 800	6 750	13 260

2．要求

采用综合结转分步法计算产品成本并进行成本还原，填制表 6-124～表 6-127。

表 6-124　甲产品成本计算表

单位：元

成本项目	第一步骤		第二步骤		第三步骤	
	在产品成本	完工半成品成本	在产品成本	完工半成品成本	在产品成本	完工产成品成本
直接材料						
直接人工						
制造费用						
合计						

表 6-125　甲产品成本还原计算表

成本项目	还原前总成本	第二步半成品成本	还原额及还原率	第一步半成品成本	还原额及还原率	还原后总成本
栏目	1	2	3	4	5	6
还原分配率						
直接材料(半成品)						
直接人工						
制造费用						
合计						

表 6-126　乙产品成本计算表

单位：元

成本项目	第一步骤		第二步骤		第三步骤	
	在产品成本	完工半成品成本	在产品成本	完工半成品成本	在产品成本	完工产成品成本
直接材料						
直接人工						
制造费用						
合计						

表 6-127　乙产品成本还原计算表

单位：元

成本项目	还原前总成本	第二步半成品成本	还原额及还原率	第一步半成品成本	还原额及还原率	还原后总成本
栏目	1	2	3	4	5	6
还原分配率						
直接材料(半成品)						
直接人工						
制造费用						
合计						

第六次课(4 学时)　成本计算的基本方法——平行结转分步法

【知识目标】

1. 平行结转分步法的概念、适用范围及核算程序。
2. 平行结转分步法的特点、相关概念及其优缺点。
3. 账务处理。

【能力目标】

1. 编制相关记账凭证。
2. 运用平行结转分步法解决实际生产问题。

【问题提示】

1. 平行结转分步法的适用范围是什么？
2. 平行结转分步法的特点是什么？

3. 平行结转分步法的成本计算程序是什么？

4. 狭义完工产品和广义在产品的概念分别是什么？

【基础知识】

一、平行结转分步法认知

1. 概念

平行结转分步法，是指在计算各步骤成本时，不计算各步骤所产半成品成本，也不计算各步骤所耗上一步骤的半成品成本，而只计算本步骤发生的各项其他费用，以及这些费用中应计入产成品成本的份额，将相同产品的各步骤成本明细账中的这些份额平行结转、汇总，即可计算出该种产品的产成品成本。这种结转各步骤成本的方法，称平行结转分步法，也称不计算半成品成本分步法。

2. 相关概念

(1) 完工产品，此处指狭义的完工产品，即最终产成品。

(2) 某步骤完工产品费用，指该步骤生产费用中计入产成品成本的“份额”。

(3) 在产品，此处指广义的在产品，即尚未完工的全部在产品和半成品，包括尚在本步骤加工的在产品，即狭义在产品；本步骤已完工转入半成品库的半成品；本步骤已完工转入以后步骤进一步加工、尚未最后制成的半成品(以后步骤的在产品)。

(4) 某步骤在产品费用，指以上 3 部分的广义在产品的费用。

(5) 各步骤的生产费用应在产成品与本步骤月末广义在产品之间进行分配。

3. 适用范围

平行结转分步法主要适用于大量、大批多步骤连续式、装配式生产的企业，这类企业各步骤生产的半成品种类很多，很少对外销售，管理上不要求计算半成品成本，如机械制造、汽车企业。

4. 平行结转分步法的特点

(1) 成本计算对象，为各步骤产品，按每个步骤设明细账。

(2) 各步骤不计算半成品成本，只计算本步骤生产费用中应计入产成品成本的“份额”。

(3) 各步骤成本明细账仅归集本步骤发生的费用，不反映耗用上一步骤半成品成本，即各步骤半成品成本不随实物转移而结转，半成品成本与实物相脱节。

(4) 各步骤的生产费用也要在完工产品与月末在产品之间进行分配。

(5) 需要计算广义在产品成本。

(6) 成本按月计算，成本计算期与生产周期不一致。

5. 优缺点

平行结转分步法可简化和加速成本计算工作；能够直接提供按原始成本项目反映的产品成本资料，不必进行成本还原。缺点是不能提供半成品成本资料及各步骤耗用上一步骤半成品费用资料，因而不能全面反映各步骤生产耗费的水平，不利于各步骤的成本管理；各步骤不计算、不结转半成品成本，不能为在产品的实物管理和资金管理提供资料。

二、平行结转分步法的核算程序

(1) 据各原始凭证或通过费用分配汇总表，将各个步骤发生的生产费用(不包括耗用前一步半成品成本)，记入按各步骤设置的产品成本明细账。

(2) 将各步骤产品成本明细账所归集的生产费用，采用适当的分配方法(如约当产量法、定额比例法等)在产成品(最后完工产成品数量)和广义在产品之间进行分配。

(3) 广义在产品=本步骤的在产品(约当产量)+本步骤完工但尚未最后完工的库存半成品+以后步骤未完工的在产品。

(4) 将各步骤应计入产成品成本的份额加以汇总，以计算产成品的总成本和单位成本。其成本核算程序如图 6-3 所示。

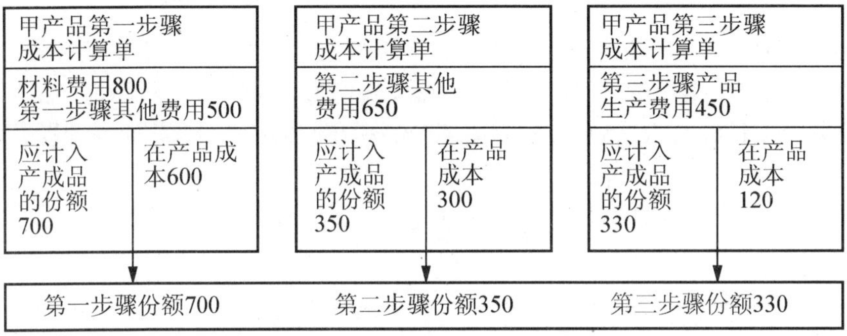

图 6-3　平行结转分步法的成本核算程序

在平行结转分步法下，不管半成品实物是否通过半成品仓库收发，由于不计算各加工步骤半成品成本，因此都不需要设置“自制半成品”账户进行核算。

三、各步骤应计入产成品成本份额的计算

1. 约当产量法

$$\text{某步骤完工产品的单位成本}=\frac{\text{该步骤月初广义在产品成本}+\text{该步骤本月生产费用}}{\text{该步骤约当产量}}$$

$$\begin{aligned}\text{某步骤（各成本项目）约当产量}&=\text{产成品所耗用该步骤半成品数量}+\text{该步骤月末广义在产品约当产量}\\&=\text{产成品所耗用该步骤半成品数量}+\text{该步骤月末狭义在产品约当产量}+\text{该步骤已完工留存在半成品库和以下步骤的半成品数量}\\&=\text{该步骤月初半成品数量}+\text{该步骤本月完工狭义半成品数量}+\end{aligned}$$

该步骤月末狭义
在产品约当产量

某步骤计入产成品份额＝产成品数量×该步骤完工产品单位成本

某步骤月末广义在产品成本＝该步骤月末广义在产品数量×该步骤完工产品单位成本

2. 定额比例法

$$\text{某步骤单位成本}=\frac{\text{该步骤月初在产品费用}+\text{本月发生费用}}{\begin{matrix}\text{该步骤(广义)完工半成品}\\\text{定额消耗量(费用)}\end{matrix}+\begin{matrix}\text{该步骤月末狭义在产品}\\\text{定额消耗量(费用)}\end{matrix}}$$

$$\begin{matrix}\text{某步骤(广义)}\\\text{完工半成品数量}\end{matrix}=\begin{matrix}\text{产成品所耗用该}\\\text{步骤半成品数量}\end{matrix}+\begin{matrix}\text{该步骤已完工留存在半成品库}\\\text{和以下步骤的月末半成品数量}\end{matrix}$$

$$=\begin{matrix}\text{该步骤月初}\\\text{半成品数量}\end{matrix}+\begin{matrix}\text{该步骤本月完工}\\\text{狭义半成品数量}\end{matrix}$$

【例 6-13】承例 6-11，某企业生产甲产品，经过 3 个生产步骤，第一步生产半成品 A，第二步生产半成品 B，第三步生产产成品甲，每步骤均为一次投料，每步在产品完工率 50%。其相关资料见表 6-128。要求：计算各步骤完工产品和在产品的成本。其计算过程见表 6-129～表 6-132。

表 6-128 各步骤产量资料

单位：件

项目	第一步	第二步	第三步
完工半成品或产成品	24	19	20
在产品	4	2	4

表 6-129 基本生产成本明细账

2012 年 6 月 30 日　　单位：元

项目	材料费用	人工费用	制造费用	合计
月初在产品	160	20	50	230
本月发生	1 520	370	600	2 490
转出份额	1 120	278.60	464.20	1 862.80
广义在产品成本	560	111.40	185.80	857.20

计算过程如下。

(1) 材料单位成本 $=\dfrac{160+1520}{20+(4+2+4)}=56$(元/件)

转出份额＝20×56＝1 120(元)

广义在产品成本＝10×56＝560(元)

(2) 人工费用单位成本 $=\dfrac{20+370}{20+[4\times50\%+(2+4)]}\approx13.93$(元/件)

转出份额＝20×13.93＝278.60(元)

广义在产品成本＝390－278.6＝111.40(元)

(3) 制造费用单位成本＝$\frac{50+600}{20+[4\times50\%+(2+4)]}$≈23.21(元/件)

转出份额＝20×23.21＝464.20(元)

广义在产品成本＝650－464.20＝185.80(元)

表 6-130　基本生产成本明细账

2012 年 6 月 30 日　　单位：元

项目	人工费用	制造费用	合计
月初在产品	45	70	115
本月发生	555	680	1 235
转出份额	480	600	1 080
广义在产品成本	120	150	270

计算过程如下。

(1) 人工费用单位成本＝$\frac{45+555}{20+2\times50\%+4}$＝24(元/件)

转出份额＝20×24＝480(元)

广义在产品成本＝600－480＝120(元)

(2) 制造费用单位成本＝$\frac{70+680}{20+2\times50\%+4}$＝30(元/件)

转出份额＝20×30＝600(元)

广义在产品成本＝750－600＝150(元)

表 6-131　基本生产成本明细账

2012 年 6 月 30 日　　单位：元

项目	人工费用	制造费用	合计
月初在产品	115	90	205
本月发生	765	720	1 485
转出份额	800	736.40	1 536.40
广义在产品成本	80	73.60	153.60

计算过程如下。

(1) 费用单位成本＝$\frac{115+765}{20+4\times50\%}$＝40(元/件)

转出份额＝20×40＝800(元)

广义在产品成本＝880－800＝80(元)

(2) 费用单位成本＝$\frac{90+720}{20+4\times50\%}$＝36.82(元/件)

转出份额＝20×36.82＝736.40(元)

广义在产品成本＝810－736.40＝73.60(元)

表 6-132　产品成本汇总计算表

2012 年 6 月 30 日　　单位：元

项目	直接材料费用	直接人工费用	制造费用	合计
第一步	1 120	278.60	464.20	1 862.80
第二步	—	480	600	1 080
第三步	—	800	736.40	1 536.40
总成本	1 120	1 558.60	1 800.60	4 479.20
单位成本	56	77.93	90.03	223.96

产成品总成本＝1 862.80＋1 080＋1 536.40＝4 479.20(元)

产成品单位成本＝4 479.20/200＝223.96(元/件)

【课堂技能训练】

某企业生产甲产品，经过 3 个生产步骤，第一步生产半成品 A，第二步生产半成品 B，第三步生产产成品甲，每步骤均为一次投料，每步在产品完工率 50%。2012 年 12 月有关成本计算资料见表 6-133～表 6-135。

表 6-133　月初在产品成本资料

单位：元

生产步骤	直接材料费用	直接人工费用	制造费用	合计
第一步	1 600	200	450	2 250
第二步		450	640	1 090
第三步		1 150	2 200	3 350

表 6-134　各生产步骤本月发生的生产费用

单位：元

生产步骤	直接材料费用	直接人工费用	制造费用	合计
第一步	15 200	3 700	5 200	24 100
第二步		5 550	6 280	11 830
第三步		7 650	8 450	16 100

表 6-135　各生产步骤完工情况

单位：件

项目	第一步	第二步	第三步
完工	240	190	200
在产品	40	20	40

要求：

(1) 根据所给资料登记基本生产成本明细账(表 6-136～表 6-138)，计算完工产品成本和广义在产品成本。

表 6-136　基本生产成本明细账

2012 年 12 月 31 日　　单位：元

项目	直接材料费用	直接人工费用	制造费用	合计
月初在产品				
本月发生费用				
转出份额				
广义在产品成本				

表 6-137　基本生产成本明细账

2012 年 12 月 31 日　　单位：元

项目	直接材料费用	直接人工费用	制造费用	合计
月初余额	—			
本月发生费用	—			
转出份额	—			
广义在产品成本	—			

表 6-138　基本生产成本明细账

2012 年 12 月 31 日　　单位：元

项目	直接材料费用	直接人工费用	制造费用	合计
月初余额	—			
本月发生费用	—			
转出份额	—			
广义在产品成本	—			

(2) 编制产成品成本汇总计算表(表 6-139)，结转完工产品成本，做会计分录并填制转账记账凭证(表 6-140)。

表 6-139　产品成本汇总计算表

2012 年 12 月 31 日　　单位：元

项目	直接材料费用	直接人工费用	制造费用	合计
第一步				
第二步	—			
第三步	—			
总成本				
单位成本				

表 6-140 转账记账凭证

年 月 日 凭证编号______

摘 要	借方科目		贷方科目		金 额											记账符号
	总账科目	明细科目	总账科目	明细科目	亿	千	百	十	万	千	百	十	元	角	分	
附单据 张	合计															

会计主管人员 记账 稽核 制单

【课后训练】

一、单项选择题

1．下列方法中属于不计算半成品成本的分步法是(　　)。

A．逐步结转法　　B．综合结转法

C．分项结转法　　D．平行结转法

2．在平行结转分步法下，完工产品与月末在产品之间的费用分配是指(　　)。

A．在各步骤完工半成品与狭义在产品之间分配

B．在产成品与广义在产品之间分配

C．在各步骤完工半成品与广义在产品之间分配

D．在产成品与狭义在产品之间分配

3．采用平行结转分步法(　　)。

A．能够全面地反映各个生产步骤产品的生产耗费水平

B．不能全面地反映各个生产步骤产品的生产耗费水平

C．能够全面地反映最后一个生产步骤产品的生产耗费水平

D．能够全面地反映第一生产步骤产品的生产耗费水平

4．下列不属于广义在产品的是(　　)。

A．尚在本步骤加工中的在产品

B．企业最后一个步骤的完工产品

C．转入半成品库的半成品

D．已从半成品库转到以后各步骤进一步加工、尚未最后制成的产品

5．采用分步法计算产品成本的企业，如果不需要分步骤计算半成品成本，应采用(　　)计算产品成本。

A．综合结转法　　B．平行结转分步法

C．逐步结转分步法　　D．分项结转法

6．成本还原是从(　　)生产步骤开始。

A．第一个　　B．最后一个　　C．任意一个　　D．中间一个

7．需要进行成本还原的分步法是(　　)。

A．平行结转分步法　　B．分项结转法

C．综合结转法　　D．逐步结转分步法

8．平行结转分步法(　　)。

A．需要进行成本还原　　B．不需要进行成本还原

C．能提供完整的半成品成本资料　　D．能加强物质和资金的有效管理

9．平行结转分步法下，第二步骤的在产品不包括(　　)。

A．第一生产步骤完工入库的半成品

B．第二生产步骤正在加工的半成品

C．第二生产步骤完工入库的半成品

D．第三生产步骤正在加工的半成品

10．下列关于平行结转分步法说法，不正确的是(　　)。

A．各步骤可以同时计算产品成本，平行汇总计入产成品成本，不必逐步结转半成品成本

B．能够直接提供按原始成本项目反映的产成品成本资料

C．不必进行成本还原， 因而能够简化和加速成本计算工作

D．能提供各个步骤的半成品成本资料

二、多项选择题

1．平行结转分步法的主要特点是(　　)。

A．各步骤的在产品成本是广义在产品成本

B．各步骤月末在产品成本按费用发生地反映

C．半成品成本不随半成品实物转移而结转

D．完工产品是指最终完工的产成品

2．平行结转分步法下的在产品包括(　　)。

A．正在本步骤加工的在产品

B．本步骤已完工转入半成品仓库的半成品

C．已从半成品仓库转入到以后各步骤进一步加工，但尚未最终完成的在产品

D．最后步骤完工入库的产成品

3．广义在产品包括(　　)。

A．尚在本步骤加工中的在产品

B．完工的半成品和狭义在产品

C．转入半成品库的半成品

D．已从半成品库转到以后各步骤进一步加工、尚未最后制成的产品

4．平行结转分步法的适用情况有(　　)。

A．产品种类多，计算和结转半成品工作量大

B．管理上不要求提供各步骤半成品成本资料

C．管理上不要求提供原始成本项目反映的产成品成本资料

D．管理上不要求全面地反映各个生产步骤的生产耗费水平

5．与逐步结转分步法相比，平行结转分步法的缺点是(　　)。

A．不需要进行成本还原

B．不能为实物管理和资金管理提供资料

C．不能提供各步骤的半成品成本资料

D．不便于进行半成品的实物管理

6．在平行结转分步法下，完工产品与在产品的费用分配，是指下列两者之间的费用分配：(　　)。

A．产成品与广义的在产品

B．产成品与狭义在产品

C．各步骤完工半成品与月末加工中的在产品

D．前面步骤的产成品与广义在产品，最后步骤的产成品与狭义在产品

7．平行结转法适宜在(　　)的情况下采用。

A．产品种类多，计算和结转半成品成本工作量大

B．管理上不要求提供各步骤半成品成本资料

C．管理上不要求提供按原始成本项目反映的产成品成本资料

D．管理上不要求全面反映各个生产步骤的生产耗费水平

8．采用平行结转分步法,各生产步骤的期末在产品包括(　　)。

A．本步骤正在加工的在制品

B．上步骤正在加工的在制品

C．已转入下一步骤的自制半成品

D．已转入下一步骤的尚未完工的自制半成品

9．平行结转分步法适用于(　　)的企业。

A．产品种类多，计算和结转半成品成本工作量大

B．管理上不要求提供各步骤半成品成本资料

C．管理上不要求提供按原始成本项目反映产成品成本资料

D．管理上要求全面反映各步骤生产耗费水平

10．下列不属于平行结转分步法特点的是(　　)。

A．需要进行成本还原　　B．不需要进行成本还原

C．能提供完整的半成品成本资料　　D．能加强物质和资金的有效管理

三、判断题

1．平行结转分步法下，各步骤的生产费用都要在完工产品和广义在产品之间进行分配。(　　)

2．平行结转分步法下，不需要设置“自制半成品”账户。(　　)

3．在平行结转分步法下，各步骤完工产品与在产品之间的费用分配，是指产成品与狭义在产品之间的费用分配。(　　)

4．采用平行结转分步法时，各生产步骤都不能全面地反映其生产耗费水平。(　　)

5．在平行结转分步法下，在产品费用不按其发生地登记，而按其所在地登记。（　　）

6．采用平行结转分步法，各步骤可以同时计算产品成本，但各步骤间不结转半成品成本。（　　）

7．采用平行结转分步法，能够直接提供按原始成本项目反映的产成品成本资料，不必进行成本还原。（　　）

8．采用平行结转分步法，在产品是指广义在产品，半成品实物转移，但成本不结转。（　　）

9．采用分项结转分步法时，不需要进行成本还原。（　　）

10．在平行结转分步法下，只能采用定额比例法进行产成品和在产品之间的费用分配。（　　）

四、综合实务题

1．资料

胜利厂生产 A 产品，连续经过 3 个生产步骤进行加工，原材料在第一个生产步骤一次投入。各生产步骤的半成品直接为下一个生产步骤耗用，不经过半成品库。第三步骤单位在产品和产成品耗用第二步骤半成品 1 件；第二步骤单位在产品和半成品耗用第一步骤半成品 1 件。月末在产品成本按约当产量法计算，其他有关资料见表 6-141 和表 6-142。

表 6-141　产品产量表

单位：件

项目在产品数量	第一步	第二步	第三步
月初在产品数量	300	200	100
本月投产数量	600	500	400
本月完工产品数量	500	400	300
月末在产品数量	400	300	200
在产品完工程度	50%	50%	50%

表 6-142　产品费用表

单位：元

项目	月初在产品				本月发生费用			
	第一生产步骤	第二生产步骤	第三生产步骤	合计	第一生产步骤	第二生产步骤	第三生产步骤	合计
直接材料	36 000			36 000	36 000			36 000
直接人工	768	1 008	300	2 076	1 032	2 511	1 053.50	4 596.50
制造费用	2 379.14	1 484	875	4 738.14	2 918	3 339	1 746.50	8 003.50
合计	39 147.14	2 492	1 175	42 814.14	39 950	5 850	2 800	48 600

2．要求

根据上述资料，按平行结转分步法计算 A 产品成本，填制表 6-143～表 6-148。

表 6-143　约当产量计算表

单位：件

项目	第一生产步骤		第二生产步骤		第三生产步骤	
	投料约当产量	加工约当产量	投料约当产量	加工约当产量	投料约当产量	加工约当产量
最终产成品数量						
广义在产品数量						
合计						

表 6-144　平行结转分步法下的费用分配表

单位：元

成本项目	第一生产步骤		第二生产步骤		第三生产步骤	
	计入产成品成本份额	月末在产品成本	计入产成品成本份额	月末在产品成本	计入产成品成本份额	月末在产品成本
直接材料						
直接人工						
制造费用						
合计						

表 6-145　第一生产步骤产品成本计算单

单位：元

成本项目	直接材料	直接人工	制造费用	合计
月初在产品				
本月发生费用				
合计				
应计入产成品成本份额				
月末在产品				

表 6-146　第二生产步骤产品成本计算单

单位：元

成本项目	直接材料	直接人工	制造费用	合计
月初在产品				
本月发生费用				
合计				
应计入产成品成本份额				
月末在产品				

表 6-147　第三生产步骤产品成本计算单

单位：元

成本项目	直接材料	直接人工	制造费用	合计
月初在产品				
本月发生费用				
合计				
应计入产成品成本份额				
月末在产品				

表 6-148　A 产品成本计算单

单位：元

成本项目	直接材料	直接人工	制造费用	合计
第一生产步骤转入份额				
第二生产步骤转入份额				
第三生产步骤转入份额				
总成本				
单位成本				

模块七　产品成本控制方法

第一次课(4学时)　产品成本控制方法1——定额成本控制法

【知识目标】

1．定额成本控制法的特点。
2．定额成本控制法的适用范围。
3．定额成本控制法的计算程序。
4．材料定额的制定方法。
5．定额差异的计算方法。

【能力目标】

根据教师提供的资料计算材料定额差异及材料成本差异。

【问题提示】

1．定额成本控制法的适用范围是什么？
2．定额成本控制法的主要特点是什么？
3．定额成本控制法的计算程序是什么？
4．如何计算定额成本、脱离定额差异、定额变动差异？
5．产成品实际成本如何计算？

【基础知识】

一、定额法认知

品种法、分步法、分批法，这3种方法都是对已经结束的生产过程进行事后的成本计算。为了改变只能在事后提供信息的被动状态，可以采用定额成本核算法计算产品成本。定额成本核算法，是从产品现行定额出发，在现行定额成本基础上加减定额变动和定额差异，以求得产品实际成本的一种方法。定额成本核算法可解决成本的日常控制问题，有利于产品成本的定期分析，做到成本核算同成本控制、成本分析有机地结合起来。

定额成本核算法是在3种成本计算方法(品种法、分步法、分批法)及两种成本项目方法(制造成本法、变动成本法)基础上，以选中的事前预计产品单位成本作为定额成本，层层分解到事中各责任中心，并在成本单中将各成本项目的实际成本分为“定额成本”与“定额差异”两个部分，及时加以核算，促使事中各责任中心采取各种技术组织措施，把实际成本控制到最低。而事后总结事前与事中成本控制的得失，将会更有效地控制未来的成本。因此，“定额成本核算法”是进行产品成本核算和控制的有效方法之一。

（一）定额成本控制法的概念及适用范围

定额成本控制法是以定额成本为目标成本，及时揭示生产费用脱离定额的差异，加强成本控制，并根据定额成本、脱离定额差异和定额变动差异计算产品实际成本的一种成本管理和成本计算方法。

定额成本是指根据企业现行材料消耗定额、工时定额、费用定额及其他有关资料计算的一种成本控制目标。产品定额成本的制定过程也是对产品成本事前控制的过程，定额成本是计算实际成本的基础。

脱离定额差异是指产品生产过程中各项实际发生的生产费用脱离现行定额的差异。脱离定额差异反映了企业各项生产费用支出的合理程度和执行现行定额的工作质量。在实际工作中，为了便于产品成本的分析和考核，一般单独计算产品成本应负担的材料成本差异。

材料成本差异也是产品生产费用脱离定额差异的一部分。在计算时，应单独计算产品成本应浮动的材料成本差异，其金额是该产品按计划成本和材料实际消耗量计算的总成本与材料成本差异率的乘积。

定额变动差异是指由于修订定额而产生的新旧定额之间的差异，它是定额自身变动的结果，与生产费用支出的节约与超支无关。企业年度内修订定额一般在月初进行，在有定额变动的月份，本月投入产品的定额成本是按新定额计算的，只有月初在产品的定额成本是按旧定额计算的。因此，定额变动差异是指月初在产品账面定额成本与按新定额计算的定额成本之间的差异。

定额成本控制法与生产类型没有直接关系，无论何种生产类型，只要具备下列条件，都可采用定额法计算产品成本：企业的定额管理制度比较健全，定额管理工作基础较好；产品的生产已经定型，消耗定额比较准确、稳定。

（二）定额成本控制法的主要特点

定额成本控制法法是为了加强成本管理，进行成本控制而采用的一种成本计算与管理相结合的成本计算方法，是目标成本管理的一种。采用定额法计算产品成本，能及时揭示差异，提供有关成本形成动态的各种信息，从而有助于促使企业控制和节约费用。

定额成本控制法法不是成本计算的基本方法，而是一种成本计算的辅助方法，而且必须同一种成本计算方法结合使用。

二、定额成本控制法的核算程序

首先，事先制定产品定额成本。

其次，按成本计算对象设置产品成本明细账，专栏内各成本项目应分设“定额成本”、“脱离定额差异”、“定额变动差异”等各小栏。

再次，在定额成本修订的当月，应调整月初在产品的定额成本，计算月初定额变动。

接下来，生产费用发生时，按成本项目将符合定额的费用和脱离定额的差异分别核算，并予以汇总。

然后，按确定的成本计算基本方法，各项费用都按定额成本和定额成本差异分别进行汇总。

最后，将本月完工产品的定额成本加减各种差异，调整计算出完工产品的实际成本。

产成品实际成本＝产成品定额成本＋脱离定额差异＋材料成本差异＋定额变动差异

三、定额成本控制法的成本计算

(一) 定额成本的制定

1. 定额成本的计算公式

产品的定额成本是指按照各时期的现行消耗定额和计划价格计算的成本。它与计算成本有所不同，产品计划成本是按照计划期内平均消耗定额和计划价格计算成本，成本在计划期内一般不变动，而产品的定额成本在不同时期是可以修改和变动的成本。

定额成本包括零部件定额成本和产成品定额成本，一般是由会计、计划、技术等部门共同制定，在零部件不多的企业，可以先制定零部件定额成本，然后再汇总计算产品的定额成本。如果产品的零部件较多，为简化会计核算工作，也可不指定零部件的定额成本，而直接制定产品的定额成本。产品定额成本的计算必须分成本项目进行，定额成本包括的成本项目必须与实际成本、计划成本包括的项目一致，以便成本的分析、考核。定额成本的计算公式如下。

单位产品直接材料定额成本＝Σ(产品的材料消耗定额×计划单价)

单位产品直接人工定额成本＝产品的工时定额×计划小时工资率

单位产品制造费用定额成本＝产品的工时定额×计划小时制造分配率

单位产成品定额成本＝单位产品直接材料定额成本＋
单位产品直接人工定额成本＋
单位产品制造费用定额成本

2. 定额成本的计算程序

产品的定额成本一般由企业的计划、技术、会计等部门共同制定。

若产品的零部件不多，一般先计算零件定额成本，然后再汇总计算部件和产品的定额成本。零部件定额成本还可作为在产品和报废零部件计价的依据。

若产品的零部件较多，可不计算零件定额成本，直接计算部件定额成本，然后汇总计算产品定额成本，或者根据零部件的定额卡直接计算产品定额成本。

(二) 脱离定额差异的计算

在发生生产费用时，应分为符合定额的费用和脱离定额的差异，这是定额法的重要特征。企业在发生生产费用时，应当为符合定额的费用和脱离定额的差异分别编制定额凭证和差异凭证，并在有关的费用分配表和明细账中分别予以登记。产品定额成本应当按照企业规定的成本项目制定，脱离定额的差异也应当按照成本项目分别核算。

1. 直接材料费用脱离定额差异的计算

直接材料费用脱离定额差异是指产品耗用原材料的实际成本与定额成本的差异，用公式表示为：

直接材料费用脱离定额差异＝原材料实际成本－原材料定额成本
＝原材料实际耗用量×实际单价－
原材料定额耗用量×计划单价

在定额成本控制法下核算耗用量的差异的方法如下。

(1) 限额法

采用限额法时，企业实行的是限额领料制度，限额范围内的领料，根据限额领料单领用，由于增加产量而发生的限额领料，应办理追加限额手续，仍使用限额领料单领用。如果因其他原因造成的超额领料，应填制专设的超额领料单差异凭证，发生代用材料和以废料折合为相当于原定材料的数量后再计算差异，反映在差异凭证中。超限额领料凭证反映耗用量的超支，形成正差异；限额领料单的余额和退料单，反映耗用量的节约，形成负差异。

在差异凭证中，应该填明差异的数量、金额及发生差异的原因，月末汇总，即可求得直接材料本月定额差异。

产品所用材料的定额消耗量，在不同条件下确定方法也不同，具体如下。

① 当投产的产品数量等于限额领料单规定的产品数量

当投产的产品数量等于限额领料单规定的产品数量，且车间中没有期初、期末余料或者期初、期末余料数量相等时，限额领料单所列的领料限额，就是原材料的定额消耗量，其计划数与实领数的差异就是用料脱离定额的差异。

【例 7-1】某限额领料单规定的产品数量为 300 件，每件材料消耗定额为 3 千克，则领料限额为 900 千克，若实际领料为 880 千克，其少领 20 千克的差异就是用料脱离定额的差异。

② 当投产的产品数量不等于限额领料单规定的产品数量

当投产的产品数量不等于限额领料单规定的产品数量或车间有期初、期末余料，且其余料的数量不相等时，限额领料单规定的领料限额，就不是原材料的定额消耗量，其计划数与实领数的差异就不是用料脱离定额的差异。

【例 7-2】例 7-1 中投产的产品数量小于规定的产品数量，为 270 件，车间期初余料 45 千克，期末余料 75 千克，则定额消耗量、实际消耗量与用料脱离定额差异为

原材料定额消耗量＝产品投产数量×原材料消耗定额＝270×3＝810(千克)

原材料实际消耗量＝期初余料数量＋本期领料数量－期末余料数量
＝880＋45－75＝850(千克)

原材料脱离定额差异＝850－810＝40(千克)

因此，限额领料单所列领料限额，不一定就是材料的定额消耗量，要视条件而定。

注意：限额法可以有效地控制领料，但不能有效地控制用料。

(2) 切割核算法

对于需要经过切割才能进一步加工的材料，还应采用设置“材料切割核算单”的方法来计算材料的定额差异。采用这种方法，企业应按照切割的批别开设“材料切割核算单”。这种方法计算的材料定额差异，是指将切割后的材料数量(毛坯数量)和消耗定额相乘，得出材料定额消耗量与材料实际消耗量相比的差异。

采用材料切割单，可以及时反映材料的耗用情况及发生差异的具体原因，但材料切割单的填制工作量较大，只适用于需要切割后才能加工的某些贵重或大宗材料。

【例 7-3】某玻璃钢企业板材切割核算单中记录：实际发料数量为 278 千克(材料计划单价 7.3 元)，退回余料数量为 6 千克，废料实际回收量为 9.6 千克(计划单价 0.4 元)，材料单件消耗定额 7 千克，单件回收废料定额为 0.2 千克，应割成的毛坯数量为 38 件，实际割成毛坯数量 35 件。要求：根据上述资料计算材料脱离定额差异和废料脱离定额差异。

材料实际消耗量＝发料数量－退回余料数量＝278－6＝272(千克)

材料定额消耗量＝实际割成毛坯数量×单件消耗量＝35×7＝245(千克)

废料定额回收量＝实际割成毛坯数量×单件回收废料定额＝35×0.2＝7(千克)

材料脱离定额差异数量＝材料实际消耗量－材料定额消耗量＝272－245＝27(千克)

材料脱离定额差异金额＝材料脱离定额差异数量×材料计划单价＝27×7.3＝197.1(元)

废料脱离定额差异数量＝废料实际回收量－废料定额回收量＝9.6－7＝2.6(千克)

废料脱离定额差异金额＝废料脱离定额差异数量×废料单价＝2.6×0.4＝1.04(元)

废料价值可以冲减材料费用，当产生废料回收超支差异，则作为负数填列在材料切割单中；如果是废料回收节约差异，作为正数填列在材料切割单中。

(3) 定期盘存法

在连续投料、无法分批的大量生产下，则应定期通过盘存的方法计算定额差异。其计算程序如下。

产品投产量＝完工产品数量＋期末在产品数量－期初在产品数量

直接材料定额消耗量＝投产产品数量×原材料消耗定额

直接材料实际消耗量＝本期领料单＋期初余料量－期末余料量

原材料脱离定额差异＝按实际耗用量计算的计划成本－定额成本

＝(实际耗用量－定额耗用量)×材料计划单价(量差)

直接材料实际消耗量可以根据限额领料单和超额领料单等领料、退料凭证及车间余料的盘存数量计算得出。采用定期盘存法，应注意尽量缩短耗料差异的计算期，以便增加差异核算的正确性，因为它是以盘存数倒挤的消耗数。不论采用哪种核算方法，直接材料定额差异的计算都应分批或定期地按成本计算对象汇总，编制“直接材料定额费用和脱离差异汇总表”，以便登记产品成本计算单。

【例 7-4】某企业生产甲产品耗用甲材料系生产开始时一次投入。甲产品期初在产品为 80 件，本期完工产品为 1 000 件，期末在产品为 100 件。甲产品的原材料消耗定额为每件 3 千克，原材料的计划单价为每千克 10 元。限额领料单中载明的本期已实际领料数量为 2 500 千克。车间期初余料为 50 千克，期末余料为 30 千克。要求：计算原材料脱离定额差异。

解析：原材料定额消耗量＝(1 000＋100－80)×3＝3 060(千克)

原材料实际消耗量＝2 500＋50－30＝2 520(千克)

原材料脱离定额差异＝(2 520－3 060)×10＝－5 400(元)(节约)

2. 直接人工费用脱离定额差异的计算

直接人工费用定额差异的确定方法，因工资形式不同而有所不同。在计件工资制下，生产工人工资属于直接计入费用，其脱离定额差异的计算与直接材料脱离定额差异的计算相似。

按计件单价支付的工资就是定额人工费用，除此以外，奖金、津贴等均为定额差异。

在计时工资制下，生产工人工资属于间接计入费用，其脱离定额差异不能在平时按照产品直接计算，只有在月末实际生产工人工资确定以后，才可按以下公式计算。

某产品生产工资脱离定额的差异＝该产品实际生产工资－该产品定额生产工资
＝该产品实际生产工时×实际小时工资率－
该产品实际完成的定额生产工时×计划小时工资率

其中，

实际小时工资率＝某车间实际生产工人工资总额/该车间实际生产工时总额
计划小时工资率＝某车间计划产量的定额生产工人工资/
该车间计划产量的定额生产工时
某产品实际完成的定额工时＝(该产品本月完工产品产量＋月末在产品约当产量－
月初在产品约当产量)×单位产品工时定额

可见，影响直接人工费用定额差异的因素是工时差异和小时工资率差异。

月末要计算出工时差异引起的直接人工费用差异和直接人工单价差异，编制“直接人工费用定额成本和脱离定额差异汇总表”，以便登记产品成本计算单。

3. 制造费用脱离定额差异的计算

制造费用是间接费用，不能在费用发生就直接按产品确定脱离定额差异，这是因为制造费用须待月末汇总总额，并采用一定方法分配于各种产品后，才能确定各种产品应负担的制造费用。在日常核算中主要是制定费用预算，按费用项目核算实际费用脱离预算的差异并填制差异凭证，以此控制制造费用的发生。月末计算出各产品应负担的实际制造费用，再计算制造费用定额差异，其计算公式如下。

某产品制造费用脱离定额差异＝该产品制造费用实际分配额－
该产品实际完成定额工时×
计划小时制造费用分配率

可见，影响制造费用脱离定额差异的因素是工时差异和小时制造费用差异率，其核算和分析方法与直接人工费用脱离定额差异相似。

月末根据计算结果填制差异凭证，并编制“制造费用定额和脱离定额差异汇总表”，以便登记产品成本计算单和明细账。

制造费用脱离定额差异还可用制造费用的实际发生额与按生产计划完成的百分比调整预算相减算出。

在直接材料、直接人工和制造费用的定额差异计算出来后，应按产品汇总，计算出每种产品的定额差异，然后分别按成本项目将定额差异在完工产品和在产品之间按定额比例进行分配。其计算公式如下。

定额差异分配率＝定额差异合计÷(完工产品定额成本＋期末在产品定额成本)
完工产品应负担的定额差异＝完工产品定额成本×定额差异分配率
在产品应负担的定额差异＝在产品定额成本×定额差异分配率
在产品负担的定额差异＝定额差异合计－完工产品应负担的定额差异

(三) 材料成本差异的计算

在采用定额计算法时，材料的日常核算都按材料的计划成本进行，平时发生的直接材料费用，包括直接材料定额成本和直接材料定额差异，都是按材料的计划单位成本计算的，因此，对材料的实际价格与计划价格不一致而产生的材料成本差异没有加以反映。为此，在计算产品实际成本时还必须加以调整，分配材料成本差异。其计算公式如下。

某产品应分配的原材料成本差异＝(该产品原材料定额费用＋原材料脱离定额差异)×材料成本差异率

＝实际消耗量×材料计划单价×材料成本差异率

在产品成本计算单中，对材料成本差异也要单独设置专栏予以反映，并设置材料成本差异明细账，以便正确反映产品成本应负担的材料成本差异。

(四) 定额变动差异的计算

定额变动差异是指由于修订消耗定额或生产耗费的计划价格而产生的新旧定额之间的差额。随着科学技术的发展和劳动生产率的提高，企业原制定的消耗定额需要变动，折旧需要重新修订定额标准，以适应新的管理要求。定额成本的修订一般在月初、季初或年初定期进行，但在定额变动的月份，月初在产品的定额成本仍然按照旧的定额计算，因此需要按新定额计算月初在产品的定额变动差异，用以调整月初在产品的定额成本。

在定额修订后，月初在产品定额成本原是按旧定额计算的，而当月投产的产品定额成本是按新定额计算的，二者计算的基础不同，不能直接加以汇总。为此，需将月初按旧定额确定的定额成本调整为新定额的定额成本，于是就产生了定额变动差异。其计算公式如下。

定额变动系数＝按新定额计算的单位产品费用/按旧定额计算的单位产品费用

月初在产品定额变动差异＝按旧定额计算的月初在产品费用×(1－定额变动系数)

调整后月初在产品定额成本＝按旧定额计算的月初在产品费用±定额变动系数

月初在产品定额变动差异通常表现为月初在产品价值的降低，即贬值。此时，应从月初在产品定额费用中扣除该项差异，加入本月产品成本中。反之，则月初在产品增值的差异则应加入月初在产品定额费用中，同时，从本月产品成本中扣除同等金额。适用于在零部件成套生产或零部件生产的成套性较大的情况。

定额变动差异一般应在完工产品和在产品之间进行分配，其计算公式如下。

定额变动差异分配率＝定额变动差异合计÷(完工产品定额成本＋在产品定额成本)

完工产品应负担的定额变动差异＝完工产品的定额成本×定额变动差异分配率

在产品应负担的定额变动差异＝在产品的定额成本×定额变动差异分配率

在产品应负担的定额变动差异＝定额变动差异合计－完工产品应负担的定额变动差异

(五) 产品实际成本的计算

采用定额法时，产品的实际成本按如下计算公式计算。

产品的实际成本＝按现行定额计算的产品定额成本±定额差异±材料成本差异±月初在产品定额变动差异

(六) 案例分析

1. 直接材料脱离定额差异的计算

【例 7-5】2012 年 12 月，某企业生产甲产品耗用原材料系生产开始时一次投入，本月期初在产品 40 件，本月完工产品 500 件，期末在产品数量 100 件，单位产品材料消耗定额为 20 千克，材料计划单价为 8 元/千克。本月材料限额领料凭证登记数量为 11 200 千克，材料超限额领料凭证登记数量为 500 千克，期初车间有余料 50 千克，期末车间盘存余料为 200 千克。要求：计算本月产品的原材料定额费用及脱离定额差异。

甲产品本月投产数量＝500＋100－40＝560(件)

原材料定额消耗量＝560×20＝11 200(千克)

原材料实际消耗量＝11 200＋500＋50－200＝11 550(千克)

原材料脱离定额差异＝(原材料实际消耗量－原材料定额消耗量)×材料计划单价

＝(11 550－11 200)×8＝2 800(元)

2. 直接人工费脱离定额差异的计算

【例 7-6】2012 年 12 月，某企业生产甲产品，单位产品的工时定额为 3.8 小时，本月实际完工产品产量为 800 件。月末在产品数量为 100 件，完工程度为 60%；月初在产品数量为 100 件，完工程度为 50%。计划小时工资率为 3 元，实际的生产工时为 3 100 小时，实际小时工资率为 3.1 元。要求；计算甲产品人工费用脱离定额差异。

甲产品人工费用脱离定额差异＝甲产品实际生产工资－定额生产工资

＝实际生产工时×实际小时工资率－实际完成的定额生产工时×计划小时工资率

＝3 100×3.1－(800＋100×60%－100×50%)×3.8×3

＝9 610－9 234＝376(元)

3. 定额法下完工产品及在产品成本的计算

【例 7-7】2012 年 12 月，某厂甲产品采用定额法计算成本。本月有关甲产品原材料费用的资料如下。

(1) 月初在产品定额费用为 2 800 元，月初在产品脱离定额的差异为节约 40 元，月初在产品定额费用调整为降低 40 元。定额变动差异全部由完工产品负担。

(2) 本月定额费用为 11 200 元，本月脱离定额的差异为节约 800 元。

(3) 本月原材料成本差异为节约 4%，材料成本差异全部由完工产品负担。

(4) 本月完工产品的定额费用为 12 000 元。

要求：

① 计算月末在产品原材料定额费用。

② 分配原材料脱离定额差异。

③ 计算本月原材料费用应分配的材料成本差异。

④ 计算本月完工产品和月末在产品成本应负担的原材料实际费用。

解析：

① 月末在产品原材料定额费＝月初在产品定额费用＋月初在产品定额费用调整＋本月定额费用－完工产品定额费用

＝2 800－40＋11 200－12 000＝1 960(元)

② 原材料脱离定额差异合计＝月初在产品脱离定额的差异＋本月脱离定额的差异

＝－40－800＝－840(元)

$$原材料脱离定额差异率＝\frac{月初在产品原材料脱离定额的差异＋本月脱离定额的差异}{完工产品原材料定额费用＋月末在产品原材料定额费用}$$

＝－840÷(12 000＋1 960)×100%＝－6.02%

完工产品应负担原材料脱离定额差异＝12 000×(－6.02%)＝－722.40(元)

月末在产品应负担原材料脱离定额差异＝－840－(－722.4)＝－117.60(元)

③ 本月原材料费用应分配的材料成本差异＝(本月所耗原材料定额费用＋原材料脱离定额差异)×材料成本差异率

＝(11 200－800)×(－4%)＝－416(元)

④ 本月完工甲产品原材料实际费用＝完工产品原材料定额费用＋完工产品应负担原材料脱离定额差异＋原材料成本差异＋月初在产品定额变动差异

＝12 000＋(－722.40)＋(－416)＋40＝10 901.60(元)

月末在产品原材料实际费用＝月末在产品原材料定额费用＋月末在产品应负担原材料脱离定额差异

＝1 960＋(－117.60)＝1 842.40(元)

【课堂技能训练】项目 C

秦皇岛市玻璃钢厂有一个造船生产车间，2012 年 6 月接福建某企业订单，生产 50 艘民用冲锋舟。其他资料如下。

(1) 产品所耗材料资料为总体材料汇总表(表 7-1)、民用冲锋舟原材料定额成本(表 7-2)。

表 7-1　50 艘民用冲锋舟所耗总体材料汇总表　　单位：元

材料名称	单位	消耗量	单价	金额	备注
树脂	千克	7 500	10.00	75 000.00	
胶衣	千克	1 250	30.00	37 500.00	
中碱布 0.2	米	5 750	2.00	11 500.00	
中碱布 0.4	米	10 750	2.60	27 950.00	
短切毡	千克	500	15.00	7 500.00	
其他辅料	千克	3 300	14.09	46 497.00	
铁件	套	50	441.88	22 094.00	
标准件	套	50	101.20	5 060.00	

续表

材料名称	单位	消耗量	单价	金额	备注
其他配件	个	2 800	12.59	35 252.00	
船用木材	米^3	12	1 700.00	20 400.00	
合计				288 753.00	

表 7-2　民用冲锋舟原材料定额成本　　单位：元

材料名称	单位	消耗定额	计划单价	定额成本
树脂	千克	154	12.00	1 848.00
胶衣	千克	28	28.00	784.00
中碱布 0.2	米	118	1.90	224.20
中碱布 0.4	米	220	2.50	550.00
短切毡	千克	12	16.00	192.00
其他辅料	千克	65	15.00	975.00
铁件	套	1	440.00	440.00
标准件	套	1	105.00	105.00
其他配件	个	58	14.00	812.00
船用木材	米^3	0.25	1 900.00	475.00
合计				6 405.20

(2) 要求编制原材料定额费用、脱离定额差异和材料成本差异汇总表(表 7-3)，编制会计分录，填制转账记账凭证(表 7-4～表 7-6)。

表 7-3　民用冲锋舟原材料定额费用、脱离定额差异和材料成本差异汇总表　　单位：元

材料名称	单位	计划单价	计划价格费用		定额费用		脱离定额差异		材料成本差异	
			实际耗用量	金额	定额耗用量	金额	耗用量	金额	实际单价	金额
树脂	千克	12								
胶衣	千克	28								
中碱布 0.2	米	1.9								
中碱布 0.4	米	2.5								
短切毡	千克	16								
其他辅料	千克	15								
铁件	套	440								
标准件	套	105								
其他配件	个	14								
船用木材	米^3	1 900								
合计										

表 7-4　转账记账凭证

年　　月　　日　　　　　　　　凭证编号________

摘　要	借方科目		贷方科目		金　额											记账符号
	总账科目	明细科目	总账科目	明细科目	亿	千	百	十	万	千	百	十	元	角	分	
附单　张	合计															

会计主管人员　　　　　　记账　　　　　　稽核　　　　　　制单

表 7-5　转账记账凭证

年　　月　　日　　　　　　　　凭证编号________

摘　要	借方科目		贷方科目		金　额											记账符号
	总账科目	明细科目	总账科目	明细科目	亿	千	百	十	万	千	百	十	元	角	分	
附单　张	合计															

会计主管人员　　　　　　记账　　　　　　稽核　　　　　　制单

表 7-6　转账记账凭证

年　　月　　日　　　　　　　　凭证编号________

摘　要	借方科目		贷方科目		金　额											记账符号
	总账科目	明细科目	总账科目	明细科目	亿	千	百	十	万	千	百	十	元	角	分	
附单　张	合计															

会计主管人员　　　　　　记账　　　　　　稽核　　　　　　制单

【课后训练】

一、单项选择题

1. 下列标准成本中，( )提出的要求过高，很难实现，在现实工作中比较少采用。
A. 基本标准 B. 理想标准 C. 正常标准 D. 单位标准

2. 一般来说，直接材料价格差异应由( )部门负责。
A. 生产 B. 管理 C. 采购 D. 保管

3. 在脱离定额差异的核算中，与制造费用脱离定额差异核算方式相同的是( )。
A. 原材料 B. 计件工资形式的生产工人工资
C. 自制半成品 D. 计时工资形式的生产工人工资

4. 原材料脱离定额差异是( )。
A. 数量差异 B. 一种定额变动差异
C. 价格差异 D. 原材料成本差异

5. 由于修改旧定额而产生的新旧定额之间的差额称( )。
A. 定额差异 B. 材料成本差异
C. 定额变动差异 D. 脱离定额差异

6. 采用定额成本控制法计算产品成本时， 若差异额较大而且各月在产品数量变动也较大，差异额在完工产品和月末在产品之间进行分配的方法一般是采用( )。
A. 定额差异的比例 B. 定额成本的比例
C. 脱离定额差异的比例 D. 材料成本差异的比例

7. 定额成本控制法下的定额变动差异是指由于修订消耗定额或生产耗费的计划价格而产生的( )。
A. 计划价格与实际价格的差额 B. 新旧定额的差额
C. 实际价格与计划价格的差额 D. 月初定额与月末定额的差额

8. 采用定额成本控制法计算产品成本时，对于定额变动差异若是定额降低，在月末计算产品成本时，还应( )。
A. 从当月的产品成本当中扣除
B. 加到当月的产品成本当中
C. 对当月产品成本没有影响
D. 应在月初产品成本当中进行调整，月末在产品成本不进行调整

9. 定额成本控制法下的产品成本计算单中，在消耗定额降低时，月初在产品的定额成本调整和定额变动差异数，( )。
A. 都是负数 B. 都是正数
C. 前者是正数，后者是负数 D. 前者是负数，后者是正数

10. 定额成本控制法的特点是( )。
A. 对产品进行事前控制
B. 对成本差异进行日常核算、分析和控制
C. 进行成本的定期分析和考核
D. 上列3点都具备

二、多项选择题

1．目标成本一般包括(　　)。

A．计划成本　B．实际成本　C．定额成本　D．标准成本

2．成本控制按成本发生的时间划分，可分为(　　)。

A．事先成本控制　B．目标成本控制

C．事中成本控制　D．标准成本控制

3．成本控制的程序包括(　　)。

A．制定目标成本　B．采取措施

C．原因分析　D．差异揭示

4．成本控制的要求应满足(　　)。

A．要对成本形成全过程进行全员控制

B．要人力、物力和财力使用的效果来衡量

C．要有助于未来的工作改进和成本降低

D．要有一整套健全的管理制度同它相互配合

5．计算和分析脱离定额成本差异主要包括(　　)。

A．材料脱离定额差异　B．直接人工费用脱离定额差异

C．制造费用脱离定额差异　D．管理费用脱离定额差异

6．在定额成本控制法下，计算产品实际成本时涉及的因素有(　　)。

A．定额成本　B．定额变动差异　C．定额差异　D．材料成本差异

7．定额成本控制法的主要特点是(　　)。

A．简化成本计算工作　B．有利于加强成本控制

C．将定额成本作为降低成本的目标　D．对定额和差异分别核算

8．直接材料脱离定额差异的核算方法一般有(　　)。

A．限额法　B．一次交互分配法　C．切割法　D．盘存法

9．在定额成本控制法下，计算产品应分配的材料成本差异时，需要的指标有(　　)。

A．产品原材料的定额费用　B．产品原材料的计划费用

C．原材料脱离定额的差异　D．原材料定额变动差异

10．采用定额成本控制法计算产品成本时，产品实际成本计算的指标有(　　)。

A．按现行定额计算的产品定额成本　B．按旧定额计算的产品定额成本

C．脱离现行定额的差异　D．原材料或半成品成本差异

三、判断题

1．在计算月初在产品定额变动差异时，如果是定额提高的差异，应加入月初在产品定额成本，并从本月产品成本中减去。(　　)

2．企业开展成本控制，可以事先限制各项费用和消耗的发生，有计划地控制成本的形成，使成本不超过预先制定的标准，达到降低成本、提高经济效益的目的。(　　)

3．计算产品定额成本和产品计划成本时，所采用的计划价格相同。(　　)

4．定额成本控制法是一种单纯计算产品实际成本的成本计算方法。（　）

5．定额变动差异是指实际费用与定额费用之间的差额。（　）

6．定额成本控制法与产品的基本成本计算方法的区别在于前者根据定额成本加减各种成本差异算出实际成本，因而，便于进行产品成本的定期分析。（　）

7．在计算月初在产品定额变动差异时，如果是定额提高的差异，应加入月初在产品定额成本，并从本月产品成本中减去。（　）

8．在定额成本控制法下，在完工产品与月末在产品之间分配各种成本差异的原则是，差异不大或差异虽大但各月末在产品数量变化不大，差异全部由完工产品成本负担；差异较大而且各月末在产品数量变化也较大，差异应在完工产品与月末在产品之间按定额成本比例进行分配。（　）

9．完工产品成本中的定额差异是正数，一般说明本月成本管理工作做得不好。（　）

10．定额成本控制法应采用定额比例法或在产品按定额成本计价法，分配计算完工产品和月末在产品所应负担的成本差异。（　）

四、综合实务题

1．某企业月初在产品 300 件，直接材料定额成本按上月旧定额计算为每件 50 元，从本月起，每件直接材料定额成本降低为 48 元，本月投产 600 件，实际发生直接材料费用 31 000 元，900 件产品本月全部完工。

要求：计算该产品的实际成本。

2．某企业 2002 年 10 月原材料定额费用及脱离定额差异汇总表见表 7-7。

表 7-7　原材料定额费用及脱离定额差异汇总表

原材料类别	材料编号	计划单价/元	定额费用		计划价格费用		脱离定额差异	
			数量/件	金额/元	数量/件	金额/元	数量/件	金额/元
原料	A6	8	5 860		5 530			
主要材料	A3	5	890		920			
辅助材料	B1	2	380		350			
合计			—		—			

要求：根据上述资料，计算原材料定额费用、脱离定额的差异，并将计算的结果填入表 7-7 中。

3．某企业生产甲产品，本月产品原材料定额费用为 890 000 元，原材料脱离定额的差异为超支差异 2 000 元。本月材料成本差异率为节约差 2.5%。

要求：根据上述资料，计算甲产品应分配的原材料成本差异。

4．某企业 A 产品采用定额法计算成本。A 产品有关直接材料费用资料如下。月初在产品直接材料费用为 20 000 元，月初在产品直接材料脱离定额差异为－600 元。月初在产品定额费用调整降低 1 500 元，定额变动差异全部计入完工产品成本中。本月定额直接材料费用为 50 000 元，本月直接材料脱离定额差异为＋2 497.45 元，本月材料成本差异率为 5%。材料成本差异全部由完工产品负担，本月完工产品直接材料定额费用为 60 000 元。

要求：根据上述资料，采用定额法计算完工产品和月末在产品的原材料成本(脱离定额的差异在完工产品和在产品之间进行分配)。

第二次课(4 学时)　产品成本控制方法 2 ——标准成本控制法

【知识目标】

1. 标准成本控制法的概念和种类。
2. 成本控制的基本程序。
3. 标准成本的制定。
4. 账务处理。

【能力目标】

1. 了解标准成本控制法的相关理论。
2. 掌握标准成本的制定和成本差异的计算。

【问题提示】

1. 标准成本法的概念是什么？
2. 标准成本分为哪几种？
3. 成本控制的基本程序是什么？
4. 标准成本应如何制定？
5. 成本差异应如何计算？

【基础知识】

一、标准成本控制法的认知

(一) 标准成本控制法的概念

标准成本是根据历史的成本资料，在适当调查、测算的基础上所预先确定的制造(生产)某种产品的目标成本，以此为标准，与该产品日后发生的实际成本相比较，并对成本差异进行计算和分析，以达到控制耗费、降低成本的目的。

标准成本控制法是通过制定标准成本，将标准成本与实际成本进行比较获得成本差异，并对成本差异进行因素分析，据以加强成本控制的一种会计信息系统和成本控制系统。标准成本法以标准成本的确定作为起点，通过差异的计算、分析等得出结论性报告，然后据以采取有效措施，巩固成绩或克服不足。

“标准成本”在实际工作中有两种含义。

一种是指单位产品的标准成本，它是根据单位产品的标准消耗量和标准单价计算出来的，准确来说应称“成本标准”。

成本标准＝单位产品标准成本＝单位产品标准消耗量×标准单价

另一种是指实际产量的标准成本，是根据实际产品产量和单位产品成本标准计算出来的。

标准成本＝实际产量×单位产品标准成本

(二) 标准成本控制法的种类

1. 标准成本按其制定所根据的生产技术和经营管理水平，分为理想标准成本和正常标准成本

理想标准成本，是在最优的生产条件下，利用现有的规模和设备能够达到的最低成本。这是一种理论标准，即在生产过程中毫无技术浪费时的生产要素消耗量，最熟练的工人全力以赴工作、不存在废品损伤和停工时间等条件下可能实现的最优业绩。

正常标准成本，是指在效率良好的条件下，根据下期一般应该发生的生产要素消耗量、预计价格和预计生产经营能力利用程度制定出来的标准成本。在制定这种标准成本时，把生产经营活动中一般难以避免的损耗和低效率等情况也计算在内，使之切合下期的实际情况，成为切实可行的控制标准。这是企业在正常情况下，经过努力可以达到的成本标准，这一标准考虑了生产过程中不可避免的损失、故障和偏离等。

通常来说，正常标准成本大于理想标准成本。由于理想标准成本要求异常严格，一般很难达到，而正常标准成本具有客观性、现实性和激励性等特点，所以，正常标准成本在事件中得到了更广泛的应用。

2. 标准成本按其适用期，分为现行标准成本和基本标准成本

现行标准成本，是根据其适用期间应该发生的价格、效率和生产经营能力利用程度等预计的标准成本。在这些决定因素变化时，需要按照改变了的情况加以修订。这种标准成本可以成为评价实际成本的依据，也可以用来对存货和销货成本计价。

基本标准成本，是指一经制定，只要生产的基本条件无重大变化，就不予变动的一种标准成本。生产的基本条件的重大变化，即产品的物理结构变化、重要原材料和劳动力价格的重要变化、生产技术和工艺的根本变化等。

基本标准成本与各期实际成本对比，可反映成本变化的趋势。由于基本标准成本不按各期实际修订，不宜用来直接评价工作效率和成本控制的有效性。

二、成本控制的基本程序

生产过程中的成本控制，就是在产品的制造过程中，对成本形成的各种因素按照事先拟定的标准严格加以监督，发现偏差就及时采取措施加以纠正，从而使生产过程中的各项资源的消耗和费用开支限制在标准规定的范围之内。成本控制的基本工作程序如下。

(一) 制定成本控制标准

成本标准是成本控制的准绳，成本标准首先包括成本计划中规定的各项指标。但成本计划中的一些指标都比较综合，还不能满足具体控制的要求，这就必须规定一系列具体的标准。

(二) 监督成本的形成

这就是根据控制标准，对成本形成的各个项目，经常地进行检查、评比和监督。不仅要

检查指标本身的执行情况，而且要检查和监督影响指标的各项条件，如设备、工艺、工具、工人技术水平、工作环境等。所以，成本日常控制要与生产作业控制等结合起来进行。

(三) 及时纠正偏差

针对成本差异发生的原因，查明责任者，分别情况、轻重缓急，提出改进措施，加以贯彻执行。

三、标准成本的制定

标准成本的制定通常从直接材料、直接人工和制造费用3个方面着手进行。通常首先确定直接材料和直接人工的标准成本；其次确定制造费用的标准成本；最后确定单位产品的标准成本。

单位产品的标准成本＝直接材料标准成本＋直接人工标准成本＋制造费用标准成本

＝Σ(价格标准·用量标准)

其中，标准成本的每一组成部分，都可以表现为“数量”乘“价格”的基本形式。因此，在制定标准成本的过程中，必须从“数量”标准和“价格”标准两个方面分别进行。

为了使标准成本更加可行，在标准制定时要保证有关方面都参与进来。例如，制定实物标准时，工程部门和采购部门应当参与；为与预算保持一致，生产计划部门要参与；为确定工资调整，工作调配等业务，人事部门也要参与；为确定金额标准，财会部门也须参与。

(一) 直接材料标准的制定

单位产品耗用的直接材料的标准成本是由材料的价格标准和用量标准来确定的。

1. 材料价格标准的确定

材料的价格标准通常采用企业编制的计划价格，它通常是以订货合同的价格为基础，并考虑到未来物价、供求等各种变动因素后按材料种类分别计算的。它是预计下一年度实际需要支付的进料单位成本，包括发票价格、运费、检验和正常损耗等成本，是取得材料的完全成本。一般由财务部门和采购部门等共同制定。

材料的价格标准可以采用现行或预期价格标准和基本价格标准。前者是最合乎需要和最有效的标准，后者往往是材料的统计或平均价格标准。当采用现行或预期价格标准时，要视有无长期购料合同，库存材料价格及市场预测等来确定，应包括运输途中损耗，挑选费等在内。同时，还应注意考虑以下几个方面，如确定最佳采购批量获得的价格优惠；实现最低成本所采用的装运和储藏的最佳方法；使用商业信用可能节约的成本和降低的价格等。

2. 材料用量标准的确定

材料的用量标准是指在现有生产技术条件下，生产单位产品所需的材料数量。它包括构成产品实体的材料和有助于产品形成的材料，以及生产过程中必要的损耗和难以避免的损失所耗用的材料。材料的用量标准一般应根据科学的统计调查，以技术分析为基础计算确定。

耗用材料的数量标准可选择某一期间相似各批产品的平均耗用量、使用标准前最高最低耗用量的平均数或以前关于材料用量的最节省数量。确定生产某一特定单位产品所耗用材料数量，可根据产品的图纸等技术文件进行研究，并可以过去经验为根据科学地制定标准。在某些工业企业里，对材料数量标准的确定必须考虑关于废料、损耗和残料的数量。

在制定直接材料标准成本时，其基本程序如下。首先，区分直接材料的种类；其次，逐一确定它们在单位产品中的标准用量和标准价格；再次，按照种类分别计算各种直接材料的标准成本；最后，汇总得出单位产品的直接材料标准成本。

某产品的直接材料标准成本＝Σ(该产品所需某材料的数量标准×该材料的价格的价格标准)

【例 7-8】A 产品的直接材料标准成本见表 7-8。

表 7-8 直接材料标准成本(产品：A)

标准	材料甲	材料乙
价格标准：		
发票单价/元	1.00	4.00
装卸检验费/元	0.07	0.28
每千克标准价格/元	1.07	4.28
用量标准：		
图纸用量/千克	3.0	2.0
允许损耗量/千克	0.3	—
单产标准用量/千克	3.3	2.0
成本标准：		
材料甲(3.3×1.07)/元	3.53	
材料乙(2.0×4.28)/元		8.56
单位产品标准成本/元	12.09	

(二) 直接人工标准的制定

直接人工成本是由直接人工的价格和直接人工用量两项标准决定的。在制定直接人工标准成本时，首先要对产品生产过程加以研究，研究有哪些工艺；其次要对企业的工资形式、制度进行研究，以便结合实际情况来制定标准。

某产品直接人工标准成本＝Σ(该产品某项作业的标准工时×该项作业的标准工资率)

确定单位产品所需的直接生产工人工时，需要按产品的加工工序分别进行，然后加以汇总，标准工时是指在现有生产技术条件下，生产单位产品所需的时间，包括直接加工操作必不可少的时间，以及必要的间歇和停工，如工间休息、调整设备时间、不可避免的废品耗用工时等。标准工时应以作业研究和工时研究为基础，参考有关统计资料来确定。

标准工时的制定往往受工厂布局、生产计划、选购材料等因素的影响，通常采用下列程序中的一个或几个来完成：过去工时的平均值；对预期正常情况下的制造程序，进行实验性测试；根据产品和制造过程中的过去经验和知识，进行一次合理的估计；对工作时间和动作进行研究以进行估计。

直接人工的价格标准就是标准工资率，它可能是预定的工资率，也可能是正常的工资率，通常由劳动工资部门根据用工情况制定。它往往受劳动力的平均经验、操作情况的变化、人工结构比例、薪金制度等因素的影响。如果采用计件工资制，标准工资率是预定的每件产品支付的工作除以标准工时，或者预定的小时工资；如果采用月工资制，需要根据月工资总额和可用工时总量来计算标准工资率。

【例 7-9】A 产品的直接人工标准成本见表 7-9。

表 7-9　直接人工标准成本(产品：A)

小时工资率	第一工序	第二工序
基本生产工人人数(人)	20	50
每人每月工时(25.5×8 小时)(小时)	204	204
出勤率	98%	98%
每人平均可用工时(小时)	200	200
每月总工时(元)	4 000	10 000
每月工资总额(元)	3 600	12 600
每小时工资(元)	0.90	1.26
单位产品工时：		
理想作业时间(小时)	1.5	0.8
调整设备时间(小时)	0.3	—
工间休息(小时)	0.1	0.1
其他(小时)	0.1	0.1
单位产品标准工时合计(小时)	2	1
直接人工标准成本(元)	1.80	1.26
合计(元)	3.06	

(三) 制造费用标准的制定

制造费用的标准成本是按部门分别编制，然后将同一产品涉及的各部门单位制造费用标准加以汇总，得出整个产品制造费用标准成本。

各部门的制造费用标准成本可以分为变动制造费用标准成本和固定制造费用标准成本两个部分，这两个部分都按标准用量和标准分配率的乘积计算，标准用量一般都采用工时表示。

1. 变动制造费用标准成本

变动制造费用的数量标准通常采用单位产品直接人工工时标准，它在直接人工标准成本制定时已经确定。有的企业采用机器工时或其他用量标准。变动制造费用的价格标准是每一工时变动制造费用的标准分配率，它根据变动制造费用预算和直接人工总工时计算求得。

【例 7-10】变动制造费用标准成本见表 7-10。

表 7-10　变动制造费用标准成本

部门	第一车间	第二车间
变动制造费用预算(元)	800	2 100
电力(元)	400	2 400
消耗材料(元)	1 400	1 800
间接人工(元)	2 000	3 900
燃料(元)	400	1 400
其他(元)	200	400
合计(元)	5 200	12 000
生产量标准(人工工时)(小时)	4 000	10 000
变动制造费用标准分配率	1.30	1.20
直接人工用量标准(人工工时)(小时)	2	1
变动制造费用标准成本(元)	2.60	1.20
单位产品标准变动制造费用(元)	3.80	

$$变动制造费用标准分配率=\frac{变动制造费用预算总数}{直接人工标准总工时}$$

$$变动制造费用标准成本=单位产品直接人工的标准工时\times每小时变动制造费用的标准分配率$$

各车间变动制造费用标准成本确定之后，可汇总出单位产品的变动制造费用标准成本。

2. 固定制造费用标准成本

如果企业采用变动成本计算，固定制造费用不计入产品成本，因此单位产品的标准成本中不包括固定制造费用的标准成本。在这种情况下，不需要制定固定制造费用的标准成本，固定制造费用的控制则通过预算管理来进行。如果采用完全成本计算，固定制造费用要计入产品成本，还需要确定其标准成本。

固定制造费用的用量标准与变动制造费用的用量标准相同，包括直接人工工时、机器工时、其他用量标准等，并且两者要保持一致，以便进行差异分析。固定制造费用的价格标准是其每小时的标准分配率，它根据固定制造费用预算和直接人工标准总工时来计算求得。

【例 7-11】固定制造费用标准成本见表 7-11。

表 7-11　固定制造费用标准成本

部门	第一车间	第二车间
固定制造费用(元)	200	2 350
折旧费(元)	700	1 800
管理人员工资(元)	500	1 200
间接人工(元)	300	400
保险费(元)	300	250
其他(元)	2 000	6 000
合计(元)	4 000	10 000

续表

部门	第一车间	第二车间
生产量标准(人工工时)(小时)	0.5	0.6
固定制造费用分配率	2	1
直接人工用量标准(人工工时)(小时)	1	0.6
部门固定制造费用标准成本 单位产品固定制造费用标准成本	1.60	

$$固定制造费用标准分配率=\frac{固定制造费用预算总额}{直接人工标准}$$

确定了用量标准和价格标准之后，两者相乘，即可得出固定制造费用的标准成本。

固定制造费用标准成本＝单位产品直接人工标准工时×每小时固定制造费用标准成本分配率

各车间固定制造费用的标准成本确定之后，可汇总出单位产品的固定制造费用标准成本。

分别确定了某种产品的直接材料标准、直接人工标准和制造费用标准成本之后，即可汇总确定该种产品的标准成本。通常，企业编制“标准成本卡”，反映产成品标准成本的具体构成。在每种产品生产之前，它的标准成本卡要送达有关人员，包括各级生产部门负责人、会计部门、仓库等，作为领料、派工和支出其他费用的依据。

【例 7-12】A 产品单位产品标准成本卡见表 7-12。

表 7-12　单位产品标准成本卡(产品：A)

成本项目	用量标准	价格标准	标准成本/元
直接材料：			
甲材料	3.3 千克	1.07 元/千克	3.53
乙材料	2 千克	4.28 元/千克	8.56
直接材料合计			12.09
直接人工：			
第一车间	2 小时	0.9 元/小时	1.08
第二车间	1 小时	1.26 元/小时	1.26
直接人工合计			3.06
制造费用：			
变动费用(第一车间)	2 小时	1.30 元/小时	2.60
变动费用(第二车间)	1 小时	1.20 元/小时	1.20
变动制造费用合计			3.80
固定费用(第一车间)	2 小时	0.5 元/小时	1.00
固定费用(第二车间)	1 小时	0.6 元/小时	0.60
固定制造费用合计			1.60
单位产品标准成本总计	20.55 元		

四、成本差异的账务处理

(一) 直接材料成本差异的账务处理

1. 计算

直接材料成本差异是指一定产量产品的直接材料实际成本与标准成本之间的差额。该项差异形成的基本原因有两个：一是价格脱离标准；二是用量脱离标准。前者按实际用量计算，被称为价格差异；后者按标准价格计算，被称为数量差异。

材料价格差异＝实际数量×实际价格－实际数量×标准价格
＝实际数量×(实际价格－标准价格)

材料数量差异＝实际数量×标准价格－标准数量×标准价格
＝(实际数量－标准数量)×标准价格

材料成本差异＝实际数量×实际价格－标准数量×标准价格
＝材料实际成本－材料标准成本
＝材料价格差异＋材料数量差异

2. 分析

(1) 材料价格差异

这项差异就是材料采购成本与编制标准成本单时的预计价格相比，多付或少付的价款。产生这些差异的原因可能是不利或有利的购货合同和条件，未能预见的市场价格变化，高于或低于预期的装运成本，预期购货折扣额的误算，购货时间的适当或不适当。材料价格差异是在采购过程中形成的，不应由耗用材料的生产部门负责，而应由采购部门对其做出说明。采购部门未能按标准价格进货的原因有很多，需要进行具体分析和调查，才能明确最终原因和责任归属。

(2) 材料数量差异

它是指不同批量或不同操作所耗用的材料与标准成本单的估计数相比，多耗用或少耗用所产生的差异。发生这些差异的原因可能是使用不同规格的材料或代用品，对废料或损坏材料有较好的控制或缺乏控制，工具管理好坏和工人能力高低所产生的操作有效或缺乏效率，耗用材料的产出差异。材料数量差异是在材料耗用过程中形成的，反映生产部门的成本控制业绩。但有时多用料并非生产部门的责任，如构成材料质量低劣、规格不符也会使用料超过标准；又如工艺变更、检验过严也会使数量差异加大。因此，要进行具体的调查研究才能明确责任归属。

3. 会计处理

在标准成本制度下，“原材料”、“生产成本”等账户按标准成本计价。当材料购入和发出时，将差异立即借记或贷记“材料价格差异”、“材料数量差异”账户。

【例 7-13】2012 年 12 月，东华公司购入 A 材料 900 千克，A 材料的实际价格为每千克 100 元，取得增值税专用发票，货款尚未支付，A 材料已验收入库。东华公司本月生产甲产品领用A材料900千克，共生产甲产品200件。假设A材料的标准价格为每千克110元，单位甲产品的标准用量为5千克A材料。则A材料的成本差异分析及账务处理如下。

解析：材料价格差异＝(100－110)×900＝－9 000(元)

材料用量差异＝110×(900－1 000)＝－11 000(元)

材料成本差异＝100×900－110－1 000＝－20 000(元)

或＝－9 000＋(－11 000)＝－20 000(元)

账务处理如下。

购入A材料，

借：原材料	99 000	
应缴税费——应交增值税(进项税额)	1 530	
贷：材料价格差异		9 000
应付账款		91 530

生产领料，

借：基本生产成本(甲产品)	110 000	
贷：原材料		99 000
材料用量差异		11 000

成本分析：材料价格差异一般为采购部门的差异；用量差异的影响因素则多样化，包括工人的技术与责任感、材料质量、生产设备等。

(二) 直接人工成本差异的账务处理

1. 计算

直接人工成本差异，是指直接人工实际成本与标准成本之间的差额。它也可分为“价差”和“量差”两个方面。价差是指实际工资率脱离标准工资率，其差额按实际工时计算确定的金额，又称工资率差异。量差是指实际工时脱离标准工时，其差额按标准工资率计算确定的金额，又称人工效率差异。

直接人工工资率差异＝实际工时×实际工资率－实际工时×标准工资率

＝实际工时×(实际工资率－标准工资率)

直接人工效率差异＝实际工时×标准工资率－标准工时×标准工资

＝(实际工时－标准工时)×标准工资率

直接人工成本差异＝实际工时×实际工资率－标准工时×标准工资

＝实际人工成本－标准人工成本

2. 分析

(1) 直接人工效率差异分析

效率差异揭示由于实际工作时数超过标准工作时数而发生的额外成本，或由于实际工作时数少于标准工作时数而节约的成本。直接人工效率差异的方向和大小，取决于有关人工完成一定的生产任务所耗实际工时同其预定需用工时之间发生差异的性质和程度。

(2) 直接人工工资率差异分析

工资率差异表示由于实际工资率偏离标准工资率而引起的差异。直接人工工资率差异的方向和大小，取决于有关人工的实际工资率同其标准工资率之间发生差异的性质和程度。

(3) 直接人工成本差异分析

影响直接人工成本差异的主要原因有工资制度和工资级别的调整；产品工艺过程，加工方法和工种调配的改变；不同等级的工人在完成一定的生产工时总量中所占比重的大小和升降；劳动生产率的提高或降低。

由此可见，直接人工成本差异不仅要由生产部门负责，而且企业人事部门、设备管理部门和其他有关部门对直接人工成本差异也负有一定责任。

3. 会计处理

为分别反映人工成本的工资率和效率差异，可设立“人工工资率差异”和“人工效率差异”账户。

【例 7-14】东华公司本期生产甲产品 200 件，实际耗用人工 8 000 小时，实际工资总额 80 000 元，平均每工时 10 元。假设标准工资率 9 元，单位产品的工时耗用标准为 28 小时。则直接人工成本差异分析及账务处理如下。

分析：直接人工工资率差异＝(10－9)×8 000＝8 000(元)

直接人工效率差异＝9×(8 000－5 600)＝21 600(元)

直接人工成本差异＝10×8 000－9×200×28＝29 600(元)

或＝8 000＋21 600＝29 600(元)

账务处理如下。

借：基本生产成本	50 400
直接人工工资率差异	8 000
直接人工效率差异	21 600
贷：应付职工薪酬	80 000

成本分析：人工效率差异的影响因素是多方面的，包括工人技术水平、生产工艺、设备等。

(三) 制造费用差异的账务处理

1. 标准成本制度下制造费用的性质

在计算制造费用标准差异时，必须考虑到工厂生产总量。制造费成本包括许多特定项目，但这些项目并非同一模式。例如，电力、物料等随产量的变化而变化，它们属变动制造费用成本。建筑物的租金，管理人员的薪金等，与产量并无直接的联系，是该期间内所发生的费用，被称作固定制造费用成本。在这两组制造费用成本之间，还有相当数目的间接成本，如间接人工和检验成本等，它们既不十分固定，又不完全变动，其所发生的数额，以少于产量增加的比例而增加，或者当产量增加时，在不规则的间隔中增加。

目前有一种趋势，即对固定制造费和变动制造费各采用单独的标准制造费分配率，以便能更好地进行分析和控制。

2. 变动制造费用成本差异

变动制造费用的差异，是指实际变动制造费用与标准变动制造费用之间的差额。它也可用分解为“价差”和“量差”两个部分。价差是指变动制造费用的实际小时分配率脱离标准，按实际工时计算的金额，反映耗费水平的高低，故称耗费差异。量差是指实际工时脱离标准工时，按标准的小时费用率计算确定的金额，反映工作效率变化引起的费用节约或超支，故称变动制造费用效率差异。

变动制造费用耗用差异＝实际工时×(变动制造费用实际分配率－变动制造费用标准分配率)

变动制造费用效率差异＝(实际工时－标准工时)×变动制造费用标准分配率

变动制造费用成本差异＝实际变动制造费用－标准变动制造费用
＝实际分配率×实际工时－标准分配率×标准工时
＝变动制造费用耗用差异＋变动制造费用效率差异

为分别反映变动制造费用耗用差异和效率差异，可设立“变动制造费用耗用差异”和“变动制造费用效率差异”账户。

【例 7-15】东华公司本期生产甲产品 200 件，实际耗用人工 8 000 小时，实际发生变动制造费用 20 000 元，变动制造费用实际分配率为每直接人工工时 2.5 元。假设变动制造费用标准分配率为 3 元，标准耗用人工 6 000 小时。则变动制造费用差异分析及账务处理如下。

解析：变动制造费用耗用差异＝(2.5－3)×8 000＝－4 000(元)

变动制造费用效率差异＝3×(8 000－6 000)＝6 000(元)

变动制造费用差异＝20 000－3×6 000＝2 000(元)
或＝－4 000＋6 000＝2 000(元)

账务处理如下。

借：基本生产成本	18 000	
变动制造费用效率差异	6 000	
贷：变动制造费用		20 000
变动制造费用耗用差异		4 000

成本分析：变动制造费用差异是由生产过程中多种因素综合影响的。

3. 固定制造费用成本差异的计算分析及账务处理

固定制造费用成本差异指一定期间的实际固定制造费用与标准固定制造费用之间的差额。其分析方法有“二因素分析法”和“三因素分析法”两种。

(1) 二因素分析法

二因素分析法，是将固定制造费用差异分为耗费差异和能量差异。

耗费差异是指固定制造费用的实际金额与固定制造费用预算金额之间的差额。固定费用与变动费用不同，不随业务量而变，故差异分析有别于变动费用。在考核时不考虑业务量的变动，以原料的预算数作为标准，实际数超过预算数即视为耗费过多。其计算公式为

固定制造费用耗费差异＝固定制造费用实际数－固定制造费用预算数

能量差异是指固定制造费用预算与固定制造费用标准成本的差额，或者说是实际业务量的标准工时与生产能量的差额用标准分配率计算的金额。它反映实际产量标准工时未能达到生产能力而造成的损失。其计算公式为：

固定制造费用能力差异＝固定制造费用预算数－固定制造费用标准成本
＝固定制造费用标准分配率×生产能量－
固定制造费用标准分配率×实际产量标准工时
＝(生产能量－实际产量标准工时)×
固定制造费用标准分配率

固定制造费用成本差异＝实际固定制造费用－标准固定制造费用
＝实际固定制造费用－固定制造费用标准分配率×
标准工时
＝实际固定制造费用－预算固定制造费用÷
预算工时×标准工时
＝固定制造费用耗费差异＋固定制造费用能量差异

为分别反映固定制造费用耗用差异和能量差异，可设立“固定制造费用耗用差异”和“固定制造费用能量差异”账户。

【例 7-16】东华公司本期预算固定制造费用为 2 400 元，预算工时为 1 000 小时，实际耗用工时 1 200 小时，实际固定制造费用为 2 600 元，标准工时为 1 100 小时。用二因素分析法计算及处理分析如下。

根据公式求出标准分配率和实际分配率：

固定制造费用标准分配率＝2 400÷100＝2.4

固定制造费用实际分配率＝2 600÷1 200＝2.17

固定制造费用耗费差异＝2 600－2 400＝200(元)

固定制造费用能量差异＝2.4×(1 000－1 100)＝－240(元)

标准固定制造费用＝2.4×1 100＝2 640(元)

固定制造费用差异＝2 640－2 400＝－40(元)

账务处理如下。

借：基本生产成本	2 640	
固定制造费用耗费差异	200	
贷：固定制造费用		2 600
固定制造费用能量差异		240

成本分析：耗费差异影响因素为资源价格变动、资源数量变动等；闲置能量差异则反映计划生产能力的利用程度，可能是由于产销量达不到一定规模造成的。

(2) 三因素分析法

三因素分析法，是将固定制造费用成本差异分为耗费差异、效率差异和闲置能量差异 3 个部分。耗费差异的计算与二因素分析法相同。不同的是要将二因素分析法中的“能量差异”进一步分为两个部分：一部分是实际工时未达到生产能量而形成的闲置能量差异；另一部分是实际工时脱离标准工时而形成的效率差异。其计算公式如下。

固定制造费用闲置能量差异＝固定制造费用预算－实际工时×固定制造费用标准分配率
＝(生产能量－实际工时)×固定制造费用标准分配率

固定制造费用效率差异＝实际工时×固定制造费用标准分配率－实际产量标准工时×

固定制造费用标准分配率

=(实际工时－实际产量标准工时)×固定制造费用标准分配率

固定制造费用成本差异=实际固定制造费用－标准固定制造费用

=固定制造费用耗费差异+固定制造费用效率差异+

固定制造费用闲置能量差异

为分别反映固定制造费用耗用差异、效率差异和闲置能量差异，可设立“固定制造费用耗用差异”、“固定制造费用效率差异”和“固定制造费用闲置能量差异”账户。

【例 7-17】东华公司本期预算固定制造费用为 2 400 元，预算工时为 1 000 小时，实际耗用工时 1 200 小时，实际固定制造费用为 2 600 元，标准工时为 1 100 小时。用三因素分析法计算及处理分析如下。

解析：

根据公式求出标准分配率和实际分配率：

固定制造费用标准分配率=2 400÷100=2.4

固定制造费用实际分配率=2 600÷1 200=2.17

固定制造费用耗费差异=2 600－2 400=200(元)

固定制造费用效率差异=2.4×(1 200－1 100)=240(元)

固定制造费用闲置能量差异=2.4×(1 000－1 200)=－480(元)

标准固定制造费用=2.4×1 100=2 640(元)

固定制造费用差异=2 640－2 400=－40(元)

账务处理如下。

借：基本生产成本	2 640	
固定制造费用耗费差异	200	
固定制造费用效率差异	240	
贷：固定制造费用		2 600
固定制造费用闲置能量差异		480

4. 期末成本差异的账务处理

各成本差异账户的累计发生额，反映了本期成本控制的业绩。在期末对成本差异的结转和处理方法主要有两种直接处理法和递延法。

(1) 直接处理法

直接处理法就是指将本期发生的各种成本差异全部转入“主营业务成本”账户，由本期的已销产品负担，并全部从损益类的主营业务收入账户下扣减，不再分配给期末在产品(基本生产成本)和期末库存产成品(库存商品)。

【例 7-18】假设东华公司“在产品”和“产成品”账户均无期初余额，本期投产的甲产品 200 件已全部完工，并已全部出售。每件销售价格为 1 000 元，开出增值税专用发票，销货款尚未收到，其他资料则如例 7-8～例 7-11。

账务处理如下。

产品完工入库，

借：库存商品　　181 040
　　贷：基本生产成本(甲产品)　　181 040

销售产品，

借：应收账款　　234 000
　　贷：主营业务收入　　200 000
　　　　应缴税费——应交增值税(销项税额)　　34 000

结转已售产品标准成本，

借：主营业务成本　　181 040
　　贷：库存商品　　181 040

结转成本差异，

借：主营业务成本　　11 560
　　材料价格差异　　9 000
　　材料用量差异　　11 000
　　变动制造费用耗用差异　　4 000
　　固定制造费用闲置能量差异　　480
　　贷：直接人工工资率差异　　8 000
　　　　直接人工效率差异　　21 600
　　　　变动制造费用效率差异　　6 000
　　　　固定制造费用耗用差异　　200
　　　　固定制造费用效率差异　　240

(2) 递延法

将本期的各种成本差异，按标准成本的比例分配给期末在产品、期末产成品和本期已销产品。递延法比较复杂，而且不便于本期成本差异分析和控制。目前，西方企业一般采用直接结转法。

【课堂训练】

学生制作课件并讲解。

【课后训练】

一、单项选择题

1．成本控制的程序中，制定标准，属于(　　)。

A．事前控制　　B．事中控制　　C．事后控制　　D．反馈控制

2．下列标准成本中，(　　)提出的要求过高，很难实现，在现实工作中比较少采用。

A．基本标准　　B．理想标准　　C．正常标准　　D．单位标准

3．一般来说，直接材料价格差异应由(　　)部门负责。

A．生产　　B．管理　　C．采购　　D．保管

4．某企业某年度的人工成本如下：标准工资率 6 元/小时；标准工时 20 000 小时；实际工资率 5.8 元/小时；实际工时 21 000 小时；工资率差异 4 200(有利差)，则该企业的直接人工实际总成本为(　　)元。

A．11 600　　B．117 600　　C．120 000　　D．21 800

5．某企业某年度的直接材料成本如下。

标准用量 1.6 千克　　　直接材料用量 1 840 千克

标准单价 3.2 元　　　　材料实际成本 7 360 元

该企业本年度生产产品 800 件，期初期末均无在产品，则该企业的材料价格差异为(　　)元。

A．4 096　　B．1 472　　C．7 360　　D．1 792

6．通常应对不利材料数量差异负责的部门是(　　)。

A．质量控制部门　　B．采购部门　　C．工程设计部门　　D．生产部门

7．如果材料的实际耗用量超过允许的耗用量，但实际成本小于标准成本，则材料数量差异和价格差异的性质各为(　　)。

A．不利、有利　　B．有利、不利　　C．有利、有利　　D．不利、不利

8．责任成本控制的首要任务是(　　)。

A．利润中心　　B．销售中心　　C．成本费用中心　　D．以上三者都是

9．责任成本控制的首要任务是(　　)。

A．分解责任成本目标　　B．考核责任成本的完成情况

C．建立一套完整的计量、报告制度　　D．建立责任中心

10．(　　)是成本决策所确定的成本目标的具体化。

A．成本预测　　B．成本计划　　C．成本控制　　D．成本考核

二、多项选择题

1．成本控制的程序包括(　　)。

A．制定目标成本　　B．采取措施　　C．原因分析　　D．差异揭示

2．成本控制的作用有(　　)。

A．保证作用　　B．促进作用　　C．监督作用　　D．协调作用

3．成本控制的一般原则有(　　)。

A．系统原则　　B．效益性原则

C．例外管理原则　　D．责权利相结合原则

4．从成本控制所依据的标准看，成本控制的方法有(　　)。

A．目标成本控制法　　B．标准成本控制法

C．差异因素分析法　　D．责任成本控制法

5．标准成本一般有以下哪几种方法(　　)。

A．基本标准　　B．理想标准

C．正常标准　　D．定额标准

6．直接人工成本差异包括(　　)。

A．人工效率差异　　B．费用开支差异

C．工资率差异　　D．用量差异

7．制造费用差异包括(　　)。

A．工人效率差异　　B．效率差异　　C．能量差异　　D．开支差异

8．下列原因中，可能形成工资效率差异的原因有(　　)。

A．工人调度不当　　B．工人经验不足

C．产品种类、规格不符　　　　D．设备故障

9．尽管料、工、费成本项目各有特点，发生的差异名称各不相同，但都可以归结为(　　)。

A．价格差异　　B．开支差异　　C．效率差异　　D．数量差异

10．责任成本要可控，必须具备(　　)。

A．责任单位可预测耗费　　B．责任单位可保证计划完成

C．责任单位可计量耗费　　D．责任单位可以控制并调节耗费

三、判断题

1．成本控制是生产过程的制造成本的控制。(　　)

2．执行标准属于事前控制。(　　)

3．基本标准是标准成本控制中普遍采用的一种形式。(　　)

4．标准成本的基本形式：单位产品标准成本＝单位产品耗用数量标准×单位价格标准＝单位产品直接材料标准＋单位产品直接工资标准＋单位产品制造费用标准成本。(　　)

5．人工效率差异＝(实际工时－标准工时)×标准工资率，公式中的标准工时指标准产量按标准好用的工时。(　　)

6．变动制造费用效率差异＝(实际工时数－标准工时数)×变动制造费用标准分配率，这是一种数量差异，类似于直接材料数量差异和人工效率差异，它与变动制造费用的耗用无关，实际上反映的是产品制造过程中的工时利用率。(　　)

7．一般地讲，材料价格差异的责任应由采购部门负责，材料用量差异应由生产部门负责。(　　)

8．固定制造费用差异可以分为效率差异和能量差异两种。(　　)

9．责任成本核算的对象是产品。(　　)

10．标准成本在账务处理上实际成本和标准成本之间的各种差异都要设置专门的账户来归集。(　　)

四、综合实务题

1．某企业生产甲、乙两种产品，根据该企业市场占有率和市场容量测定甲、乙两种产品销售量分别为 50 000 件、20 000 件，预计单价分别为 100 元、200 元。该企业甲产品仅交纳增值税，税率为 17%，乙产品不仅按 17%交纳增值税，而且还按 10%交纳消费税。该企业所在地区城乡维护建设税税率为 7%，教育费附加为 3%。生产甲、乙产品所消耗的购进货物占销售额比重的预测数分别为 40%和 50%，同行业平均销售利润率为 9%，期间费用率为 8%。

要求：根据上述资料作预测甲、乙两种产品的目标成本。

2．某企业 2012 年，购入甲材料 2 000 吨，按材料标准成本，本年度生产 200 件产品的标准费用为 10 000 元，实际上这批材料生产产品 250 件，材料费用为 12 000 元。

要求：

(1) 计算本年度实际产量，甲材料实际成本与标准成本的差异额。

(2) 在差异总额中，材料数量差异和价格差异各是多少。

3．某企业本月生产 600 件产品，实际使用工时 800 小时，支付工资 5 000 元；直接人工的标准成本是 9 元/件，即每件产品标准工时为 1.5 小时，标准工资率为 6 元/小时。

要求：

(1) 计算人工成本差异。

(2) 将(1)的差异进一步分解为工资率差异和人工效率差异。

4．某企业本月实际产量 500 件，耗用工时 900 小时，实际发生变动制造费用 3 600 元。变动制造费用标准成本为 4 元/件，即每件产品标准工时为 2 小时，变动制造费用的标准分配率为 2 元/小时。

要求：

(1) 计算变动制造费用的成本差异。

(2) 进一步将(1)的差异分解为变动制造费用开支差异和变动费用效率差异。

5．某企业生产甲产品，本年度计划生产量为 20 000 件，工时定额为 4.5 小时/件，固定制造费用计划为 54 000 元，实际生产量为 4 000 件，单件实际耗工时为 5 小时/件，固定制造费用实际支出额为 60 000 元，假定实际生产量在企业生产能力范围内。

要求：

(1) 计算固定制造费用成本差异。

(2) 将(1)中差异进一步分解为开支差异、能量差异、效率差异。

模块八　成本报表的编制与分析

【知识目标】

1. 成本报表编制要求、生产成本表、主要产品单位成本表的编制方法。
2. 全部产品成本计划完成情况和可比产品成本降低任务完成情况的分析。

【能力目标】

1. 编制产品生产成本表。
2. 编制主要产品单位成本表。
3. 分析产品生产成本表。
4. 分析主要产品单位成本表。
5. 制造费用明细表的编制和分析。
6. 期间费用明细表的编制和分析。

【问题提示】

1. 成本报表的特点。
2. 成本报表的种类。
3. 成本报表的编制要求及设置要求。

【基础知识】

一、成本报表的认知

(一) 成本报表的概念

成本报表是根据产品成本和期间费用的核算资料及其他有关资料编制的，用来反映企业一定时期产品成本和期间费用水平及其构成情况的报告文件。成本报表不是对外报送的会计报表，属于企业内部报表。

(二) 成本报表的种类

成本报表主要是为满足企业内部经营管理的需要而编制的内部报表，因此成本报表的种类、格式、内容、编制方法和报送对象，国家均未作统一规定，而是由企业根据自身的特点自行确定。但一般地说，制造业的成本报表按所反映的内容可分为以下 3 类。

1. 反映产品成本情况的报表

主要反映企业为生产一定种类和数量的产品所耗费的成本的水平及其构成情况，并与计划、上年实际、历史最高水平或同行业同类产品先进水平相比较，反映企业成本计划的完成情况和成本发展变化的趋势，并为进行深入的成本分析、挖掘降低成本的潜力提供资料。这类报表一般包括产品生产成本表、主要产品单位成本表、制造费用明细表等。

2. 反映费用支出情况的报表

主要反映企业一定时期内各种费用及其构成情况的报表，通过此类报表可以分析费用支出的合理程度和变化趋势。这类报表一般包括销售费用明细表、管理费用明细表和财务费用明细表。

3. 其他成本报表

由于成本报表属于内部报表，所以在设置上有较大的灵活性，企业可以根据本企业的生产特点和管理要求，编制其他有利于企业进行成本控制和考核的报表，如生产情况表、材料成本考核表、人工成本考核表等。

另外，成本费用报表按其编制的时间可以分为定期报表和不定期报表。定期报表一般分为年报、季报、月报、旬报、周报、日报。不定期报表是针对成本管理中出现的问题或急需解决的问题而随时按要求编制的报表。

(三) 成本报表的特点

成本报表是企业内部成本管理报表，企业内部成本报表与对外报送的会计报表相比，主要特点体现在以下 3 个方面。

(1) 编报的目的主要服务于企业内部管理，内容更具有针对性。

在市场经济模式下，成本报表主要为企业内部管理服务，满足企业管理者、各部门、成本责任者对成本信息的需求，为此报表的内容更具有针对性，更能满足有关方面的需求，更有利于观察、分析、考核成本的动态，有利于控制计划目标的实现，也有利于成本预测工作。

(2) 报表内容和格式更具有灵活性。

对外报表的内容，由国家统一规定，强调完整性。内部成本报表主要围绕着成本管理需要反映的内容，没有明确规定一个统一的内容和范围，不强调成本报告内容的完整性，往往从管理出发对某一问题或某一侧面进行重点反映，揭示差距，找出原因，分清责任。对于不同内容可以有不同的格式，指标可多可少，以适应不同管理者和不同管理目标对成本信息的需要。

(3) 成本报表作为对内报表更注重时效。

对于会计报表，除强调必须做到内容完整、数字真实外，还要求编报及时。对外报表一般都是定期编制和报送，而作为对内报表的成本报表，除了为满足定期考核、分析成本计划的完成情况，定期编报一些报表外，为了及时地反映和反馈成本信息，及时揭示成本工作中存在的问题，还可以采用日报、周报或旬报的形式，定期不定期地向有关部门和人员编报成本报表，尽可能使报表提供的信息与报表反映的内容在时间上保持一致，以发挥成本会计及时指导生产的作用。

(四) 成本报表的作用

正确、及时地编报成本报表，对加强成本管理、降低成本费用支出具有重要作用，主要表现在以下 3 个方面。

(1) 通过成本报表，可以反映企业报告期内产品成本水平，检查企业成本计划的完成情况，考核企业成本工作的业绩。

(2) 通过成本报表资料的分析，可以揭示影响产品成本和各项费用增减变动的因素和原因，查明经济责任，并有针对性地采取措施，挖掘和动员节约费用支出和降低产品成本的潜力，提高企业生产耗费的经济效益。

(3) 成本报表提供的产品成本和费用支出的实际资料，不仅可以满足企业、车间和有关部门加强日常成本、费用控制的需要，而且是企业进行成本、利润预测和决策，编制成本计划，制定产品价格的重要依据。

二、成本报表的编制要求

(一) 按照财务报表的要求编制成本报表

1. 数字真实、准确

报表编制要符合真实性的原则，即成本报表的指标数字必须真实可靠，能如实地集中反映企业实际发生的成本费用。

报表编制要符合正确性原则，即成本报表的指标数字要计算正确，各种成本报表之间、主表与附表之间、各项目之间，凡是有勾稽关系的数字，应当相互一致。

2. 内容完整

报表编制要符合全面与重要性的原则，即应编制的各种成本报表必须齐全；应填列的指标和文字说明必须全面；对于重要的项目(如重要的成本、费用项目)，在成本报表中应单独列示，以显示其重要性；对于次要的项目，可以合并反映。

3. 编报及时

成本报表的编制要符合及时性的原则，即按规定日期报送成本报表，保证成本报表的及时性，以便信息需求的各方能及时地利用和分析成本报表，充分发挥成本报表的应有作用。

(二) 针对管理需要编制成本报表

作为内部报表的成本报表在编制时，除应遵守会计报表的一般要求外，还应结合企业生产的特点和管理的要求重点考虑以下 3 个方面的问题。

1. 成本报表的专题性

成本报表有些是反映企业成本的全貌，有些则是反映企业成本中的某一方面或某些方面。作为内部报表，成本报表的专题性是报表设置需要考虑的重要问题。专题性强调的是成本报表的设置应适应成本管理中某一方面的需要，突出成本管理的重点问题。对成本形成重大影响的部门，应单独设置有关成本报表，以提供充分的成本信息，从而满足企业内部成本管理的需要。

2. 成本报表指标的实用性

成本报表指标的设置应以适应企业内部管理的需要为标准，成本指标即可按全成本进行反映，也可按变动成本和固定成本来反映，还可以考虑将成本指标与生产工艺规程及各项消耗定额对照，以便从最原始的资料入手，分析成本升降的原因，挖掘降低产品成本的潜力。

3. 成本报表格式的针对性

成本报表格式的设计，应能针对某一具体业务特点及其存在的问题，重点突出，简明扼要，切忌表式复杂庞大，避免无用的计算。

三、成本分析

(一) 成本分析的概念及一般程序

成本分析是指根据成本核算资料和成本计划资料及其他有关资料，运用一系列专门方法，对成本水平及其构成情况进行分析和评价，揭示企业费用预算和成本计划的完成情况，认识和掌握降低成本费用的规律，查明影响成本升降的各因素及其变动的原因，挖掘降低成本的潜力，提高企业成本效益的一种管理活动。

成本分析是成本核算工作的继续，它贯穿于成本管理工作的全过程，包括事前分析、事中分析、事后分析。在实际工作中，经常使用的是成本报表分析。

进行成本报表分析，一般按如下程序。

(1) 必须占有资料，掌握情况，这是正确分析的基础。为了系统、全面地分析成本报表，必须占有详细的资料，包括成本报表资料和其他有关的计划、统计资料等。还要深入实际调查研究，掌握“活”的情况，收集资料必须实事求是，并进行必要的审核和整理，去粗取精、去伪存真。只有根据客观的、相关的资料进行分析，才能得出正确的、有指导意义的结论。

(2) 分析成本报表，应从全部产品生产成本计划和各项费用计划完成情况的总评价开始，然后按照影响成本计划完成情况的因素逐步深入、具体地分析。

从总评开始，可以防止片面性，避免“只见树木、不见森林”，并从复杂的影响因素中找出需要进一步分析的问题。但是分析不能停留在对成本总体指标计划完成情况的总评价上。为了弄清成本升降的具体原因，具体评价企业成本工作，还必须在总评价的基础上，根据总括分析中发现的问题，对重点产品的单位成本及其成本项目或重点费用项目进行深入具体的分析。这样做也是为了防止另外一种片面性，即“只见森林、不见树木”，防止分析的表面化、一般化。

① 在分析成本指标实际脱离计划的过程中，要研究确定影响指标变动的各种因素。为了不使分析结果成为大量现象的罗列，必须将这些因素进行归类，并采用数量分析方法，从量上确定各类因素的影响程度，然后通过比较从中确定起决定作用的主要因素。

② 相互联系地研究企业内部条件和外部环境及生产技术、生产组织和经营管理等方面的情况，查明各种因素变化的真正原因，以便采取措施挖掘降低成本、提高经济效益的潜力。

③ 以全面、发展的观点对企业成本工作进行评价。在市场经济下，评价一个企业工作的优劣，不能只看所分析企业是否完成计划、达到企业的目标，还要联系竞争对手，分析企

业在市场竞争中是否具有优势。另外，企业的生产经营过程是一个持续不断的运动过程，因此不能用静止的观点进行分析，要用发展的观点，把企业的工作和社会发展的要求联系起来考虑。也就是说，既要立足现在，又要放眼未来，要正确处理短期经济效益与长期经济效益的关系，防止只追求近期经济效益的短期行为。

从上述分析的一般程序可以看出，成本报表分析的过程实际上是成本指标的分解和综合相结合的过程。

(二) 成本分析的方法

在对成本报表进行分析的过程中，在研究各项成本指标的数量变动和指标之间的数量关系，测定各因素变动对成本指标的影响程度时，还要应用一些数量分析方法，常用的有对比分析法、比率分析法、因素分析法。

1. 对比分析法

对比分析法也称比较法，是通过实际数与基数的对比来揭示实际数与基数之间的差异，借以了解经济活动的成绩和问题的一种分析方法。

对比分析法所比较的基数由于分析目的不同而有所不同，一般有计划数、定额数、前期实际数、以往年度同期数及企业的历史先进水平和国内外同行业的先进水平等。在实际工作中，常用的有以下 3 种形式。

(1) 实际数与计划数或定额数对比，可以揭示计划或定额的执行情况。

(2) 将本期实际数与前期实际数或以往年度同期实际数对比，可以考查企业的经济业务的发展变化情况，分析企业生产经营工作的改进情况。

(3) 将本期实际数与本企业的历史先进水平或国内外同行业先进水平对比，可以再更大范围内发现与先进水平的差距，促进企业改进经营管理。

对比分析法是经济分析中广泛运用的一种方法，需要指出的是，这种方法只适用于同质指标的数量对比。因此，应用此法时要注意对比指标的可比性。

2. 比率分析法

比率分析法是指通过计算和对比经济指标的比率进行数量分析的一种方法。采用这一方法，先要把对比的数值变成相对数，求出比率，然后进行对比分析，具体情形有以下 3 种。

(1) 相关比率分析法

将两个性质不同但又相关的指标对比求出比率，然后再以实际数与计划(或前期实际)数进行对比分析，以便从经济活动的客观联系中，更深入地认识企业的生产经营状况。例如，将成本指标与反映生产、销售等生产经营成果的产值、销售收入、利润指标对比求出的产值成本率、销售成本率和成本利润率指标，可据以分析和比较生产耗费的经济效益。这些指标的计算方法如下。

$$产值成本率=\frac{产值成本}{产品产值}\times100\%$$

$$销售成本率=\frac{产品成本}{产品销售收入}\times100\%$$

$$成本利润率=\frac{产品销售利润}{产品成本}\times 100\%$$

不同企业或一个企业的不同时期，由于生产规模不同，有些指标不具有可比性，如利润指标。采用相关指标比率分析方法，如将利润指标与同期企业的产品销售收入或产品成本指标对比求出比率，就可以把企业规模不同的影响剔除，把在某些不同条件下的不可比指标变为可比指标。

(2) 构成比率分析法

所谓构成比率，是指某项经济指标的各个组成部分占总体的比重。例如，将构成产品成本的各个成本项目同产品成本总额相比，计算其占成本的比重，确定成本的构成比率，然后将不同时期的成本构成比率相比较，通过观察产品成本构成的变动，掌握经济活动情况，了解企业改进生产技术和经营管理对产品成本的影响。

$$原材料费用比率=\frac{原材料费用}{产品成本}\times 100\%$$

$$工资费用该比率=\frac{工资及福利费}{产品成本}\times 100\%$$

(3) 动态比率分析法

动态比率分析法又称趋势比率分析法，是指对某项经济指标不同时期的数值进行对比，求出比率，分析其增减速度和发展趋势的一种分析方法。由于计算时采用的基期数值不同，趋势比率又分为定基比率和环比比率两种形式。

$$定基比率=\frac{比较期数值}{固定基期数值}\times 100\%$$

$$环比比率=\frac{比较期数值}{前一期数值}\times 100\%$$

3. 因素分析法

因素分析法是根据分析指标与其驱动因素的关系，从数量上确定各因素对分析指标的影响方向及程度的分析方法。这种方法的分析思路是，当有若干因素对分析指标产生影响时，在假设其他各因素都不变的情况下，顺序确定每个因素单独变化对分析指标产生的影响。

具体而言，因素分析法有以下两种。

(1) 连环替代法

连环替代法是将分析指标分解为各个可以计量的因素，并根据各个因素之间的依存关系，顺次用各因素的比较值(通常为实际值)替代基准值(通常为标准值或计划值)，据以测定各因素对分析指标的影响。

连环替代法的分析程序为如下。

第一，分解指标因素并确定因素的排列顺序，分解其构成因素，并按一定的顺序排列这些因素。

第二，逐次替代因素。每次将其中一个因素由基期数替换成分析期数，其他因素暂时不变。每个因素替换为分析期数后不再返回基期数。后面因素的替换均是在前面因素已经替换成分析期数的基础上进行的。如此类推，有几个因素需要替换几次，逐一进行替换。

第三，确定影响结果。每个因素替换以后，均会得出一个综合指标结果，将每个因素替换以后的结果与替换以前的结果相减，即可得出该替换因素变动对综合指标的影响数额。

第四，汇总影响结果。将已计算出来的各因素的影响额汇总相加与综合指标的变动的总差异比较，确定其影响的正确性。

假设某一经济指标 N 是由相互联系的 A、B、C 三个因素组成，计划指标、实际指标和实际脱离计划的差异数的公式如下。

计划指标 $N_0=A_0\times B_0\times C_0$

实际指标 $N_1=A_1\times B_1\times C_1$

差异数 $D=N_1-N_0$

根据连环替代分析法，测定各个因素的变动对指标 N 的影响程度时的计算顺序如下。

计划指标 $N_0=A_0\times B_0\times C_0$

第一次替代 $N_2=A_1\times B_0\times C_0$

第二次替代 $N_3=A_1\times B_1\times C_0$

第三次替代 $N_1=A_1\times B_1\times C_1$

据此测定的结果如下。

A 因素变动的影响$=(2)-(1)=N_2-N_0$

B 因素变动的影响$=(3)-(2)=N_3-N_2$

C 因素变动的影响$=(4)-(3)=N_1-N_3$

综合各因素变动的影响程度 $D=(N_2-N_0)+(N_3-N_2)+(N_1-N_3)=N_1-N_0$

连环替代法的主要作用在于分析计算综合经济指标变动的原因及其各因素的影响程度，但该方法也有一定的局限性，在运用时应注意如下特点。

① 连环替代法的顺序性。先替代数量指标，后替代质量指标；先替代基本因素，后替代从属因素；若同时出现几个数量指标或几个质量指标，先替换实物量因素，后替换价值量因素。

② 替代因素的连环性。连环替代法是严格按照各因素的排列顺序逐次以一个因素的实际数替换其基数。除第一次替换外，每个因素的替换都是在前一个因素替换的基础上进行的。

③ 计算结果的假设性。运用这一方法在测定某一因素影响是以假定其他因素不变为条件的。

【例 8-1】东华工厂原材料费用相关资料见表 8-1，材料费用的实际数和计划数存在差异。运用连环替代法，分析各因素变化对其差异的影响程度。

表 8-1　材料费用分析资料表

项目	计划数	实际数
产品产量(块)	105	125
产品材料消耗量(千克)	5	3
材料单价(元)	4	6
材料费用总额(元)	2 100	2 250

根据表 8-1，材料费用的实际数超过计划数 150 元，形成差异的因素有产品产量、单位产品材料消耗量、材料单价，各因素变化对差异的影响程度计算如下。

计划指标＝105×5×4＝2100(元) (1)

第一次替代＝125×5×4＝2500(元) (2)

第二次替代＝125×3×4＝1500(元) (3)

第三次替代＝125×3×6＝2250(元) (4)

据此推定的结果，

产量增加产生的影响＝(2)－(1)＝2 500－2 100＝400(元)

材料单耗降低产生的影响＝(3)－(2)＝1 500－2 500＝－1 000(元)

材料价格上升产生的影响＝(4)－(3)＝2 250－1 500＝750(元)

(2) 差额分析法

差额分析法是连环替代法的一种简化方式，它是利用各因素的比较值与基准值之间的差额，计算各因素对分析指标的影响。

根据表 8-1 的资料，运用差额分析法，分析各因素变化对其差异的影响程度。

各因素变化对差异的影响程度计算如下。

产量增加产生的影响＝(125－105)×5×4＝400(元)

材料单耗降低产生的影响＝125×(3－5)×4＝－1 000(元)

材料价格上升产生的影响＝125×3×(6－4)＝750(元)

四、产品生产成本表的编制和分析

产品生产成本表，是反映企业在报告期所产全部产品的总成本和各种主要产品(含可比产品和不可比产品)单位成本及总成本的报表。利用此表可以定期、总括地考核和分析企业全部产品和主要产品成本计划的完成情况、可比产品成本降低计划的完成情况，对企业产品成本工作从总体上进行一般评价。

(一) 产品生产成本表的结构和编制方法

产品生产成本表的结构可以分为两个部分：基本报表和补充资料，报表格式见表 8-2。

【例 8-2】假定某企业 6 月产品生产成本表格式及有关资料见表 8-2。

表 8-2 产品生产成本表

单位：兴华工厂 2012 年 6 月 单位：元

产品名称	计量单位	实际产量	单位成本			本年总成本(实际产量)		
			上年实际平均	本年计划	本期实际	按上年实际平均单位成本计算	按本年计划单位成本计算	本期实际成本
		①	②	③	④=⑦/①	⑤=①×②	⑥=①×③	⑦
一、可比产品：								
甲	件	8	2 500	2 450	2 475	20 000	19 600	19 800
乙	件	15	4 000	3 980	3 960	60 000	59 700	59 520
合计	—	—	—	—	—	80 000	79 300	79 320
二、不可比产品								
丙	件	3	—	2 800	2 700	—	8 400	8 100
全部产品合计	—	—	—	—	—	—	87 700	87 420

补充资料：

(1) 可比产品成本实际降低额 680 元(计划降低额为 700 元)。

(2) 可比产品成本降低率为 0.85%(计划降低率 1.076 9%)。

基本报表部分可按可比产品和不可比产品分别填列。可比产品是指企业过去曾经正式生产过，有完整的成本资料可以进行比较的产品；不可比产品是指企业本期初次生产的新产品，或虽非初次生产，但以前仅属试制而未正式投产的产品，缺乏可比的成本资料。在成本计划中，对不可比产品只规定有本年的计划成本，而对可比产品不仅规定有计划成本指标，而且规定有成本降低计划指标，即本年度可比产品计划成本比上年度(或以前年度)实际成本的降低额和降低率。

报表基本部分各栏数字填列方法：表中各种可比产品和不可比产品本月实际产量、实际单位成本和实际总成本，应根据本月产品成本明细账中的有关记录填列；为了反映可比产品和不可比产品成本计划的完成情况，表内还应反映可比产品和不可比产品本年计划单位成本和本月按计划单位成本计算的总成本。计划单位成本应根据本年成本计划填列，本月按计划单位成本计算的总成本应根据计划单位成本分别乘以本月实际产量计算填列；为了计算可比产品成本降低额和降低率，表内还应反映可比产品上年实际平均单位成本和本月按上年实际平均单位成本计算的总成本。上年实际平均单位成本应根据上年度累计实际总成本除以累计实际产量计算填列，本月按上年实际平均单位成本计算的总成本，应根据上年实际平均单位成本乘以本月实际产量计算填列。

补充材料部分各项目的计算方法如下。

(1) 可比产品成本降低额，指可比产品实际总成本比按上年实际平均单位成本计算的总成本降低的数额，超支额用负数表示，计算公式如下。

$$\text{可比产品成本降低额}=\text{可比产品按上年实际平均单位成本计算的总成本}-\text{本期实际总成本}$$

以表 8-2 资料为例，

$$\text{可比产品成本降低额}=80\,000-79\,320=680(\text{元})$$

(2) 可比产品成本降低率，指可比产品本期实际总成本比按上年实际平均单位成本计算的总成本降低的比率，超支率用负数表示。其计算公式如下。

$$\text{可比产品成本降低率}=\frac{\text{可比产品成本降低额}}{\text{可比产品按上年实际平均单位成本计算的总成本}}\times 100\%$$

以表 8-2 资料为例，

$$\text{可比产品成本降低率}=\frac{680}{80\,000}\times 100\%=0.85\%$$

表中可比产品成本计划降低额 700 元和计划降低率 1.076 9%应根据可比产品成本降低计划填列。

(二) 产品生产成本表的分析

利用产品成本表可以分析以下问题。

1. 全部产品成本计划完成情况的总括评价

进行成本分析，应从对全部产品(包括可比产品和不可比产品)成本计划完成情况的总评价开始。通过总评价，一是对企业本期全部产品成本计划的完成情况有个总括的了解；二是通过对影响计划完成情况因素(各种产品成本计划完成情况)的初步分析，揭露隐藏在总体中的那些成本节约或超支的产品，为进一步分析指出方向。

分析全部产品成本计划完成情况，并不是把实际总成本与成本计划中的计划总成本直接对比，因为它们的产量和产品品种构成不同。为了使成本指标可比，必须先将成本计划中的计划总成本换算为按实际产量、实际品种构成、计划单位成本计算的总成本，然后再与实际总成本对比，确定成本计划的完成程度。

$$全部产品成本计划完成率=\frac{\Sigma(产品实际单位成本\times 实际产量)}{\Sigma(产品计划单位成本\times 实际产量)}\times 100\%$$

根据表 8-2 资料编制分析表，见表 8-3。

表 8-3　全部产品成本计划完成情况分析表

单位：元

产品名称	计划总成本	实际总成本	实际比计划升降额	实际比计划升降率
一、可比产品：				
甲	19 600	19 800	+200	+1.02%
乙	59 700	59 520	−180	−0.3%
合计	79 300	79 300	+20	+0.03%
二、不可比产品：				
丙	8 400	8 100	−300	−3.57%
全部产品合计	87 700	87 420	−280	−0.32%

$$全部产品成本计划完成率=\frac{87\ 420}{87\ 700}\times 100\%=99.68\%$$

成本升降率＝99.68%－100%＝－0.32%

总体看，全部产品总成本实际比计划降低 280 元或 0.32%，超额完成了成本计划，情况较好。但分别从可比和不可比产品来看，计划完成的程度是不同的。在总的降低额 280 元中，不可比产品成本降低 300 元，而可比产品成本却升高 20 元，其中主要是甲产品成本升高 200 元。显然，进一步分析应重点查明甲产品成本升高和丙产品成本降低的原因。

2. 全部可比产品成本降低计划完成情况的总括分析

可比产品成本降低计划指标和计划完成情况的资料，分别反映在企业成本计划和成本报表资料中。

假定上述企业可比产品成本降低计划和实际完成情况的有关资料分别见表 8-4 和表 8-5。

表 8-4　可比产品成本降低计划表

单位：元

可比产品	计划产量	单位成本		总成本		计划降低任务	
		上年实际平均	本年计划	按上年实际平均单位成本计算	按本年计划单位成本计算	降低额	降低率
甲	10	2 500	2 450	25 000	24 500	500	2%
乙	10	4 000	3 980	40 000	39 800	200	0.5%
合计	—	—	—	65 000	64 300	700	1.076 9%

表 8-5　可比产品成本降低计划完成情况

单位：元

可比产品	实际产量	单位成本		总成本		计划完成情况	
		上年实际平均	本年实际	按上年实际平均单位成本计算	本期实际	降低额	降低率
甲	8	2 500	2 475	20 000	19 800	200	1%
乙	15	4 000	3 968	60 000	59 520	480	0.8%
合计	—	—	—	80 000	79 320	680	0.85%

分析可比产品成本降低计划完成情况，首先应根据表 8-4 和表 8-5 计算，将实际完成情况与计划相比较，确定分析对象。

计划降低额 700 元，计划降低率 1.076 9%。

实际降低额 680 元，实际降低率 0.85%。

实际脱离计划差异。

降低额：680－700＝－20(元)

降低率：0.85%－1.076 9%＝－0.226 9%

本期可比产品成本降低额和降低率都未完成计划。

其次，确定影响可比产品成本降低计划完成情况的因素和各因素的影响程度。

(1) 影响可比产品成本降低计划完成情况的因素

影响可比产品成本降低计划完成情况的因素，概括起来有 3 个：产品产量、产品品种构成和产品单位成本。下面分别说明这 3 个因素的变动与成本降低计划完成情况的关系。

① 产品产量

成本降低计划是根据各种产品计划产量制订的，而实际成本降低额和降低率是根据实际产量计算的。因此，产品产量的增减，必然会影响可比产品成本降低计划的完成情况。产量变动影响的特点：假定其他因素不变，即产品品种构成和产品单位成本不变，单纯产量变动，只影响成本降低额，而不影响成本降低率。

假定本期产品产量计划完成 120%，而产品品种构成和单位成本不变，成本降低计划完成情况见表 8-6。

表 8-6　成本降低计划完成情况表

单位：元

可比产品	总成本		降低数	
	按上年实际平均单位成本计算	按本年计划单位成本计算	降低额	降低率
甲	25 000×120%＝30 000	24 500×120%＝29 400	600	2%
乙	40 000×120%＝48 000	39 800×120%＝47 760	240	0.5%
合计	65 000×120%＝78 000	64 300×120%＝77 160	840	1.076 9%

计算说明，单纯产量增加，成本降低额将同比例增长，即由计划降低额 700 元增大到 840 元，增长 20%，而成本降低率不变。

② 产品品种构成

产量变动往往会引起产品品种构成变动。由于各种产品成本降低幅度不同，如果成本降低幅度大的产品在全部可比产品产量中所占比重比计划提高时，全部可比产品成本降低额和降低率指标的计划完成程度便会相应增大；相反，则会缩小。

③ 产品单位成本

成本计划降低额是本年计划成本比上年实际平均成本的降低数，而成本实际降低额则是本年实际成本比上年实际平均成本的降低数。因此，当产品单位成本实际比计划降低或升高时，必然会引起成本降低额和成本降低率的变动。产品单位成本的降低意味着生产中活劳动和物化劳动消耗的节约，分析时对这一因素变动的影响应予特别的注意。

(2) 因素变动的影响程度

运用连环代替法分别确定上述3个因素变动对可比产品成本降低计划完成情况的影响程度。

按照连环代替法的计算程序，在确定各因素对成本降低计划完成情况的影响程度时，应以在计划产量、计划品种构成和计划单位成本情况下的成本降低计划数为计算基础，然后以各因素的实际数逐次替换计划数。

① 产品产量变动的影响

为了计算产量变动的影响，必须先求得在实际产量、计划品种构成情况下，以本年计划单位成本计算的总成本与按上年实际平均单位成本计算的总成本相比的成本降低额和成本降低率，然后以此与计划降低额和计划降低率相比较。其差额即产量变动影响。

前面已讲过，假定其他因素不变，单纯产量变动只影响成本降低额，而不影响成本降低率。所以，在实际产量、计划品种构成和计划单位成本情况下的成本降低率与计划相同，即为1.076 9%。以计划降低率乘以按实际产量、上年实际平均单位成本计算的总成本，即可求得在实际产量、计划品种构成和计划单位成本下的成本降低额，即

$$80\,000\times1.076\,9\%=861.52(\text{元})$$

利用以上计算的861.52元和1.076 9%与计划降低额700元和计划降低率1.076 9%相比较，即可

求得产品产量变动对成本降低计划完成情况的影响程度。

降低额：861.52－700＝161.52(元)

降低率：1.076 9%－1.076 9%＝0

② 产品品种构成变动的影响

为了计算产品品种构成变动的影响，必须先求得在实际产量、实际品种构成情况下，以本年计划单位成本计算的总成本与按上年实际平均单位成本计算的总成本相比较的降低额和降低率。根据表8-3有关资料计算如下。

降低额：80 000－79 300＝700(元)

降低率：700/80 000×100%＝0.875%

利用以上计算结果与在实际产量、计划品种构成和计划单位成本情况下的降低额和降低率相比较，即可确定由于产品品种构成变动对成本降低计划完成情况的影响程度。

降低额：700－861.52＝－161.52(元)

降低率：0.875%－1.076 9%＝－0.201 9%

③ 产品单位成本变动的影响

为了确定产品单位成本变动的影响，必须先求得在实际产量、实际品种构成的情况下，

以本期实际总成本与按上年实际平均单位成本计算的总成本相比较的降低额和降低率。根据表 8-7 有关资料计算如下。

降低额：80 000－79 320＝680(元)

降低率：680/80 000×100%＝0.85%

将以上计算结果与在实际产量、实际品种构成和计划单位成本下的降低额和降低率相比较，即可确定由于产品单位成本降低计划完成情况的影响程度。

降低额：680－700＝－20(元)

降低率：0.85%－0.875%＝－0.025%

以上计算程序和计算结果如表 8-7 所示。

表 8-7　连环代替法的计算程序和计算结果

指标	降低额/元	降低率
① 在计划产量、计划品种构成和计划单位成本情况下的成本降低数；	700	1.076 9%
② 在实际产量、计划品种构成和计划单位成本情况下的成本降低数	80 000×1.076 9%＝861.52	1.076 9%
②－①产品产量变动的影响；	161.52	0
③ 在实际产量、实际品种构成和计划单位成本情况下的成本降低数	80 000－79 300＝700	700/80 000×100%＝0.875
③－②产品品种构成变动的影响；	－161.52	－0.2019
④ 在实际产量、实际品种构成和实际单位成本情况下的成本降低数	80 000－79 320＝680	680/80 000×100%＝0.85
④－③产品单位成本变动的影响	－20	－0.025
各因素变动的影响合计	－20	－0.226 9

根据以上分析，对可比产品成本降低计划完成情况做出总括评价。

总的看，企业未完成成本降低计划，情况不好。前面曾提到，产品单位成本的升高或降低，意味着生产中劳动耗费的浪费或节约，因而分析时对这一因素的变动影响要给予特别的注意。本例由于产品单位成本升高影响可比产品成本降低额实际比计划减少 20 元，降低率为－0.025%。仔细分析发现，这种状况主要是由甲产品造成的，而乙产品单位成本还是降低的。具体原因应结合单位成本分析查明。本例产量变动影响可比产品成本降低额实际比计划增加 161.52 元，而产品品种构成变动影响可比产品成本降低额实际比计划减少 161.52 元。这两个因素的变动影响反映了生产和销售工作对成本的影响，应结合生产分析和销售分析查明原因。

根据总评价提出的问题，在进行深入分析和查明各因素变动的原因后，综合各种情况，才能对上述可比产品成本降低计划的完成情况做出确切的评价。

(3) 应注意的问题

在分析成本计划完成情况时，必须注意以下 3 个问题。

① 成本计划本身的正确性。尤其是不可比产品，因为过去没有正式生产过，缺乏可靠的资料依据。如上例，不可比产品成本之所以降低幅度大，很可能是成本计划规定得不正确，

各项材料消耗定额和劳动定额规定得偏高。可比产品虽然有完整的成本资料可以作为编制计划的依据，但客观经济情况是在不断发展变化的，由于人们认识上的局限或经济信息不灵通，计划脱离实际的现象在所难免。由于评价企业工作是以计划作为标准，因此，分析时首先必须检查计划本身是否正确。

② 成本核算资料的真实性。成本核算资料如果不真实，就不能正确确定成本计划的完成程度和生产经营的经济效益；就难以正确评价企业成本工作。检查成本核算资料是否真实，要注意生产费用的归集和分配是否符合国家规定的成本开支范围，是否正确地划分了各种费用界限，有无乱挤、乱摊成本和少计成本现象。

③ 在评价企业成本工作时，应分清企业在降低成本工作中的主观努力和客观因素的影响。

五、主要产品单位成本表的编制与分析

（一）主要产品单位成本表的编制

主要产品单位成本表一般是反映企业在报告期内生产的各种主要产品单位成本构成情况的报表。该表应按主要产品分别编制，是对产品生产成本表的补充说明。

所谓主要产品是指企业经常生产，在企业全部产品中所占比重比较大，能概括反映企业生产经营面貌的那些产品。该表一般分为产量、单位成本和主要技术经济指标 3 个部分。

产量部分反映报告期的计划产量和实际产量，以及本年累计的计划产量和实际产量，此外还反映产品的销售单价。

单位成本部分按照成本项目分别反映历史先进、上年实际平均、本年计划、本月实际和本年累计实际平均的单位成本。

技术经济指标部分主要反映原料、主要材料、燃料和动力的消耗数量。

主要产品单位成本表格式见表 8-8。其编制方法如下。“历史先进水平”栏的数字，根据企业的历史资料填列；“上年实际平均”栏的数字，应根据企业上年同期该表上的实际数进行填列；“本年计划”栏的数字，应根据企业本年度编制的主要产品单位成本计划数填列；“本月实际”栏数字，应根据本月该种主要产品成本计算单的资料填列；“本年累计平均”栏数字，应根据本年该种产品生产成本计算单累计实际发生额除以累计产量的结果进行填列。

表 8-8　主要产品单位成本表

编制单位：××公司　　　　2012 年 12 月　　　　本月实际产量：4 件
产品名称：甲产品　　　　本年累计产量：30 件
单位售价：1 500 元　　　　金额单位：元

成本项目	历史先进水平	上年实际平均	本年计划	本月实际	本年累计平均
单位产品成本	1 000	1 050	1 035	1 010	1 020
其中：直接材料	550	580	575	560	560
直接人工	200	210	210	210	215
制造费用	250	260	250	240	245
主要技术指标	耗用量	耗用量	耗用量	耗用量	耗用量
其中：原材料(千克)	50	52	51	略	50.5
燃料					
动力					

(二) 主要产品单位成本报表的分析

从成本管理工作来讲，定期地对成本指标变动情况进行总括分析无疑是很重要的。但这是很不够的。因为成本指标的总括分析是从成本工作总体的角度来说明问题的，不管是全部产品成本计划完成情况的分析，还是可比产品成本降低计划完成情况的分析，都是如此。而在这总体后面却是各种成本高低不同的产品。因此，为了更有效地发挥成本分析在加强成本管理中的作用，揭露成本升降的具体原因，以寻求降低成本的途径方法，还必须在前述成本总括分析的基础上，结合产品生产技术、工艺过程的特点和各项技术组织措施效果，对主要产品单位成本进行分析。

分析一般是先检查本期各处产品实际单位成本比计划、比上年实际平均单位成本的升降情况；然后进一步分析各主要成本项目的变动情况，查明单位成本升降的具体原因。为了在更大范围内找差距，挖潜力，企业还应广泛搜集国内外同行业同类产品的成本资料，进行横向对比分析。

1. 产品单位成本变动情况分析

如果企业生产多种产品，分析时只能抓住重点，对那些在总产量中所占比重较大的，或在报告期成本变动较大的一种或几种主要产品进行单位成本分析。

分析主要依据“主要产品单位成本表”及有关的定额资料、统计和业务核算资料。

【例 8-3】现以乙产品为例编制分析表，见表 8-9。

表 8-9　乙产品单位成本分析表

单位：元

成本项目	历史最高水平	上年实际平均	本年计划	本月实际	差异		
					比历史最高水平	比上年	比计划
原材料	2 820	2 920	2 910	2 908	+88	−12	−2
工资及福利费	520	500	480	490	−30	−10	+10
制造费用	560	580	590	570	+10	−10	−20
产品单位成本	3 900	4 000	3 980	3 968	+68	−38	−12

表 8-9 内计算表明，本月乙产品实际单位成本比上年实际平均、比计划都降低了，虽然与历史最高水平比还有一定差距，但总的情况是好的。从成本项目对比中可以看出，单位成本降低主要是由原材料、制造费用的节约，说明企业在降低原材料消耗、控制制造费用支出等方面采取了措施，并取得了成绩。但工资及福利费项目本期实际却比计划超支了，说明在生产组织和劳动组织工作中还存在薄弱环节。

2. 主要成本项目分析

为了查明产品单位成本升降的具体原因，还必须结合企业的生产技术、工艺，生产组织的状况和经营管理水平，以及各项技术组织措施的效果，对单位成本各个成本项目进一步分析。下面以原材料、工资及福利费用和制造费用几个主要成本项目为例。说明分析一般方法。

(1) 原材料费用的分析

原材料费用的变动主要受单位产品原材料消耗数量和原材料价格两个因素的变动影响。其变动对原材料费用影响的计算方法如下。

原材料消耗数量变动的影响＝(实际单位耗用量－计划单位耗用量)×原材料计划单价

原材料价格变动影响＝(原材料实际单价－原材料计划单价)×实际单位耗用量

【例 8-4】举例见表 8-10。

表 8-10　原材料费用分析表

原材料名称	耗用量(千克)		单价(元)		原材料费用(元)		差异	
	计划	实际	计划	实际	计划	实际	数量(千克)	金额(元)
A 材料 B 材料	200 120	180 125	10 9.25	12 8.24	2 000 1 110	2 160 1 030	－20 ＋5	＋160 －80
合计 减：废料回收价值	— —	— —	— —	— —	3 110 200	3 190 282	— —	＋80 ＋82
合计	—	—	—	—	2 910	2 908	—	－2

从表 8-10 中计算可以看出，乙产品单位成本中原材料费用实际比计划降低 2 元，其原因有两个方面。

由于原材料消耗数量和材料价格变动影响。利用表中资料，采用差额计算法确定其变动的影响程度。

由于耗用量变动，A 材料(180－200)×10＝－200(元)

B 材料(125－120)×9.25＝46.25(元)

合计　　　　－153.75 元

由于价格变动，A 材料(12－10)×180＝360(元)

B 材料(8.24－9.25)×125＝－126.25(元)

合计　　　　233.75 元

两个因素变动影响使乙产品原材料费用升高 80 元(233.75 元－153.75 元)。

在上述两个因素中，原材料价格变动使乙产品单位成本中的原材料费用升高 233.75 元。影响原材料价格变动的原因很多，其中有的与企业采购工作质量有关，有的则是受外界因素的影响，需要进一步分析。

在例 8-4 乙产品单位成本的原材料费用分析中，由于消耗数量变动，使原材料费用实际比计划降低 153.75 元，主要是 A 材料消耗节约和 B 材料消耗超支所致。

单位产品原材料消耗量的节约或超支，是同企业的生产技术、生产组织和经营管理水平密切相关的。因此，分析时必须结合这些方面资料，深入地研究每种产品原材料消耗定额的执行情况和实际脱离定额的原因。

(2) 工资及福利费分析

分析单位产品中的工资费用，必须按照不同的工资制度和工资费用计入成本的方法来进行。

在计件工资制度下，加工每件产品(或零件)规定有计件单价(工资定额)。在计件单价不变时，单位产品成本中的工资费用也不会变动。但在实际工作中，如果工作条件发生变化或加工过程发生变动(增加或合并工序)，也可能引起单位成本中工资费用的变动。分析时须结合有关资料查明原因，并确定其变动影响。

在计时工资制度下，如果企业只生产一种产品，单位产品成本中工资费用的多少，决定于生产工人工资总额的高低和产品产量的多少，它们之间的关系是

$$产品单位成本中的工资费用=\frac{生产工人工资总额}{产品产量}$$

进一步分析就是查明生产工人工资总额和产品产量变动的原因，并计算其变动对产品单位成本中工资费用的影响程度。计算方法如下。

$$产量变动影响=\frac{生产工人工资总额计划数}{实际产量}-单位产品生产工人工资计划数$$

$$生产工人工资总额变动总额=单位产品生产工人工资总额实际数-\frac{生产工人工资总额计划数}{实际产量}$$

如果企业生产多种产品，产品成本中的工资费用一般是按生产工时比例分配计入的。这时单位产品成本中工资费用的多少，取决于生产单位产品的工时消耗和小时工资率两个因素的变动，即

产品单位成本中的工资费用=单位产品生产工时×小时工资率

【例 8-5】以乙产品为例，假定有关生产工时和小时工资率资料见表 8-11。

乙产品单位成本中的工资费用实际比计划升高 10 元。影响工资费用变动的因素有二：单位产品生产工时和小时工资率。利用差额计算法计算各因素变动影响如下。

表 8-11　工资费用分析表

指标	计划	实际	差异
产品单位成本中的工资费用(元)	480	490	＋10
单位产品生产工时(小时)	24	20	－4
小时工资率(元/小时)	20	24.5	＋4.5

由于生产工时减少，(20－24)×20＝－80(元)

由于小时工资率升高，(24.5－20)×20＝90(元)

合计　　10 元

单位产品生产工时的多少意味着劳动生产率的高低。劳动生产率愈高，生产单位产品消耗的工时愈少，成本中分摊的工资费用也愈少。小时工资率是生产工人工资总额与生产工时总额的比率。因此，小时工资率的变动受两个方面因素的影响，一方面受生产工人工资总额变动的影响，另一方面受生产工时总额变动的影响。这两个方面因素变动的原因，需结合工资总额分析和工时利用分析查明。

(3) 制造费用分析

与上述计时工资分析一样，如果企业只生产一种产品，全部制造费用均由一种产品负担，这时产品单位成本中制造费用的多少，取决于制造费用总额的高低和产品产量多少两个因素的变动影响。如果企业生产多种产品，在成本计算时制造费用属于间接计入费用，一般是按产品生产工时比例分配计入各种产品成本的。这时产品单位成本中制造费用的多少，取决于

生产单位产品的工时消耗和小时费用率两个因素的变动，即

$$某产品单位成本中的制造费用=单位产品生产工时\times小时费用率=\frac{该产品生产工时消耗}{该产品产量总数}\times\frac{制造费用总额}{各种产品生产工时总数}$$

小时费用率是制造费用总额和各种产品生产工时总数的比率。因此，在分析单位产品成本中制造费用的变动时，除应结合企业采取的技术组织效果查明单位产品生产工时变动原因外，还必须对制造费用总额和全部产品生产工时总数进行分析，查明其变动原因及变动对产品单位成本的影响。

六、各种费用报表的编制与分析

为了反映企业一定时期在生产经营过程中，各车间、部门为生产和销售产品、为组织和管理生产经营活动和筹集生产经营资金所发生的制造费用、产品销售费用、管理费用和财务费用，企业应定期编制制造费用明细表、产品销售费用明细表、管理费用明细表和财务费用明细表。编制上述报表的作用在于反映各种费用计划(预算)的执行情况，了解企业在一定期间内各种费用支出总额及其构成情况，据以分析各种费用支出的合理性及其变动趋势，并为正确编制下期费用计划(预算)、控制费用支出、明确有关部门和人员的经济责任提供依据。

(一) 各种费用明细表的结构和编制方法

1. 制造费用明细表的结构和编制方法

【例 8-6】假定某企业制造费用明细表的格式及相关资料见表 8-12。

表 8-12　制造费用明细表

2012 年度　　单位：元

项目	上年实际	本年计划	本年实际
工资	5 850	5 450	5 600
职工福利费	819	763	784
折旧费	6 670	6 780	6 800
修理费	1 500	1 600	1 100
办公费	780	730	720
水电费	1 530	1 560	1 680
机物料消耗	2 700	2 750	2 740
低值易耗品摊销	480	462	436
劳动保护费	670	696	658
租赁费	281	347	312
保险费	464	586	584
设计制图费	766	808	890
试验检验费	560	670	760
在产品亏盘和毁损(减盘盈)	385	0	280
其他	125	576	420
制造费用合计	23 580	23 778	28 764

表 8-12 按制造费用项目分别反映各该费用的上年实际数、本年计划数和本年实际数。其中，上年实际数应根据上年度本表“本年实际”栏各项目数字填列；本年计划数应根据本年度成本计划中的制造费用计划填列；本年实际数应根据本年度制造费用明细账有关项目累计数填列。

2. 销售费用明细表的结构和编制方法

【例 8-7】某企业的销售费用明细表见表 8-13。

表 8-13　销售费用明细表

2012 年度　　　　单位：元

项目	上年实际	本年计划	本年实际
工资	3 800	4 050	4 100
职工福利费	532	567	574
业务费	1 300	1 384	1 545
运输费	2 600	3 000	3 205
装卸费	700	800	896
包装费	2 080	2 120	2 244
保险费	800	870	874
展览费	864	900	981
广告费	1 896	2 800	3 280
差旅费	1 200	1 230	1 450
租赁费	600	500	670
低值易耗品摊销	350	300	282
办公费	450	400	367
委托代销手续费	780	700	763
折旧费	800	800	896
物料消耗	300	250	212
销售服务费	360	350	360
其他	240	200	136
营业费用合计	19 652	21 221	22 835

表 8-13 按销售费用项分别反映各该费用的上年实际数、本年计划数和本年实际数。其中，上年实际数应根据上年度销售费用明细表“本年实际”栏各项目数字填列；本年计划数应根据本年度销售费用计划填列；本年实际数应根据本年度销售费用明细账有关项目累计数填列。

3. 管理费用明细表的结构和编制方法

【例 8-8】假定某企业管理费用明细表的格式及有关资料详见表 8-14。

表 8-14　管理费用明细表

2012 年度　　　　单位：元

项目	上年实际	本年计划	本年实际
工资	8 750	9 500	9 850
职工福利费	1 225	1 330	1 379
办公费	1 185	1 231	1 637

续表

项目	上年实际	本年计划	本年实际
折旧费	2 890	3 186	3 360
差旅费	2 570	2 632	2 860
保险费	1 640	1 800	1 877
运输费	4 620	4 590	4 860
租赁费	300	380	400
修理费	2 260	2 400	2 800
咨询费	0	0	0
排污费	1 660	1 700	1 820
绿化费	0	100	260
物料消耗	800	860	918
低值易耗品摊销	320	300	340
坏账损失	508	600	786
递延费用摊销	360	420	380
研究开发费	0	1 000	960
技术转让费	0	0	0
工会经费	1 600	1 080	1 860
职工教育经费	1 800	2 800	2 080
劳动保护费	3 400	4 500	4 500
税金(房产税等)	6 600	5 400	5 840
材料产成品盘亏(减盘盈)和毁损	520	0	386
其他	0	0	0
管理费用合计	43 008	45 809	49 153

表 8-14 按管理费用项目分别反映各该费用的上年实际数、本年计划数和本年实际数。其中，上年实际数应根据上年度管理费用明细表“本年实际”栏各项目数字填列；本年计划数应根据本年度管理费用计划填列；本年实际数应根据本年度管理费用明细账有关项目累计数填列。

4. 财务费用明细表的结构和编制方法

【例 8-9】假定某企业财务费用明细表的格式及有关资料详见表 8-15。

表 8-15 财务费用明细表

2012 年度　　单位：元

项目	上年实际	本年计划	本年实际
利息支出(减利息收入)	6 800	8 200	8 300
汇兑损失(减汇兑收益)	3 820	4 400	4 560
调剂外汇手续费	800	1 200	1 536
金融机构手续费	0	0	0
其他筹资费用	0	0	0
财务费用合计	11 420	13 800	14 396

表 8-15 按财务费用项目分别反映各该费用的上年实际数、本年计划数和本年实际数。其中，上年实际数应根据上年度本表“本年实际”栏各项目数字填列；本年计划数应根据本年度财务费用计划填列；本年实际数应根据本年度财务费用明细账有关项目累计数填列。

(二) 各种费用明细表的分析

制造费用、营业费用、管理费用和财务费用，虽然各自的经济用途不同，有的作为生产费用，计入产品成本，有的作为期间费用，直接计入当期损益。但是，他们都是由许多具有不同经济性质和不同经济用途的费用组成的。这些费用支出的节约或浪费，往往与企业行政管理部门和生产车间工作的质量和有关责任制度、节约制度的贯彻执行情况密切相关。因此，向有关部门、车间编报上述报表，分析各种费用支出情况，不仅是促进企业节约各项费用支出，杜绝一切铺张浪费，不断降低成本和增加盈利的重要途径，也是推动企业改进生产经营管理工作、提高工作效率的重要措施。

各种费用明细表的分析方法，主要是通过实际与计划对比分析各种费用计划的执行情况。

为了分析各种费用计划的执行情况，可根据各种费用明细表提供的资料，以本年实际数和本年计划数相比较，确定实际脱离计划差异，然后结合有关资料分析差异的原因。

【例 8-10】某企业制造费用分析表见表 8-16。

表 8-16　制造费用分析表

2012 年度　　　　单位：元

项目	本年计划	本年实际	实际比计划升降额
工资	5 450	5 600	+150
职工福利费	763	784	+21
折旧费	6 780	6 800	+20
修理费	1 600	1 100	−500
办公费	730	720	−10
水电费	1 560	1 680	+120
机物料消耗	2 750	2 740	−10
低值易耗品摊销	462	436	−26
劳动保护费	696	658	−38
租赁费	347	312	−35
保险费	586	584	−2
设计制图费	808	890	+82
试验检验费	670	760	+90
在产品盘亏或毁损(减盘盈)	0	280	+280
其他	576	420	−156
制造费用合计	23 778	23 764	−14

表 8-16 中计算表明，本年度制造费用总额实际比计划降低 14 元，基本符合计划。

需要指出的是，由于制造费用所包括的费用项目具有不同的经济性质和经济用途，各项费用的变动又分别受不同因素变动的影响，因而，在确定费用实际支出脱离计划差异时，应按各组成项目分别进行，而不能只检查费用总额计划的执行情况，不能用其中一些费用项目的节约来抵补费用项目的超支。此外，分析时还应注意以下问题。

(1) 要注意不同费用项目支出的特点，不能简单地把任何超过计划的费用支出都看做是不合理；同样，对某些费用项目支出的减少也要做具体分析：有的可能是企业工作成绩，有的则可能是企业工作中的问题。例如，制造费用中修理费、劳动保护费、试验检验费等，其支出的减少不一定是由于工作改进，相反，不按计划进行上述活动，有可能造成劳动生产率下降和产品质量下降，甚至影响安全生产或造成停工减产。而在超额完成产量计划或在增加班次的情况下，相应地增加机物料消耗和设备维修费也是合理的。总之，不能孤立地看费用是超支了还是节约了，而应结合其他有关情况，结合各项技术组织措施的效果，结合各项费用支出的经济效益进行分析评价。

(2) 在按费用组成项目进行分析时，由于费用项目多，因而每次分析时只能抓住重点，对那些支出占总支出比重较大的费用项目，或实际与计划相比发生较大偏差的费用项目进行深入具体的分析。下面以修理费为例，简要说明其分析方法。

【例 8-11】 假定本例制造费用的修理费主要是车间机器设备的修理费。影响修理费实际脱离计划的因素归纳起来主要有两个：一是修理工作数量变动(一般用修理工作小时表示)；二是修理工作单位成本变动。根据表 8-17 资料和其他有关资料分析如下(详见表 8-17)。

表 8-17　修理费分析表

指标	计量单位	计划	实际	差异
修理费	元	1 600	1 100	−500
修理工作数量	小时	160	100	−60
修理工作单位成本	元/小时	10	11	+1

实际脱离计划差异：1 100−1600＝−500(元)

各因素影响程度，

修理工作数量变动：(100−160)×10＝−600(元)

修理工作单位成本变动：(11−10)×100＝+100(元)

合计　　　　　　　　　　　　−500 元

以上计算表明，修理费实际比计划减少 500 元，主要是由于修理工作数量(小时)减少造成的。修理工作数量(小时)减少可能有两种情况：一种情况是未按计划进行机器设备的维护和修理，其结果必然会影响影响机器设备的正常运转和缩短机器的寿命，显然这不是好现象；另一种情况是由于提高了修理工作质量，缩短了修理工作的时间或减少了修理的次数，因而节约了费用支出。本例修理工作单位成本升高是修理费多支出了 100 元。分析时应查明造成成本升高的原因和责任部门，是修理车间在工作中有浪费材料和工时现象，还是由于供应部门未按要求购入备用零件，因而不得不自制零件而提高了成本。

为了查明修理费超支和节约的原因，还要研究设备本身质量的优劣，设备加工时间的长短和生产工艺作业对设备磨损程度的大小等。因为这些因素的变动都会影响修理工作数量的增减，进而影响修理费的支出。

在确定重点分析项目时，要特别注意那些非生产性的损失，如材料、在产品和产成品等存货的盘亏和毁损。因为这些费用的发生与企业管理不善直接相关。

分析时，除以本年实际于本年计划相比，分析计划执行情况外，为了从动态上观察了解各项费用的变动情况和变动趋势，还可将本年实际与上年实际进行对比分析，并将这一分析与检查企业各项管理制度的贯彻执行情况，与各项组织措施的实施效果结合起来，以推动企业改进经营管理。

为了深入地研究制造费用、产品销售费用、管理费用和财务费用变动的原因，评价费用支出的合理性，寻求降低各种费用支出的途径和方法，还可按费用的用途和影响费用变动的因素，将上述各种费用包括的费用项目，按以下类别归类进行分析。

(1) 生产性费用，如制造费用中的折旧费、机物料消耗等。这些费用的变动与企业生产规模、设备利用情况有直接关系。分析时应联系这些因素的变动评价其变动的合理性。

(2) 管理性费用，如行政管理部门人员的工资、办公费、业务招待费等。这些费用支出的多少主要取决于企业行政管理系统的设置和运行情况及费用开支标准的执行情况。分析时，除按费用项目分析其变动情况和变动原因外，还应从紧缩开支、提高工作效率的要求出发，检查企业对有关精简机构、合并职能、压缩人员和控制费用开支等措施的执行情况。

(3) 发展性费用，如职工教育经费、设计制图费、试验检验费、研究开发费等。这些费用的支出与企业发展相关，是对企业未来的投资。但是这些费用的开支应当建立在规划合理，经济、可行的基础上，应将费用的支出与取得的效果联系起来进行分析评价。

(4) 防护性费用，如劳动保护费、保险费等。这类费用的变动与劳动条件的改善、安全生产直接相关。因此，分析这类费用的支出就不能认为越少越好，而应结合劳动保护工作的开展情况评价其支出合理性。

(5) 非生产性费用，如材料、在产品、产成品的盘亏和毁损等。分析时，应从检查企业各项管理制度是否健全，库存材料、在产品和产成品的保管情况入手，把分析与推行和加强经济责任制结合起来。

【课堂技能训练】

一、A 项目

1．已知东方玻璃企业生产普通白玻和镀膜玻璃两种产品，成本项目包括直接材料、直接人工和制造费用。其按成本项目反映的产品生产成本表见表 8-18。

表 8-18　产品生产成本表(按成本项目反映)

2012 年 12 月　　　　单位：万元

成本项目	上年实际	本年计划	本月实际	本年实际
直接材料	15 560	15 717.60	1 338.75	15 300
直接人工	575	580.80	54.18	619.20
制造费用	1 550	1 557.60	111.72	1 276.80
合计	17 685	17 856	1 504.65	17 196

要求：据上述按成本项目反映的产品生产成本表中全部商品产品的总成本，将实际总成本与计划总成本对比，确定成本项目的降低额和降低率。

操作过程：其过程通过编制全部商品产品成本分析表(表 8-19)进行。

表 8-19　全部商品产品成本分析表

2012 年 12 月　　单位：万元

成本项目	全部商品产品		降低指标	
	计划	实际	降低额	降低率
直接材料 直接人工 制造费用				
生产成本				

2．已知东方玻璃企业 2012 年主要产品是普通白玻，该产品的单位成本资料见表 8-20。要求：根据所给资料，运用指标对比分析法，对该公司的产品成本进行分析评价。

表 8-20　普通白玻产品单位成本报表

本年计划产量 130 万重箱
2012 年 12 月　　本年实际产量 140 万重箱　　单位：元

成本项目	上年实际平均单位成本	本年计划单位成本	本年累计实际平均单位成本
直接材料	65.49	66.50	63.75
直接工资	2.42	2.50	2.58
制造费用	6.49	6.5	5.32
合计	74.4	75.5	71.65
主要技术经济指标			
硅砂	0.95	1.0	0.92
砂岩	2.75	2.8	2.61
纯碱	19.53	19.8	19.25
煤焦油	24.78	25	24.55

操作过程：根据所给资料，运用指标对比分析法计算确定单位产品各成本项目变动情况(此处只将实际成本与计划成本进行对比，若将实际单位成本与上年进行对比，方法相同，不具体说明)，将计算结果编制成普通白玻产品单位成本计划完成情况分析表(表 8-21)。

表 8-21　普通白玻产品单位成本计划完成情况分析表

2012 年 12 月

成本项目	计划成本	实际成本	降低或超支	
			金额	百分比
直接材料 直接人工 制造费用				
合计				

根据产品单位成本计划完成情况分析表，普通白玻产品实际单位成本比计划节约 3.85

元，节约率为 5.10%，完成成本计划，其主要原因是由于直接材料和制造费用节约的影响。但直接人工费用没有完成计划，需要进一步查明原因。

二、B 项目

1．已知红光水泥企业生产 42.5R 水泥、42.5 普通水泥、52.5 普通水泥 3 种产品，其中 42.5R 水泥、52.5 普通水泥为可比产品。2009 年 12 月末累计产量分别为 42.5R 水泥 30 万吨，52.5 普通水泥 120 万吨，42.5 普通水泥 10 万吨；累计实际成本分别为 42.5R 水泥 4 620 万元，52.5 普通水泥 20 760 万元，42.5 普通水泥 1 900 万元。12 月产品产量及单位成本资料见产品生产成本(按产品种类反映)表(表 8-22)。

表 8-22 产品生产成本表(按产品种、强度等级反映)

红光水泥企业　　　　2012 年 12 月　　　　单位：万元

产品名称	计量单位	实际产量		单位成本				本月总成本			本年累计总成本		
		本月	本年累计	上年实际平均	本年计划	本月实际	本年累计实际平均	按上年实际平均单位成本计算	按本年计划单位成本计算	本月实际	按上年实际平均单位成本计算	按本年计划单位成本计算	本年实际
		1	2	3	4	5=9/1	6=12/2	7=1×3	8=1×4	9	10=2×3	11=2×4	12
可比产品													
42.5R 水泥	万吨	5		156	155	150							
52.5 普通水泥	万吨	8		177	175	174							
小计													
不可比产品													
42.5 普通水泥	万吨	1		—	190	189							
小计													
全部产品合计	×	×	×	×	×	×	×						

注：补充资料(本年累计实际数)

(1) 可比产品成本本年计划降低额为 270 万元。

(2) 可比产品成本本年计划降低率为 1.04%。

要求：

(1) 计算填列上列产品生产成本表。

(2) 根据所填列的产品生产成本表，计算全部可比产品的成本降低额和降低率(列出计算过程)。

(3) 分析全部可比产品是否完成了降低任务。

2．已知红光水泥企业 2008 年的主要产品是 42.5R 水泥，该产品的单位成本资料见表 8-23。

要求：

(1) 请根据所给资料，编制 42.5R 水泥产品单位成本报表。

(2) 根据所给资料，运用指标对比分析法，对该公司的产品成本进行分析评价。

表 8-23　42.5R 水泥产品单位成本报表

2012 年 12 月　　　　本年计划产量 130 万吨

本年实际产量 138 万吨　　单位：元

成本项目	上年实际平均单位成本	本年计划单位成本	本年实际平均单位成本
直接材料	8.85	8.75	8.70
直接工资	26.55	26.25	26.10
制造费用	141.60	140.00	139.20
合计	177	175	174
主要技术经济指标			
石灰石	1.190	1.180	1.178
砂岩	0.075	0.080	0.078
粉煤灰	0.058	0.060	0.057
石膏	0.006	0.005	0.068

操作过程：首先，根据所给资料，运用指标对比分析法计算确定单位产品各成本项目变动情况(此处只将实际成本与计划成本进行对比，若将实际单位成本与上年进行对比，方法相同，不具体说明)，将计算结果编制成 42.5R 水泥产品单位成本计划完成情况分析表(表 8-24)。

表 8-24　42.5R 水泥产品单位成本计划完成情况分析表

2012 年 12 月

成本项目	计划成本	实际成本	降低或超支	
			金额	百分比
直接材料 直接人工 制造费用				
生产成本				

【课后训练】

一、单项选择题

1．按照《企业会计制度》的规定，成本报表是(　　)。

A．对外报表　　B．对内报表

C．既是对内报表，又是对外报表　　D．对内还是对外，由企业自行决定

2．成本报表是服务于(　　)的报表。

A．企业债权人　　B．企业管理者

C．有关管理当局　　D．各有关投资人

3．成本报表的分析方法很多，如果通过计算两个性质不同而又相关的指标的比率进行数量分析，应采用的方法是(　　)。

A．比率分析法　　B．相关指标比率分析法

C．构成比率分析法　　D．对比分析法

4. 在进行成本报表分析时，分析各因素对某一指标的影响程度时，可采用(　　)。
A. 对比分析法　　B. 结构分析法
C. 比率分析法　　D. 因素分析法

5. 下列指标中，不属于构成比率的是(　　)。
A. 利润占销售额的比率
B. 材料费用占产品成本的比率
C. 折旧费占制造费用的比率
D. 某种产品成本占全部产品总成本的比率

6. 技术经济指标对产品成本的影响主要表现在对(　　)指标的影响。
A. 产品总成本　　B. 产品产量
C. 产品单位成本　　D. 产品总成本和产品产量

7. 产品产量、产品品种结构、产品单位成本是影响(　　)变动的主要因素。
A. 产品生产、销售总成本　　B. 产品销售总成本
C. 全部产品生产成本　　D. 主要产品生产成本

8. 产量变动之所以影响产品单位成本，是由于(　　)。
A. 产品全部成本中存在变动费用
B. 产品全部成本中存在相对固定的费用
C. 产品总成本不变
D. 产品产量增长超过产品总成本增长

9. 进行(　　)变动分析时，应从单位产品工时和小时费用率两个因素着手。
A. 计时工资　　B. 营业费用
C. 管理费用　　D. 制造费用

10. 只影响可比产品成本变动额变动，不影响可比产品成本降低率的因素有(　　)。
A. 产品产量的变动　　B. 产品品种结构变动
C. 产品单位成本的变动　　D. 产品投产量的变动

二、多项选择题

1. 成本报表分析的方法，包括(　　)。
A. 对比分析法　　B. 比率分析法　　C. 因素分析法
D. 趋势分析法　　E. 差额分析法

2. 企业可以自行决定本企业成本报表的(　　)。
A. 报表格式　　B. 编报项目　　C. 编报时间
D. 报送对象　　E. 编制要求

3. 既影响可比产品成本降低额变动，又影响成本降低率变动的因素有(　　)。
A. 产品产量变动　　B. 产品价格变动　　C. 品种结构变动
D. 单位成本变动　　E. 销售数量变动

4. 用来分析各因素对总体指标影响程度的分析方法是(　　)。
A. 对比分析法　　B. 比率分析法　　C. 因素分析法
D. 差额分析法　　E. 结构分析法

5. 企业编制成本报表的主要依据是(　　)。

A. 报告期的成本账簿、成本计划、费用预算资料

B. 以前年度的成本账簿、成本计划、费用预算资料

C. 以前年度的成本报表资料

D. 统计核算资料

E. 业务核算资料

6. 商品产品生产成本表反映的是(　　)的总成本和单位成本。

A. 全部产品和主要产品　　B. 自制材料

C. 自制工具　　D. 工业性劳务　　E. 自制设备

7. 比较分析法是应用最为广泛的成本分析方法，在进行(　　)等分析中都应用了这一方法。

A. 全部产品生产成本变动情况　　B. 主要产品单位成本变动的影响

C. 主要产品直接材料变动的影响　　D. 主要产品单位成本项目变动

E. 制造费用项目变动

8. 影响可比产品降低额变动的因素有(　　)。

A. 产品产量　　B. 产品价格　　C. 产品品种结构

D. 产品单位成本　　E. 产品的性能

9. 主要产品单位成本表反映的单位成本，包括(　　)。

A. 本月实际　　B. 同行业同类产品实际

C. 本年计划　　D. 上年实际平均　　E. 本年累计实际平均

10. 影响单位产品原材料消耗量变动的因素有(　　)。

A. 产品或产品零部件结构的变化　　B. 材料质量的变化

C. 生产中产生废料数量的变化　　D. 废料回收利用情况的变化

E. 材料价格的变化

三、判断题

1. 会计报表按其报送对象可以分为对外报表和对内报表两类。成本报表属于内部报表，不再对外报送。(　　)

2. 对比分析法的主要作用在于揭示客观上存在的差距，并为进一步分析指出方向。(　　)

3. 成本报表是为企业内部经营管理服务的报表，因此企业有权决定成本报表的报送对象。(　　)

4. 假定产品品种构成和产品单位成本不变，单纯产量变动，只影响可比产品成本降低额，而不影响可比产品成本降低率。(　　)

5. 相关指标比率是指某项经济指标的各个组成部分占总体的比重。(　　)

6. 商品产品成本表与主要产品单位成本表相比，前者反映企业全部商品产品的生产成本，后者反映主要产品的生产成本。(　　)

7．成本利润率属于相关指标比率。（　　）

8．因素分析法是成本报表分析中最常用的基本方法，是差额分析法的发展和补充。

（　　）

9．采用因素分析法，在测定某一因素变动影响时，是以假定其他因素不变动为条件的，即在其他因素均为计划数时，确定某一因素变动的影响程度。（　　）

10．影响可比产品成本降低率指标变动的因素有产品品种构成和产品单位成本。（　　）

成本会计课后习题答案

模块一　材料等要素费用的归集与分配

第一次课　材料费用的核算

一、单项选择题

1. B	2. B	3. A	4. A	5. C	6. D
7. D	8. C	9. D	10. D		

二、多项选择题

1. CD	2. AB	3. ACD	4. BCD	5. AC	6. ABCD
7. ACD	8. AC	9. BD	10. ABC		

三、判断题

1. ×	2. ×	3. √	4. ×	5. ×	6. ×
7. √	8. √	9. √	10. ×		

第二次课　外购动力费用及其他费用要素的归集与分配

一、单项选择题

1. A	2. C	3. C	4. A	5. D	6. B
7. D	8. D	9. D	10. D		

二、多项选择题

1. AD	2. ABD	3. CD	4. AC	5. AD	6. BD
7. ACD	8. BCD	9. ABC	10. BCD		

三、判断题

1. ×	2. ×	3. ×	4. √	5. √	6. ×
7. √	8. ×	9. √	10. ×		

模块二　人工费用的核算

一、单项选择题

1. A	2. B	3. B	4. A	5. A	6. D
7. B	8. D	9. A	10. B		

二、多项选择题

1. ABC	2. ABD	3. ABCD	4. ABCD	5. ABD
6. ABCD	7. CD	8. ABD	9. ACD	10. ABD

三、判断题

1. √ 2. × 3. × 4. × 5. √ 6. √
7. √ 8. × 9. × 10. √

模块三　辅助生产费用的核算

第一次课后训练

一、单项选择题

1. A 2. A 3. B 4. D 5. C 6. A
7. D 8. A 9. C 10. A

二、多项选择题

1. ABCD 2. AC 3. ABCD 4. ABCD 5. BC
6. ABCD 7. AC 8. ABCD 9. BCD 10. ABCD

三、判断题

1. √ 2. × 3. × 4. × 5. × 6. √
7. √ 8. √ 9. × 10. ×

第二次课后训练

一、单项选择题

1. C 2. D 3. B 4. B 5. B 6. B
7. B 8. C 9. D 10. A

二、多项选择题

1. ABC 2. ABCD 3. AC 4. BD 5. AC
6. ABC 7. BCD 8. AC 9. AB 10. ABCD

三、判断题

1. × 2. × 3. √ 4. × 5. × 6. √
7. × 8. × 9. √ 10. ×

模块四　制造费用的核算

一、单项选择题

1. C 2. A 3. D 4. A 5. C 6. A
7. C 8. B 9. A 10. A

二、多项选择题

1. BCD 2. AB 3. AB 4. ACD 5. BD
6. ACD 7. BD 8. BC 9. AC 10. ABC

三、判断题

1. √ 2. × 3. × 4. × 5. × 6. ×
7. √ 8. √ 9. √ 10. ×

模块五　废品损失的核算

一、单项选择题

1. A　2. A　3. C　4. A　5. A　6. D
7. B　8. B　9. A　10. B

二、多项选择题

1. AB　2. ABCD　3. AC　4. ABCD　5. AB
6. AC　7. AB　8. ACD　9. ACD　10. AC

三、判断题

1. ×　2. ×　3. ×　4. √　5. √　6. ×
7. √　8. ×　9. ×　10. √

模块六　成本核算的基本方法

第一次课

一、单项选择题

1. B　2. B　3. D　4. D　5. B　6. C
7. B　8. D　9. C　10. A

二、多项选择题

1. ABCD　2. BCD　3. ABCD　4. ABC　5. BCD
6. AC　7. BCD　8. AB　9. BCD　10. BCD

三、判断题

1. √　2. √　3. ×　4. ×　5. ×　6. ×
7. √　8. ×　9. √　10. ×

第二次课

一、单项选择题

1. A　2. C　3. C　4. B　5. D　6. A
7. B　8. C　9. B　10. C

二、多项选择题

1. AC　2. AC　3. AB　4. AB　5. ACD　6. ABC
7. ACD　8. ABD　9. ACD　10. BC

三、判断题

1. √　2. ×　3. √　4. √　5. √　6. √
7. ×　8. ×　9. ×　10. √

第三次课

一、单项选择题

1. C　2. D　3. C　4. D　5. B　6

二、多项选择题

1. BD　2. ABCD　3. ABCD　4. AC　5. BC

三、判断题

1. √　2. √　3. ×　4. √　5. √

第四次课

一、单项选择题

1. C　2. B　3. A　4. D　5. D　6. B

7. D　8. B　9. B　10. C

二、多项选择题

1. ABCD　2. ABC　3. ACD　4. AD　5. ACD

6. ABCD　7. ABC　8. AC　9. ABD　10. ABD

三、判断题

1. √　2. √　3. √　4. √　5. ×　6. ×

7. ×　8. √　9. ×　10. √

第五次课

一、单项选择题

1. D　2. A　3. C　4. B　5. B　6. C

7. B　8. C　9. B　10. B

二、多项选择题

1. ACD　2. CD　3. BCD　4. ABC　5. CD　6. AD

7. ABC　8. BC　9. ABC　10. ACD

三、判断题

1. √　2. ×　3. √　4. √　5. ×　6. √

7. ×　8. √　9. ×　10. √

第六次课

一、单项选择题

1. D　2. B　3. D　4. B　5. B　6. B

7. C　8. B　9. A　10. D

二、多项选择题

1. ABCD　2. ABC　3. ABCD　4. BD　5. BCD

6. AD　7. ABD　8. AD　9. AB　10. ACD

三、判断题

1. √　2. √　3. ×　4. ×　5. ×　6. √

7. √　8. √　9. √　10. ×

模块七　产品成本控制方法

第一次课

一、单项选择题

1. B　2. C　3. D　4. A　5. C　6. B
7. B　8. C　9. D　10. B

二、多项选择题

1. ACD　2. AC　3. ABCD　4. ABCD　5. ABC
6. ABCD　7. BCD　8. ACD　9. ACD　10. ACD

三、判断题

1. ×　2. √　3. √　4. ×　5. ×　6. √
7. ×　8. √　9. ×　10. √

第二次课

一、单项选择题

1. A　2. B　3. C　4. D　5. B　6. D
7. A　8. C　9. D　10. B

二、多项选择题

1. ABCD　2. ABCD　3. ABCDE　4. ABD　5. ABC
6. AC　7. BC　8. BCD　9. AD　10. ACD

三、判断题

1. ×　2. ×　3. ×　4. √　5. ×　6. √
7. √　8. ×　9. ×　10. √

模块八　成 本 报 表

一、单项选择题

1. B　2. B　3. B　4. D　5. A　6. C
7. A　8. B　9. D　10. A

二、多项选择题

1. ABC　2. ABCD　3. CD　4. CD　5. ACD
6. AD　7. AD　8. ACD　9. ACDE　10. ABC

三、判断题

1. √　2. √　3. √　4. √　5. ×　6. √
7. √　8. ×　9. ×　10. √

参 考 文 献

[1] Kim Langfield-Smith & Helen Thorne.Management Accounting: Information for Managing and Creating Value. 6th ed. McGraw-Hill Education - Europe. Ronald W. Hilton，2011.

[2] William Lanen，Shannon Anderson，Michael Maher.Fundamentals of Cost Accounting. 3th ed.McGraw-Hill/Irwin，2010.

[3] Alnoor Bhimani，Charles T. Horngren，Srikant M. Datar，Madhav Rajan. Management and Cost Accounting.5th ed.Pearson Education，2011.

[4] 查尔斯·T. 亨格瑞(Charles T.Horngren)，斯利坎特·M. 达塔尔(Srikant M.Datar)，乔治·福斯特(George Foster)等著．成本与管理会计[M]．王立彦，刘应文，罗炜译．第 13 版．北京：中国人民大学出版社，2010.

[5] 万寿义，任月君．成本会计[M]．大连：东北财经大学出版社，2010.

[6] 王志红．成本会计学[M]．北京：清华大学出版社，2010.

[7] 宋胜菊，刘学华．新编成本会计[M]．第四版．上海：立信会计出版社，2009.

[8] 丁元霖．成本会计[M]．第 3 版．上海：立信会计出版社，2012.

[9] 乐艳芬．成本会计[M]．第 4 版．上海：上海财经大学出版社，2012.

[10] 吴丽新，于北方．新编成本会计[M]．第 4 版．大连：大连理工大学出版社，2009.